人生にいかす
カウンセリング

自分を見つめる 人とつながる

諸富祥彦[編]

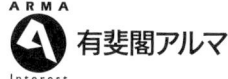

はじめに

　本書は，あなたが「カウンセリングの世界」に入っていくための，道案内の書です。

　「カウンセリング」は，さまざまな人間関係のトラブル，親子関係，心身の病，結婚・離婚など，人が，人生のさまざまな問題に直面し，自分自身を見つめ，自分で答えを出していくプロセスを支える「援助的人間関係」です。その基本となるのは，「傾聴」，すなわち，こころを込めて，相手の方の話を聴いていく姿勢です。

　本書は，カウンセリングの基本的な考え方やその具体的な方法，主なこころの病などについて，幅広く解説しています。

　そればかりではありません。

　本書の大きな特徴は，「カウンセリングは，単なるこころの治療や問題解決の方法ではなく，人が人生のさまざまな問題に取り組み，自分自身を見つめることを通して，人間として成長（自己成長）を果たしていくプロセスを支える援助的人間関係である」との考えに立って書かれている点です。

　「この人生のすべての出来事には意味がある。一見，単なる苦しみや悲しみ，つらい出来事でしかないように思えることでも，すべての出来事は，人生からの気づきのメッセージであり，そこには意味があり，目的が潜んでいる。すべては，気づきと学び，自己成長のチャンスである」──本書は，そんな考えに立って，カウンセリングのエッセンスを論じています。

　そう，本書は，カウンセラー志望者だけのための，カウンセリング入門書ではありません。

多くの人が，カウンセリングを学ぶことで，自分の人生や生活のさまざまな場面で役に立てていただくことを目指して書かれた「人生にいかすカウンセリング」「人生学，自己成長学としてのカウンセリング」の本なのです。

　そのため，本書の第4章では，人生のさまざまなステージで多くの人が直面する問題――家族関係，友人関係，進路，心身の病などの悩み苦しみ――について，それぞれの問題を専門として取り組んでいる一流のカウンセラーの方々にご執筆いただいています。それぞれのカウンセラーの方が，自分が関わった事例についてふれながら論じてくれていますから，読者の方々も，単にカウンセリングの知識や技術について学ぶだけでなく，自分自身の人生のさまざまな問題に引きつけながら，本書をお読みいただくことができると思います。

　心理学やカウンセリングを専攻する学生のみならず，カウンセリングを学び，自分の人生に役立てたいと願う多くの方々――カウンセラーや教師，保育士，看護師などの対人援助職の方ばかりでなく，学生，主婦，会社員など，多くの方々に本書をお読みいただければ，幸いです。

　本書をお読みいただければわかりますが，カウンセリングの世界は，広く，深く，どこまで学んでも学びきれないほどの魅力があります。

　この深く，豊かな「こころの世界」への道案内として，本書を多くの方にお役立ていただければ，幸いです。

　2011年5月

諸富　祥彦

●本書で紹介したさまざまな心理学の方法は，次の研究会で学ぶことができます。どなたでも参加可能です。私のホームページ http://morotomi.net/ で内容をご確認のうえ，お申し込みください。

問い合わせ申し込み先

 E-mail の方：awareness@morotomi.net

 Fax の方：03-6893-6701

 郵便の方は下記まで

  〒101-0062

  東京都千代田区神田駿河台 1-1

   明治大学 14 号館　諸富研究室内

  「気づきと学びの心理学研究会事務局」

執筆者紹介
（執筆順）

諸富 祥彦（もろとみ よしひこ）　　　　　　　［編者，第1章，第4章1］
　明治大学文学部教授

清水 幹夫（しみず みきお）　　　　　　　　　　　　　　　　［第2章1］
　法政大学名誉教授，多摩心理臨床研究所所長

大竹 直子（おおたけ なおこ）　　　　　　　　　　　　　　　［第2章2］
　千葉大学総合安全衛生管理機構非常勤講師（カウンセラー）

大友 秀人（おおとも ひでと）　　　　　　　　　　　　　　　［第2章3］
　北海商科大学商学部教授

会沢 信彦（あいざわ のぶひこ）　　　　　　　　　　　　　　［第2章4］
　文教大学教育学部教授

櫻本 洋樹（さくらもと ひろき）　　　　　　　　　［第2章5, 第3章3, 4］
　NTT東日本伊豆病院勤務

齊藤 優（さいとう まさる）　　　　　　　　　　　　　　　［第3章1, 2］
　千葉市立轟町中学校教諭

濱野 清志（はまの きよし）　　　　　　　　　　　　　　　　［第3章5］
　京都文教大学臨床心理学部教授

門永 由美（かどなが ゆみ）　　　　　　　　　　　　　　　　［第4章2］
　元千葉県立京葉工業高等学校教諭

金山 健一（かなやま けんいち）　　　　　　　　　　　　　　［第4章3］
　県立広島大学総合教育センター准教授

益子 洋人（ましこ ひろひと）　　　　　　　　　　　　　　　［第4章4］
　北海道教育大学札幌校准教授

小柴 孝子（こしば たかこ）　　　　　　　　　　　　　　　　［第4章5］
　千葉県子どもと親のサポートセンター研究指導主事

岩井 俊憲（いわい としのり）　　　　　　　　　　　［第4章6, 第5章2］
　有限会社ヒューマン・ギルド代表取締役

池田 聡子（いけだ さとこ）　　　　　　　　　　　　　　　［第4章7, 8］
　学校法人嘉悦学園カウンセラー

飯尾 弥生（いいお やよい） [第4章9]
 特定非営利活動法人かながわ女のスペースみずら理事，NP-Japan認定トレーナー，CSPトレーナー

高倉 恵子（たかくら けいこ） [第4章10]
 特定非営利活動法人埼玉カウンセリングセンター代表理事

小澤 康司（おざわ やすじ） [第4章11]
 立正大学心理学部教授

青木　聡（あおき あきら） [第4章12, 15]
 大正大学心理社会学部教授

青木 羊耳（あおき ようじ） [第4章13]
 一般社団法人日本産業カウンセラー協会専属産業カウンセラー，一般社団法人中高年齢者雇用福祉協会（PREP経営研究所主幹）

岸原千雅子（きしはら ちかこ） [第4章14]
 「アルケミア」こころとからだの相談室代表，プロフェッショナル・サイコセラピー研究所共同代表

大澤美枝子（おおさわ みえこ） [第5章1]
 フォーカシング・プロジェクト代表

黒沢 幸子（くろさわ さちこ） [第5章3]
 目白大学心理学部教授

沢崎 達夫（さわざき たつお） [第5章4]
 目白大学心理学部教授（目白大学学長）

鈴木 由美（すずき ゆみ） [第5章5]
 聖徳大学児童学部教授

吉満麻衣子（よしみつ まいこ） [付録]
 児童養護施設東京育成園勤務（心理士）

藤井真理子（ふじい まりこ） [付録]
 元浜松市発達医療総合福祉センター臨時職員（心理士）

目　次

第1章　カウンセリングって，どんなもの？　1

1　カウンセリングを学ぼう！ …… 1
●人生が変わる　人間関係が変わる
カウンセリングを学ぶと「人生が変わる」(1)　自分を見つめる (2)

2　カウンセリングって何？ …… 4
●カウンセリングの定義
カウンセリングの3つの枠 (5)　成長モデル (6)

3　カウンセリングと人生相談の違い …… 7

4　話を聴くこと（傾聴）の意味 …… 9
話を聴くこと (9)　話を聴く3つのポイント (10)

5　人はなぜ，わかってもらいたがるのか …… 12
「わかってもらえる」こと (12)　自分自身のこころの声に耳を傾ける (13)

6　カウンセリングの3つのアプローチ …… 14
過去から解放されるアプローチ (15)　練習するアプローチ (17)　気づきと学びのアプローチ (18)

7　本気で生きよ　自分を見つめよ …… 20
●カウンセラーになるうえで，最も大切なもの

8　カウンセリングの学び方 …… 22
自己の関与 (22)　カウンセリング学習の4つの柱 (24)
カウンセラーの自己 (25)　事例検討とスーパービジョ

ン（27）

第2章 傾聴の技術   31

1 傾聴の意義   31
●ロジャーズの3つの条件

クライアント中心療法の効果（31）　クライアント中心療法の本質と傾聴の意義（33）　「自己理論」と傾聴（35）　「パースナリティ変化の必要にして十分な条件」と傾聴（36）　セラピスト（カウンセラー）の3条件と傾聴（38）　「臨床的傾聴」とカウンセリング・プロセス（39）　「臨床的傾聴」の一般的適用（40）　「臨床的傾聴」の精神科医療への適用（41）　パーソンセンタード・アプローチと「臨床的傾聴」（42）　暗在性と「臨床的傾聴」（43）　「臨床的傾聴」の学び方（43）

2 傾聴の基本的な態度と技法   45
●具体的なコツ

傾聴で何をするのか？（45）　傾聴の基本的な態度（46）　傾聴の技法（50）

3 傾聴技法・紙上応答演習   60
学習方法（60）　ロールプレイ（役割演技法）（61）　トレーニングの進め方のポイント（61）　第0技法：見つめあい（62）　第1技法：「受容」技法（64）　第2技法：「繰り返し」技法（66）　第3技法：「明確化」技法（68）　第4技法：「支持」技法（70）　第5技法：「質問」技法（72）　総合トレーニング（74）

4 実録！ 傾聴の体験学習   76
基本的な考え方（76）　シナリオを用いた傾聴のワーク（77）　今後の課題（88）

5 試行カウンセリングの実際   89

試行カウンセリングとは（89）　試行カウンセリングの流れ（91）　終わりに（101）

第3章 自己理解とこころの健康　103

1 自分を見つめてみよう …… 103
自分を知るのは難しい（103）　自分って何だろう？（104）　カウンセリングと自己理解（104）　自己理解を深める方法（105）

2 自己理解を深めるエクササイズ …… 108
自己理解の視点――過去・現在・未来（108）

3 こころが健康とは？ …… 113
こころの健康を定義するのは難しい（113）　こころが健康とは（114）

4 さまざまなこころの病 …… 119
はじめに（119）　うつ病（119）　統合失調症（121）　パーソナリティ障害（122）　神経症（124）　摂食障害（126）　発達障害（128）　"人はちゃんと病気になる"（130）

5 こころとからだはどういう関係にあるのか …… 131
こころとからだは同じ1人の人間存在の2側面（131）　このからだは私のものではない（133）　このからだをよく知ること（135）

第4章 悩み苦しみを通しての自己成長　139

1 人生における悩み苦しみの意味 …… 139
人生における悩み苦しみ（139）　悩み苦しみの意味（140）

2 女の子の人間関係の悩み苦しみとカウンセリング … 143
母親との関係（143）　母親との関係，自分との関係（144）　異性との関係（146）　友人との関係（147）　教師との関係（148）

3 男の子の人間関係の悩み苦しみとカウンセリング … 149
男の子の悩みを「成長課題」としてとらえる（149）　ケンカが多く人間関係をうまく築けないA君の事例（150）　思春期の男の子の「発達段階」を理解する（151）　男の子は「ディスプレー」しやすい（152）　男の子は「攻撃性」をもっている（152）　現実に対峙させる「選択理論」（153）　「気持ち」はわかるが「行動」は認めない（154）　悩み苦しみを「発達課題」「成長課題」としてとらえる（154）

4 友人関係の悩み苦しみとカウンセリング … 155
友人関係に悩む青年の事例（155）　事例の検討（159）

5 子どもの学校での悩み苦しみとカウンセリング … 161
子どもの学校での悩みとは（161）　子どもと親のサポートセンターの教育相談から（161）　子どもの状態像からの理解（162）　子どもの悩みや問題への対応（162）　子どもの成長や発達を支援するカウンセリングの事例（163）

6 仕事の悩み苦しみとカウンセリング … 165
第二志望の人生（不本意な仕事観）（165）　仕事の3つの判断基準（167）　傷つくこと，悩むこと，困ること（169）

7 恋愛の悩み苦しみとカウンセリング … 172
恋愛相談と自己成長（173）　昨今の恋愛事情（174）　カウンセラーの自己理解（175）　共感的態度と傾聴（176）

8 結婚の悩み苦しみとカウンセリング … 178
一緒に生活すること（178）　問題を乗り越えたAさん

(180)　長い結婚生活後の妻の決断 (182)　終わりに (183)

9　子育ての悩み苦しみとカウンセリング　……… 183
●「母親」として成長することの意味

子どもとの生活とは (184)　「母親」失格だと感じる (184)　「母親」として悩む2つの事例 (185)　「母親」とは (189)

10　家族の悩み苦しみとカウンセリング　……… 191
システムとして考える (192)　コミュニケーションの二重性 (193)　家族を方向づけしている物語 (194)　家族の悩み苦しみと向きあうとき (196)

11　進路・就職の悩み苦しみとカウンセリング　……… 197
キャリア開発とキャリア・カウンセリング (197)　外的キャリアと内的キャリア (198)　キャリア開発は自己決定・自己責任 (199)　3つの質問 (200)　キャリア・カウンセリングの実際 (201)

12　中年期の悩み苦しみとカウンセリング　……… 203
中年期とは (203)　中年期の危機 (204)　中年期の身体的問題 (205)　中年期の社会的問題 (206)　中年期の人間関係の問題 (207)　「中年期の危機」に遭遇した女性の事例 (207)　終わりに (210)

13　老いの悩み苦しみとカウンセリング　……… 210
自己像の喪失——容貌や体型が変わる悩み苦しみ (210)　好奇心・記憶力の喪失——知覚能力が衰える悩み苦しみ (211)　人間関係の喪失——価値観を共有する仲間がいなくなる (212)　居場所の喪失——肩身が狭く，居心地が悪くなる (212)　精神的資産の喪失ほか——大切な記憶が薄れていく (213)　老いと接するカウンセリングの心構え (214)

14　病の悩み苦しみとカウンセリング　……… 216
病の悩み苦しみとは (216)　病の苦悩とこころのプロセ

ス（217）　病の苦悩と自己実現（221）　終わりに
（222）

15 死の悩み苦しみとカウンセリング …………………… 223
死の悩み苦しみとは（223）　夫婦関係の修復を望んだ男性の事例（223）　障害のある子どもを残して逝くことを嘆く女性の事例（226）　終わりに（229）

第5章　生活にすぐに役立つカウンセリング技法　231

1 内側の自分とつきあう …………………… 231
●フォーカシング
フォーカシング的なカウンセリング（231）　内側の自分（フェルトセンス）（232）　内側の自分とつきあう（232）
自分とのつきあい方（233）　フォーカシングのプロセス（234）　聴き手がガイドするフォーカシング（234）
フォーカシングを日常生活にいかす（236）

2 勇気づけて自信を育てる …………………… 237
●アドラー心理学の立場から
カウンセリングにおけるアドラー心理学の立場（238）
勇気づけて自信を育てる（242）

3 リソース（自分のもち味）をいかして解決を手に入れる … 244
●解決志向アプローチ
「問題志向」から「解決志向」へ（244）　「リソース」を見つけ，いかそう！（249）

4 さわやかに自分を伝える …………………… 254
●アサーション
時代が求める新しいコミュニケーション――アサーション（254）　アサーションとは――3つの自己表現の中で（255）　アサーションを支えるもの（257）　アサーションのスキル（258）　終わりに（259）

5　自分を幸せにする思考法　......... 260
●論理療法

論理療法とは（260）　論理療法を使うにはどうしたらいいのでしょうか（実践）（263）　不合理な信念を論駁するにはどうしたらいいのでしょうか（265）　自分を幸せにするためには（267）

付　　録 269
1　カウンセラーの資格　269
2　臨床心理士指定大学院　273
3　カウンセリングに関する団体　273
4　カウンセリングを学べるところ　275
文　　献 278
事項索引 283
人名索引 288

本書のコピー，スキャン，デジタル化等の無断複製は著作権法上での例外を除き禁じられています。本書を代行業者等の第三者に依頼してスキャンやデジタル化することは，たとえ個人や家庭内での利用でも著作権法違反です。

第1章　カウンセリングって, どんなもの?

1　カウンセリングを学ぼう!
●人生が変わる　人間関係が変わる

> カウンセリングを学ぶ
> と「人生が変わる」

　私は, もっともっと多くの方に, カウンセリングの学習をしてほしい, と思っています。

　それは, 1人でも多くの方にプロのカウンセラーになってほしいから, ではありません。

　カウンセリングを学ぶと, 「人生が豊かになる」からです。

　私は, カウンセリングの学習と, ほかの学問やお稽古ごとの学習とが, 最も違う点はこの点にある, と思っています。

　たとえば歴史の学びを続けることで, 教養が深まり, 人間洞察も深まっていく, ということはもちろんあるでしょう。戦国時代の武将の生き方を深く知ることで, 人生の大きな指針を得た, という方は少なくないでしょう。歴史を学ぶことも, もちろん, 人生の役に立つのです。

　しかし, カウンセリングの学習は, もっとダイレクトに, そして, 本人も予想だにしなかったほど深く, 人生を変えていくのです。

　では, カウンセリングを学ぶと, どのように人生が変わるのでしょうか。

まず最初に起こる表面的な変化は、「人の話をていねいに聴けるようになる」という変化です。

人の話を聴けない人は嫌われます。なぜならば、人間はみな、どこかさみしがり屋でわがままなところがあり、自分の話をしたがるからです。人の話を聴くより、自分の話をするほうが、多くの人は楽しいものなのです。だから、自分の話ばかりして、人の話は聴かない人は、自己中心的な人と見なされて、嫌われがちです。

とくに男性は女性よりも人の話を聴くことが苦手な人が多いと言われます。「夫は私の話を聞いてくれない」と不満を言う主婦の方は少なくありません。

カウンセリングの中心の1つは、傾聴です。こころを傾け、虚心に相手の気持ちに寄り添いながら、話を聴いていくことです。

この姿勢と技術を身につけることができると、日常生活の人間関係がよくなります。

夫婦関係がよくなり、親子関係がよくなるでしょう。息子さんは「お母さん、最近、ぼくの気持ちをわかってくれるようになった。前は頭ごなしにどなられてばかりいて、まいっていたけど、最近、ぼくの話もゆっくり聴いてくれるようになった」と感じるかもしれません。

職場の人間関係もよくなるでしょうし、恋人や友人との関係もよくなることでしょう。

「傾聴」を身につけると、人間関係がどんどん改善されていくはずです。

けれども、カウンセリングを学ぶことで「人生が変わる」というのは、もっと深い、劇的な変化を意味しています。

自分を見つめる

のちにくわしくお話しするように、カウンセリング学習の、最も重要な柱の1つは、

「自分を見つめること」です。「自分自身のこころの動き，こころの声をていねいに見つめ，自分自身の内側へと深く，深く入っていき，自分の内側深くからのこころのメッセージをていねいに聴いていく」という取り組みです。

　こうした学習に真剣に取り組み続けることで，人生が大きく変わり始めるのです。

　他の人からどう見られるか，他者からの評判や世間体ばかりを気にしていた人が，それを以前ほどは気にしなくなります。

　一般的な常識や道徳にとらわれて，いつも「○○するべき！」と，頑なな人生を生きてきた人のこころが柔らかくなっていき，とらわれのない自由なこころのもち主になっていきます。

　そして，より深く自分自身のこころに耳を傾けて，より自分らしい生き方ができるようになっていきます。

　「あぁ，これが私だ！」「私ってこういう人だったんだ！」と日々実感できるような「自分らしい生き方」ができるようになっていくのです。

　そしてさらには，より深く，自分の中に入っていくことによって，自分の内面深くのこころの動きに従って生きていくことができるようになっていきます。自分のこころの「深い」ところから，自分自身を生きていくことができるようになっていくのです。

　また，そのようにして「自分のこころの声をより深く聴きながら，より自分らしく生きることができるようになった者」同士が，お互いに深くふれあい，つながりながら学習を進めていくことができる点も，カウンセリング学習の大きな魅力です。

　カウンセリングを学ぶなかで出会った友人が，いままでの友人関係の中で最も深くつながりあえ，支えあうことのできる友人になった，という人は少なくありません。

だからでしょう。カウンセリングの学習を，いったん，ある程度深く進めていった人の多くは，この世界から抜け出ることができなくなっていきます。カウンセリングを深く学び，その魅力にとりつかれた人の少なからずが，「もう，カウンセリングとのつながりなしでは，生きていけない」ようになっていくのです。

カウンセリングの世界はそれほど深く，また魅惑的な世界なのです。

2 カウンセリングって何？
●カウンセリングの定義

私は，いわゆる「心理カウンセリング（心理面接）」を次のように定義しています。

> 心理カウンセリングとは，
> 人生の問題を抱えたクライアントが，
> その問題に取り組むことを通して，みずからのこころの声に深く耳を傾け，
> さまざまな気づきや学びを得て自己成長していくプロセスを，
> 専門的な学習を経たカウンセラーが，
> 一定の時間と空間（面接室）の中で，
> 援助していく人間関係である。

少し説明しましょう。

> カウンセリングの
> 3つの枠

カウンセリングには、①時間の枠、②空間の枠、③ルールの枠、という3つの"枠"に守られた独特の構造があります。その構造に守られ、また、支えられて、いわゆる「心理カウンセリング（心理面接）」は可能になるのです。

具体的にいえば、「①時間の枠」というのは、週に1回50分といった（長さや頻度はカウンセラーやクライアントによって個別に異なります）固定された時間枠の中でだけしかお会いしない、ということです。「気が向いたらいつでもどうぞ」というものではないのです。

「②空間の枠」というのは、一定の場所、たとえばカウンセリング・ルームならカウンセリング・ルームという場所以外ではお会いしない、ということです。

たとえクライアントの希望があっても、本当に特別なことがない限り、喫茶店やレストランではお会いしません。デパートで買い物中に出会っても、会釈くらいはしますが、長い立ち話をしたりもしません。それどころか、面接室を一歩出たら、歩きながら話す、などということもしないものです。

カウンセリング・ルームという「特別な場所」でだけお会いするからこそ、「特別な関係」になり、そこでしか話せない話を安心した守られた雰囲気の中で話すことができるようになるのです。また、カウンセリング・ルームという「守られた場所」で話をしているからこそ、なぜか気持ちがググーッと深まっていき、それまでとは異なる深さで、話をすることができるのです。

さらに、「③ルールの枠」があることで、クライアントは、そこで話された話は、どこにも漏らされることがない、という「守秘のルール」がもたらす安心感を得ることができます。それだからこそ、クライアントは、自分と深く向きあっていくことができるのです。

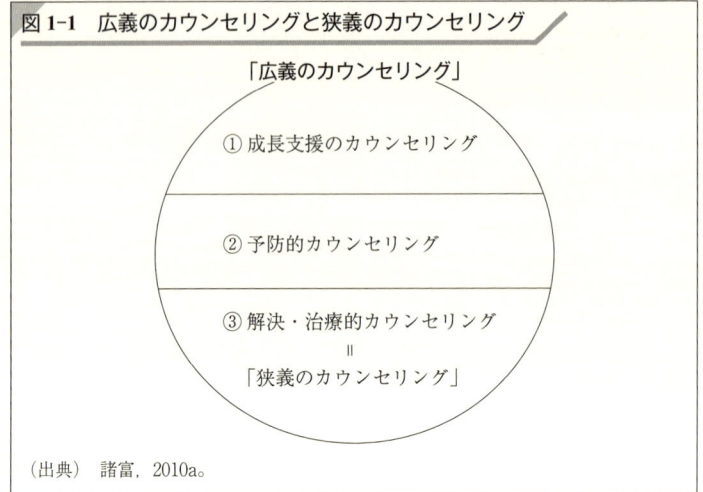

図 1-1 広義のカウンセリングと狭義のカウンセリング

「広義のカウンセリング」

① 成長支援のカウンセリング

② 予防的カウンセリング

③ 解決・治療的カウンセリング
＝
「狭義のカウンセリング」

(出典) 諸富, 2010a。

成長モデル

また，この定義では，いわゆる「治療モデル」や「問題解決モデル」には立たずに，「成長モデル」に立って，カウンセリングを定義しています。私は，カウンセリングの本質は，問題解決や症状の除去以上に，クライアントの自己成長，人間としての成長にある，と考えているからです（図 1-1）。

もちろん，問題が解決すること（例：不登校だったお子さんが登校できるようになる），症状が除去されること（例：人前で話すときに震えが止まらなかった人が，震えずに話ができるようになる）といったことが起これば，それは喜ばしいことです。

しかし，カウンセリングの長いプロセスの中では，クライアントの方が，当初「これが問題です」と語っていたことが，カウンセリングの経過に伴って，真の問題ではないことに気づかれて，より本質的な問題に取り組み始める，というのは，よくあることです。

「問題」であったことが，事実としてなくなったわけではないのですが，「問題」としての意味を失って，「問題」ではなくなる，ということがしばしば起こるのです（例：かつては「結婚もできない自分なんて，もう死んでしまったほうがいい」と語っていた40代の女性が，カウンセリングを受け続けたあとで，1年後に「早く結婚しなかったからこそ学べたこともある」と肯定的に受け止められるようになっていった）。

そしてこうしたことは，カウンセリングの中で必死に自分と向きあってきた，クライアントの自己成長の結果，おのずと生じてくることなのです。

3 カウンセリングと人生相談の違い

カウンセリングとは何か。その本質を理解するうえで役に立つのが，人生相談との違いを考えてみることです。

人生相談とカウンセリングは，似ているところももちろん，たくさんあります。まず，どちらも，人生に悩みや迷いを抱えた方が対象になります。

「就職先に迷っている」「離婚すべきかどうか，悩んでいる」「子どもの育て方がわからない」「職場の難しい上司とどうつきあえばいいのか，困っている」……。

こうした「人生の問題」「悩み」を抱えている人が，人生相談やカウンセリングを受けにやってくるのです。

では，両者の違いはどこにあるのでしょうか。

多くの人生相談では，回答者が個人的な価値観や自分の経験からアドバイスをします。カウンセリングの理論や方法といった学問的な裏づけは何もありません。

しかも，一方的なアドバイスが中心で，相談者のペースに沿って相談を進めていくといったことはありません。「答え」はあくまで相談の回答者が「与える」ものなのです。

　一方，カウンセリングでは，一定の専門的なトレーニングを受けたカウンセラーが，さまざまな心理学の理論と技法を駆使しておこなっていきます。

　さらに，一方的にアドバイスを与え続けるのではなく，相談に訪れた本人自身が自分を見つめ，自分と対話し，みずからのこころの声に深く耳を傾けていきます。そしてそこで得た自分や人生についての気づき，こころのメッセージをもとにして，「自分がこれからどうするか」「どのように生きていくか」を自分自身で決めていきます。

　カウンセリングの中心は，相談に来られたクライアントの方が，自分を見つめ「自己探索」していき，こころの声を聞いて「自己決定」していく体験のプロセスにあるのです。

　両者の異同を一言でいうと，相談に来る人の悩みの内容はかなり重複するところがあるものの，人生相談は回答者の個人的な経験や価値観に基づくアドバイスが中心です。

　一方，カウンセリングは，専門家としてのトレーニングを受けたカウンセラーがおこなう活動で，アドバイスよりもむしろ，相手の方の気持ちにていねいに寄り添って，話をお聴きすること（傾聴）が中心です。カウンセリングでは，それによって，相談に来たクライアントの方が，みずからを見つめ，自己探索を深めていき，自己決定に至るプロセスを支えることが目的となるのです。

　つまり，カウンセリングのエッセンスは，

「自分を深く見つめ,みずからのこころの声を聴く(自己探索)」
　⇒「自分で決める(自己決定)」

というクライアントの体験のプロセスに寄り添いながら,話を虚心に聴かせていただくこと(傾聴)にあるのです。

4　話を聴くこと(傾聴)の意味

話を聴くこと　　私たちは,人生のさまざまな問題に直面しているとき,すなわち,「もうだめかもしれない」と思ったり,「いったいどうすればいいのか,わからない」と困惑しているとき,誰かに話を聴いてほしくなります。その相手は,友人であったり,家族であったり,同僚であったりするでしょう。恋人や昔の友人であったりすることもあるかもしれません。

けれども,本当に悩み苦しむ人のかたわらにいて,こころを込めてその方の話をお聴きする,受け止める,ということは,そう簡単なことではありません。悩んでいる人は,その悩みが本当につらく苦しいものだからこそ,自分の悩み苦しみをきちんとわかってもらいたい,正確に理解して受け止めてほしい,と思っています。そのため,なんだかわかってもらえていない感じを抱いたり,自分の気持ちにそぐわないことを言われたりすると,「どうせ,あなたにはわかってもらえないから」という気持ちになってしまいがちです。悩んでいる人は,自分の気持ちを聴いてくれる相手がどんな姿勢で聴いてくれているのか,何を言ってくれるのか,ものすごく敏感に感じるものです。

> **話を聴く3つのポイント**

では、そういうとき、どんな姿勢で聴くことが重要なのでしょうか。

ここでは、3つほど、ポイントを挙げておきたいと思います。

まず、1つめは、「余計なことを言わない」ということです。相手の話を聴くときに重要なのは、「何を言うか」ということ以上に、「どんなふうに相手の気持ちに寄り添って聴くか」ということ、そして「何を言わないか」ということなのです。

学校の教師が、いじめられて悩んでいる生徒の話を聴いている場面でよくあることなのですが、生徒はつらい気持ちをただわかってほしくて話しているのに、5分もすれば「励ましモード」に入ってしまいます。「そんなの、気にしなければいいじゃない」「もっと強くなりなさい!」などと言うのです。

もちろん教師としては、生徒のためを思って言っているのですが、生徒の側からすると、「わかってくれない!」という気持ちばかりが強くなってしまいます。親子の会話でもよくあることではないでしょうか。

2つめのポイントは、「解決しようとするな。わかろうとせよ」です。悩みを話してくれた相手に対して、何とか役に立とうと、「それは、こうすればいいんじゃないかな」「それは、こういうことだよ」と、すぐにアドバイスをする人がいます。もちろん善意でそうしているのですが、言われたほうは、かえってつらくなることがあります。

たとえば、夫婦の会話を例に考えてみましょう。

妻:最近、私、なんか気がめいっちゃって。何をしても面白くないっていうか。ぜんぜん気持ちが晴れないの……。

夫：それは，うつっていうんだよ。ほうっておくと大変な病気に
　　なって，死にたくなることもあるみたいだから，早めに病院に
　　行くといいよ。

　ご主人のアドバイスはけっして間違ったことを言っているわけではありません。うつに早めに対応することは，たしかにとても重要です。けれども，奥様としてはけっしてそんなことを言ってほしかったわけではありません。まずは，気持ちをわかってほしかっただけなのです。それなのに，先走ってアドバイスをされると，それがどれほど正しい内容のアドバイスであっても，「気持ちのずれ」だけが残ってしまうものです。
　３つめのポイントは，「不思善悪」，すなわち善悪の価値評価をしない，ということです。これはとても難しいものです。
　たとえば，ある女性が妻子ある男性を好きになってしまったとしましょう。その悩みをあなたに打ち明けたのです。もちろん，不倫は賞賛されるべき行為ではありません。けれども，本人としても，単なる興味本位ではなく，本当に相手の男性を好きになってしまい，その気持ちがどうしようもなくて，あなたに相談してきたのです。こんなとき，あなたはどのように対応するでしょうか。
　「それはよくないことだよ」と切って捨てるのは，簡単なことでしょう。けれども，本人もそれが道徳的に問題のあることであることは十分わかっているのです。でも自分でもどうしようもない気持ちが込み上げてくる……。こんなとき「善悪」にとらわれていては，相手の話を聴くことができなくなってしまいます。大切なのは，「自分でも，よくないことだってわかっているのですね。でも，相手の男性への気持ちを抑えることができない。その気持ちをどうすればいいか，自分でもわからなくて，それで困っておられるのです

ね」と,相手の気持ちに寄り添い,十分に受け止めていくことです。

　ご家族の問題でも,同様です。「してはいけないこと」だということはよくわかっている。それなのに,つい「してしまう」ことが人生にはつきものです。だから悩んで,相談してくれたのです。にもかかわらず,「それはいけないことだ!」と一刀両断にされたのでは,本人は,ますます追いつめられてしまいます。「してはいけない,とわかっていても,してしまう」。その気持ちを十分にわかってあげることが大切です。

　そして,そのようにして,十分に寄り添いながら話を聴いてもらっていると,人はなぜか,自分のこころに素直になることができていきます。価値判断をしたり,アドバイスをしたりすることなく,ただただ,自分の気持ちをわかろうと傾聴してくれる人がそばにいてくれると,人はなぜか,スッと自分の気持ちに素直になることができていきます……。そして,自分の内なる声に耳を傾け始めるのです。「自分自身の内側を傾聴し始めていく」のです。そしてそれが,人生の大きな転換点となるような「気づき」につながるのです。

　ジェンドリンは,カウンセラーから傾聴してもらっていると,クライアントが自分の内側の声に耳を傾けていくようになることを,フォーカシングと命名し,それがカウンセリングや傾聴の本質をなしていると考えました(第5章第1節を参照)。

5　人はなぜ,わかってもらいたがるのか

「わかってもらえる」こと

　私たちは日々,さまざまな問題を抱えて生きています。仕事のこと,勉強のこと,恋愛や結婚のこと,病気のこと,お金のこと

……。悩みがまったくない人など，ほとんどこの世に存在しないといってもいいでしょう。人生には幾度か，悩みや問題に，いまにも押しつぶされそうになるときもあるでしょう。

そしてそんなとき，私たちはこころのどこかでつぶやくものです。「誰か1人でいい，この苦しみを，そのままわかってほしい……」と。

人は，なぜこれほどまでに，「誰かにわかってもらう」ことを欲するのでしょうか。もちろん，悩みや苦しみを自分1人で抱えているのは苦しくてたまらない，ということもあるでしょう。しかし，わかってもらえたところで，現実が大きく変わるわけではありません。何かが解決するわけでもないでしょう。なのに，人はなぜ「誰かにわかってもらう」ことを求めるのでしょうか。

「わかってもらう」ことには，どのような意味があるのでしょうか。

自分自身のこころの声に耳を傾ける

「わかってもらえる」ことで，人ははじめて，自分の気持ちに素直に向かいあうことができるようになるからだ，と私は思います。つまり，人は，誰かに「わかってもらえる」ことで，はじめて自分自身になれる。自分自身のこころの声に耳を傾けて，自分らしい生き方をし始めることができるようになるのです。

ロジャーズは次のようなことを言っています。「私が自分自身を受け入れて，自分自身にやさしく耳を傾けることができるとき，そして自分自身になることができるとき，私はよりよく生きることができるようです。……言い換えると，私が自分に，あるがままの自分でいさせてあげることができるとき，私は，よりよく生きることができるのです」。

このようにロジャーズは，人が自分自身を受け入れているとき，

その人に変化が起こり,「よりよく生きること」ができるようになると言います。自分自身にやさしく耳を傾けて,みずからのこころの声に忠実に生きていくことができるようになるのです。そしてそのために必要となるのが,その人のかたわらにいて,こころを込めて聴いてくれる人の存在です。

1人で思い悩むのに疲れ果てた人が,その人のことをただそのまま受け入れ,こころのひだまでていねいに聴いてくれる人に,胸の内を語り尽くしたとしましょう。その人との関係においては,自分が何を感じ何を話してもていねいに聴いて受け止めてもらえる。そこにいるだけで,何の気がねもなく自分自身でいられる。そんな体験をしたとしましょう。

すると,何が起こるでしょうか。不思議なことですが,その人は,そんなふうに話を聴いてもらっているうちに,それまで自分のこころを支配し,がんじがらめにしていたとらわれや固定観念のようなものが,いつの間にかスッと脱げ落ちていくことに気づくことでしょう。するとそれに続いて,こころの奥から「自分のこころの声」が聞こえてきます。「あぁ,私はこういうことを感じていたんだ」「本当はこうしたかったんだ」というように。

どうやら,人間のこころには,他の人に十分にわかってもらえてはじめて,とらわれなく,自分自身に耳を傾けることができるようになっていく,そんなところがあるようです。

6　カウンセリングの3つのアプローチ

カウンセリングには,いくつのアプローチがあるのか,そのすべてを知っている人は誰1人としていないことでしょう。細かなもの

まで含めると，1000 ほどある，という話をうかがったこともあります。それなりによく知られているアプローチだけでも，軽く50や100はあるように思います。

しかし，そのすべてを学ぼうとする必要はありません。もしそれができたとしても，カウンセリング・ミニ博士になるだけで，人の悩みを深く受け止めることのできるカウンセラーになることはできないでしょう。

また，多くの理論や技法を広く浅く学び続けることは，あまりお勧めできません。やはりある一定レベルのカウンセラーになるためには，1つのアプローチをある程度「きわめる」ことが必要であるように思うからです。

そして，自分の学んでいることが，さまざまなカウンセリングのアプローチのどこに位置しているか，自覚をもって学んでいくことがやはり必要です。

そのためここでは，カウンセリングの代表的な3つのアプローチにおいて，前提とされている基本的な考え方のみを紹介しておきましょう（図1-2）。

過去から解放されるアプローチ

第1のアプローチは，「過去から解放されるアプローチ」です。フロイトの精神分析が代表的なものですが，より広く「精神力動論的立場」といわれることもあります。

人間の悩み，苦しみやこころの症状は，一言でいえば「過去についたこころの傷」へのとらわれから生じる，と考える立場です。

この「過去についたこころの傷」のことをトラウマ（心的外傷）といいますが，人間はなかなか，この「過去のこころの傷」へのとらわれから脱却することができません。したがって，そのとらわれからの脱却をサポートする必要がある，とこの立場では考えるので

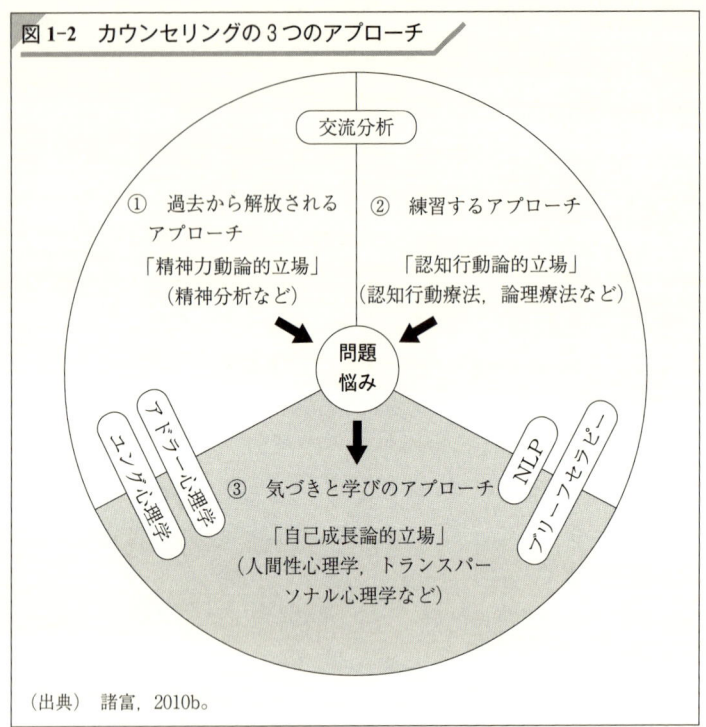

図1-2 カウンセリングの3つのアプローチ

(出典) 諸富, 2010b。

す。

 カウンセリング場面で語られるトラウマのうち，代表的なものが，「親から愛されなかった」というこころのしこりです。この思いは，ほかの兄弟姉妹に比べて自分は愛を受けなかった，という記憶があるときにいっそう強烈なものになります。

 以前カウンセリングをしていたある女子学生は，きわめて容姿端麗で聡明。性格も素直で，いかにも魅力的な人でした。

 しかしこの女子学生は，けっして幸福ではありません。その理由は「両親は，兄のことは愛していたけれど，私のことは愛してくれ

ていませんでした」というものでした。両親は,「お兄ちゃんは,頭がいいけど,おまえはバカだなぁ」と言い続けていた,というのです。両親としては,彼女の発奮を促すための言葉だったのかもしれません。しかし彼女自身は,そう受け取ることはできませんでした。「両親は,兄のことは愛しているけれど,私のことなんか,どうでもよいのだ。期待していないのだ」という思いばかりが募っていき,その結果,彼女は人生や勉学に対する投げやりな態度を身につけていきます。

このように,「両親から自分は愛されていなかった」「とくにきょうだいの中で私だけ,愛されていなかった」という思いは,人をとらえて放さないところがあります。本人も,自分が悲劇のヒロインであるかのような思いを募らせていき,自分が幸せになれない理由をすべて両親との関係にあるかのように考え,運命を呪い,自分は一生そのために幸福にはなれないかのように考え始めるのです。

カウンセリングをしているとわかりますが,人は,自分を「運命の犠牲者」の立場においている限り,幸せになることはできません。「私が幸福になれないのは,両親のせい」「私が不幸なのは,最初に結婚した男性がひどかったから」などと,過去や他人に自分が幸せになれない理由を見出している限り,けっして幸福にはなれませんし,ましてや人間として成長をとげていくことはできません。

この意味で,この「過去のとらわれから解放されることを目指すアプローチ」は重要なことを教えてくれていると思います。

練習するアプローチ 第2のアプローチは,「練習するアプローチ」です。行動療法,認知行動療法,論理療法などがここに入ります。「認知行動論的立場」をとるカウンセリングです。

このアプローチでは,ついつい否定的で,頑なものの見方ばか

りしてしまい，そのために人生の可能性を閉ざしている人を，もっと柔軟で，前向きな考え方をするように促していきます。本人も，自分でもっと柔軟な，とらわれのない考え方ができるように，自分の思考法を工夫し，トレーニングしていきます。

　たとえば，「私は失敗するのでは」「失敗したらもうおしまいだ」と考える癖がついてしまっている人がいます。そのためにこの人は，失敗を恐れて，仕事に就くことができず，ニートになってしまっているとしましょう。自分のこうした考えを「たしかに失敗はしないにこしたことはない。けれども，失敗したからといって，人生それで終わりというわけではない。人間としての価値が下がるわけでもない」と，自分で自分に言い聞かせていく。もっと前向きな生き方ができるようにと「自己説得」していくわけです。

　このアプローチでは，さらに，考え方ばかりでなく，実際に目標とする「行動」ができるようにトレーニングしていきます。たとえば，異性に声をかけることができない男性であれば，異性に声をかけることができるようになるための行動を少しずつ少しずつ練習していきます。教室で席にじっと座っていることができない子どもであれば，席に座るという「着席行動」ができるように少しずつ練習させていきます。そのため私はこのアプローチを「練習するアプローチ」とよんでいます。

気づきと学びのアプローチ

　第3のアプローチは「気づきと学びのアプローチ」です。ロジャーズのクライアント中心療法やマズローの自己実現論を筆頭とする人間性心理学や，その流れの中から生まれたトランスパーソナル心理学がここに入ります。病の治療や問題の解決よりも「人間としての成長」を重要視し，1人ひとりが自分を見つめ成長していくプロセスを重要なものと考えるため，「自己成長論」ともよばれま

す。

　私たち人間は、愚かで傲慢な生き物です。人生が何事もなく運んでいるうちは、それはすべて自分の力によるものであるかのように、錯覚してしまいます。

　けれど、そうは問屋が卸しません。この人生には、さまざまな苦難が待ち受けています。リストラ、借金、夫婦の危機、失恋、子どもの暴力などなど……。

　しかし、こうした苦難は、私たちに人生で大切な何かを気づかせてくれるし、教えてくれる「教師」のようなものだと、この「自己成長論」の立場では考えます。

　「人生のすべての出来事には意味があり、目的があって起こっている。家庭の不和や失職、病気のような、一見したところ、起こらないなら起こらないほうがいいような出来事も、じつは、起こるべくして起こったことであり、すべては私たちが気づくべきことに気づき、学ぶべきことを学んで自己成長していけるように促している」と考えるのです。

　そのためにこのアプローチでは、悩み苦しみに直面した人が自分自身を見つめ、人生で起きているさまざまな出来事に意識を向けて、それがもつ意味とメッセージを見出していくのを援助していこうとします。この立場で重要視する「傾聴」が大きな役に立つのも、本当に「傾聴」してもらった人は、自分自身を見つめ、自分の内なる声を聴き始めるからです。そこで人は自分自身を深く見つめ、気づきと学びを得て、成長していくのです。

＊　＊　＊

　この３つのアプローチは、それぞれに大変大きな意味をもっています。

　そのため、カウンセリング学習の初期の段階では、まずこの３つ

のアプローチをバランスよく学び，そのうえで，どのアプローチが自分に向いているかを見極めたうえで，1つのアプローチをじっくり学んでいかれることをお勧めしています。

7 本気で生きよ 自分を見つめよ
●カウンセラーになるうえで，最も大切なもの

しばしばこんなふうにたずねられることがあります。

「カウンセラーに向いているのは，どんな人ですか」

こうした問いに対する，唯一の正解なんて，もちろん存在していません。何を言っても半分あたりで，半分嘘，ということになってしまいます。

それを承知で，私はあえて，ざっくりと次のように答えることがあります。

「カウンセラーに向いている人は，次の3つの条件を満たしている人です」

1つめは，「本気で生きている人」です。

以前に一度，河合隼雄先生に座談会でお話をうかがったことがあります。

このとき，河合先生はこうおっしゃいました。

「諸富さん。クライアントの方は，本気でっせ。私たちカウンセラーも，ちいたぁ本気で生きなくてはいけません」

私も，まったく同意します。

クライアントの多くは，本気で生きています。

本気で生きているからこそ，絶望し，傷つき，病気になるのです。

本気で仕事をするからこそ，失敗して，傷つき，こころの病にかかってしまったりします。

本気で恋をするからこそ，恋に破れ，傷つき，「あの人でなくてはどうしてもだめなんだ」と悩み苦しむのです。

　本気で夫婦をするからこそ，お互いに不満が募り，コミュニケーションができなくなって，悩み苦しむのです。

　適当なところで妥協して小賢く生きていくことができれば，大きな痛みや傷を抱えることもなく生きていくことができるでしょう。

　しかし，真摯（しんし）に自分自身と向きあい，自分に正直に，かつ，真剣に生きていこうとするならば，痛みや傷つきは避けることができません。

　クライアントがこれほど真剣に，本気で生きていて，それがゆえに傷を抱えて苦しんでいるのに，カウンセラー自身が妥協の連続で，本気で生きていないと，クライアントにもそれは伝わってしまいます。

　「あぁ，こんな，妥協の連続で生きている人には，気持ちはわかってもらえるはずがない」と思われてしまうのです。

　カウンセラーになるうえで最も大切なことの2つめは，クライアントの方の傷つき，揺れ動く気持ちとしっかりつきあうこと，またそれを聴いているときの自分自身のこころの動きをていねいに見つめることです。

　具体的には，さまざまな気づきのワークショップ（体験型学習会）に参加したり，自分自身がカウンセリングを受けるなどして，しっかりと自分を見つめるのです（私〔諸富〕が講師をしているワークショップについては，http://morotomi.net/ を参照のこと）。

　カウンセラーになるうえで最も大切なことの3つめは，どろどろした気持ち，曖昧な気持ち，揺れ動く気持ち，迷う気持ちなどから逃げず，そこにとどまり続けることです。

　これができないと，クライアントの苦しい話を聴き続けることに

カウンセラーのほうが苦しくなって、そこから逃げ出したくなっていきます。そしてその結果,「もっとほかの道を探しましょう」とか,「きっとあなたならできますよ」と励ましたり,前向きに考えるようにアドバイスしたりするのです。

けれども、そんなふうに言われたクライアントは、何か「おいてきぼり」をくった気持ちになります。「先生、励ましていただいて、ありがとうございました」などと、表では言いながら、「この人にはわかってもらえない」という気持ちを募らせて、次回からキャンセルして別のカウンセラーを訪ねたりするのです。

「暗闇をさまよう、どんよりしたこころのプロセス」から、けっして逃げないこと。その深さ、暗さの次元から逃げずに、しっかりと、そこにとどまること。

こうした強さが、カウンセラーには必要だと思います。

8 カウンセリングの学び方

自己の関与

カウンセリングをどう学ぶか……、その考えは人さまざまです。

心理学としてのカウンセリング、すなわち「カウンセリング心理学」を志向する立場においては、こう考えます。カウンセラーは実践家であるとともに、科学者でなくてはならない。カウンセラーとして他者の援助をするだけでは十分ではない。そこから導き出された知見を普遍化し、一般化するための努力が必要である、と。このような考え方は、アメリカの心理学部で養成される「カウンセリング心理学者」に顕著な考えで、それは「サイエンティスト/プラクティショナー・モデル（科学者/実践家モデル）」とよばれます。

これに対して，研究能力よりもはるかに強く，また深く，「自己の関与」を求める立場があります。カウンセリングの流派でいえば，「実存」とか「人間性」「ヒューマニスティック」「パーソンセンタード」「トランスパーソナル」といった看板を掲げている立場が，この「自己の関与」を強く求めます。「ユング心理学」も同様でしょう。これに対して「認知行動論」を標榜する立場のカウンセラーは，あまりこの「自己の関与」を求めないように思います。「認知行動論」の立場では，誰がやっても同じ仕方で同じ成果が出るカウンセリングをよしと考える傾向が強いようです。

　たとえばマクドナルドのハンバーガーはどこのお店で誰がつくっても同じ味を味わえますね。カレーやラーメンの全国チェーン店も同じです。どこの店で，誰がつくっても，同じ味を提供できるわけですが，「認知行動論」のあるカウンセラーの方から，カウンセリングも同じように，誰がやっても同じように展開できることが望ましい，という考えをうかがったことがあります。

　これに対して，ロジャーズ派や実存派，ユング派，トランスパーソナルなどの立場のカウンセラーは，「自己の生き方をきわめる」ことが，「カウンセラーとしての自己の成長」にもつながり，それがひいては「自分自身のユニークなカウンセラーとしてのあり方」をきわめていくことにもつながる，と考えます。私自身も，この立場です。

　カウンセラー・トレーニングにおいては，理論の学習や技法の学習以上に，その人自身の「生き方」を磨くこと，みずからの人間性を深めていくこと，またそうした「自己」を徹底的に見つめることがきわめて大きな意味をもつ，と考えられているのです。

　たとえば私が十数年前に，在外研究で訪れていたイギリスのロジャーズ派の拠点，イースト・アングリア大学の場合，教員の全員が，

ロジャーズのパーソンセンタード・アプローチを専門とし，何らかのスピリチュアリティを重要視する方ばかりでした。また，週に3回，教員と学生全員でベーシック・エンカウンター・グループをおこなうのが，この大学のカウンセラー・トレーニングの柱となっていました。

同様に在外研究員として滞在したアメリカのトランスパーソナル心理学研究所でも，教員と学生全員のベーシック・エンカウンター・グループを，教室を兼ねている合気道の道場でおこなうのが，必修科目の柱になっていました。またこれがどちらの大学でもじつに激しく，なかには傷ついて中途で退学していく学生もけっして少なくありませんでした（入学資格は「28歳以上」，試験は面接のみで，「この人はカウンセラーとなるために学ぶ必然性がある」と判断された方だけが，入学を許可されていました）。

こうした学習機関では，「人間としての道をきわめていくこと」が，「カウンセラーとしての自己の成長」には不可欠だという考えに立っています。したがって，カウンセラーの養成機関は同時にどこか「人間道場」のような雰囲気をもっています。

カウンセリング学習の4つの柱

では，そうした立場で考えると，カウンセラーになるためには，どのような学習が必要でしょうか。

図1-3のA，B，C，Dの4つがカウンセリング学習の基本的な柱になると考えていいでしょう。

Bの理論学習やCの技法のトレーニングはわかりやすいでしょう。講義や読書を通して理論を学ぶとともに，話し手と聴き手がペアになってのカウンセリングのロールプレイや，より実際に近い体験をする試行カウンセリングなどの実習を何度もおこなうことで，模擬的なカウンセリングを体験し，みずからの技術を磨いていくの

> **図 1-3　カウンセリングの学び方**
>
> | A | カウンセラーの自己(こころ) ➡ 教育分析やワークショップなどでの体験学習 |
> |---|---|
> | B | カウンセリングの理論 ➡ 講義・読書 |
> | C | カウンセリング技法のトレーニング
（カウンセリング・ロールプレイや試行カウンセリング）
（アセスメントを含む） |
> | D | カウンセリングの実践 ➡ 事例検討＋スーパービジョン |
>
> （出典）　諸富，2010b。

です。

　しかし，じつは，カウンセラー・トレーニングにおいて最も重要で，かつ，多くの時間やエネルギーの投入を求められるのが，Aの「自己の学習」とDの「事例検討」や「スーパービジョン」の学習です。

カウンセラーの自己

　カウンセラー・トレーニングにおいて，ほかの技術職のトレーニングと最も異なるところは，A「カウンセラーの自己」に関わる学習が求められるところでしょう。

　カウンセリングというのは，どれほど多くの知識を身につけ，また，どれほど多くの技術を訓練したとしても，最終的には，裸一貫，自分のこころを唯一の仕事の道具として提供するようなところがあります。クライアントの方の話を虚心に聴く。さまざまな思いやイメージがカウンセラーである自分の中に浮かんでくる。その内側で

8　カウンセリングの学び方

の動きに耳を澄ませながら、言葉やイメージにつむぎ上げていく。そしてそこでつむがれたものを相手に伝えていく。こうした作業に取り組んでいくなかで、カウンセラーには、自分のこころの微妙な動きにどう関わるかが問われていきます。

また、それ以前に、カウンセラー自身のこころに柔軟性がなく、固い価値観や常識にあまりに強くとらわれてしまっていると、クライアントの話をよく聴けなくなってきます。いくら虚心に耳を傾けているつもりでも、クライアントの話が「入ってこない」こころの状態にすぐになってしまうのです。

というのは、当然のことですが、カウンセリングの場にクライアントとして訪れる方の多くは悩みを抱えています。そしてその悩みはどこから出てくるかというと、どうしてもうまく生きることができなかったり、自分の気持ちに正直に生きようとすると、自分がそれまでもっていた価値観や常識とぶつかったりすることで自分を責め、苦しんでいることが少なくありません。

たとえば、妻子ある男性をどうしようもなく強い気持ちで愛してしまい、恋に落ちてしまった女性がいるとしましょう。彼女はけっして浮ついた気持ちで恋愛をしているのではありません。また、元来とてもまじめで、良識的な方です。

けれども、運命に導かれるようにして、世間から見れば「不倫」とよばれるような状態になってしまった。そのことで自分を責め、どうしていいかわからなくなって、けれども身近な人には誰にも打ち明けることができずに、プロのカウンセラーのところに相談にきたのですが、そのカウンセラーが常識にガチガチに縛られていて、「やはり不倫はよくないですなぁ」「相手の奥さんに申し訳ないと思わないのですか」などと言われようものなら、クライアントの方は「こんなところに相談にくるんじゃなかった」と大きく落胆するこ

とでしょう。いや、あからさまにそのように口にするカウンセラーはほとんどいないにしても、ちょっとした言葉の端々からそうした価値観が伝わってきた途端、クライアントの方には「この人にはとてもわかってもらえない」という気持ちがわいてきて、こころを閉ざしてしまうでしょう。

その意味で、カウンセリング学習においては、みずからのこころの動きや価値観へのとらわれなどをていねいに見ていき、自覚（気づき）を深め、「何ものにもとらわれない自由なこころの状態」をつくっていく必要があるのです。

クライアントの方は、みずからの人生をかけて、命がけで相談にきます。先に「カウンセラーになるうえで最も必要なこと」として私は、「本気で生きること」、本気で仕事をし、本気で恋をし、本気で結婚生活をすること、を挙げました。本気で生きるがゆえに生まれてくる苦しみを抱えて生きているカウンセラーでなければ、本気で生きているがゆえにさまざまに傷ついたこころを抱えているクライアントの方を受け止めることはとうていできないからです。

またそればかりでなく、さまざまな体験的な学習会（ワークショップ）に参加したり、自分自身がクライアントになってカウンセリングを受けることを通して、徹底的に自分を見つめていく必要があります。そのことによって、絶えず自分のこころの深いところで、こころの動きを見つめるとともに、いかなるとらわれからも自由になって、クライアントのこころをそのままに受け止めることができるこころの状態をつくり上げていく必要があるからです。

> **事例検討と
> スーパービジョン**

そして、それと同じように重要なのが、D「カウンセリングの実践（事例検討、スーパービジョン）」です。

どれほどカウンセリングの理論や技法を身につけたところで、実

際にカウンセリングをおこなわなければ，できるようにはなれません。研究がよくできる医師でも，必ずしも治療がうまいとはいえないのと同様です。実際に事例（ケース）を担当し，カウンセリングをしているうちに，カウンセラーの力量も形成されてくるのです。

しかし，とにかく数をこなしていればうまくなる，というわけでもありません。

自分のおこなったカウンセリングの事例について，熟練した信頼できる指導者のもとで，ていねいに検討していくことが重要です。これを「スーパービジョン」といいます。

個人スーパービジョンは，面接をていねいに，かつ深く検討していくうえで役に立ちますし，グループ・スーパービジョンは，同じ程度の経験をもつ仲間たちのカウンセリングの実際を聞き，それに対する指導者の助言も聞くことが大きな学習につながります。

これも両方を経験するといいでしょう。

また，スーパービジョンのほかに，1つの事例に対するカウンセリングをある程度（半年から1年くらい）おこなったうえで，それを何人もの参加者の前で報告し，さまざまな角度からの指摘やアドバイスをもらう事例検討会もあります。こうした機会に積極的に参加していかなくては，カウンセリングの力量は上がっていきません。

* * *

このA, B, C, Dの4つの柱のいずれをも深く学んでいくことで，はじめて，カウンセラーとしての学習が深められていきます。それは必ずしも平坦な道ではありません。

しかし多くの方が，いったんカウンセリングの学習を始めると，そこから抜け出ることができなくなります。それは，カウンセリングの学習を通して，人生の真実にふれる体験をみなさんがもたれるからだと思います。

カウンセリングの学習を通して，多くの人の人生が変わり始めます。カウンセリングの学びを通して，より深く自分自身と向きあい，より深く他者とふれあうような生き方が可能になってくるのです。

第2章 傾聴の技術

1 傾聴の意義

●ロジャーズの3つの条件

クライアント中心療法の効果

第1章の第4節で相手の話を聴くこと（傾聴）の大切さについてふれられていますが、傾聴によってどんな効果があるのでしょうか。傾聴の意義について記述する前に、傾聴を最も重視して進められるクライアント中心療法の効果に関わるリサーチにふれておきたいと思います。

◆傾聴の効果に関わるリサーチ①

1989年にアメリカで行われたエルキンとその共同研究者らによる国立精神保健研究所のうつ治療共同研究プログラム（Elkin et al., 1989）では、うつと診断されたクライアント群に対して、無作為統制法を用い、それぞれ16セッションの抗うつ剤治療、認知行動療法、対人関係療法の実効性が比較されました。それによると"重い"うつの場合は、抗うつ剤治療のほうが効果がやや高かったのですが、軽度のうつの場合は、認知行動療法や対人関係療法といった心理療法のほうが効果がはるかに高く、また認知行動療法と対人関係療法の間には、大きな効果の差が認められませんでした。ここでいう対人関係療法は、傾聴を含めクライアントの内面の理解やセラ

ピストとの関係そのものに焦点があてられる関わり方です。

◆傾聴の効果に関わるリサーチ②

2000年にイギリスでおこなわれたキングとその共同研究者らでおこなわれたリサーチがあります (King et al., 2000)。イギリスの医療制度は,一定の地域ごとに医療センターがあり,そこに勤める医師たちはGP (地域医) とよばれていて,頭痛や腹痛から精神的な不調に至るまで,まずGPの初期診療を受けます。その結果,専門的な治療が必要な場合には,専門病院に委託されますが,軽度の場合は,そのままその医療センターで治療を受けます。GPからうつと診断された成人クライアントを無作為に振り分けて,最長で12週間にわたる通常のGPによる医療的ケア(薬物治療を含む),非指示的療法,認知行動療法を適用し効果を比較しました。ここでいう非指示的療法は,クライアント中心療法の古いよび方です。効果測定には,うつの様態を把握するためによく用いられているベックの抑うつ尺度 (BDI) を用いて,うつの好転の程度を比較しました。BDIは,得点が高いほどうつの症状が強くなります。通常20ポイントを超えると,日常生活にも大きな支障があることが予測されています。アセスメントの段階でほぼ同じ程度の高い得点を示していたクライアント群は,4カ月後のBDIスコアが,通常のGP診療群では,平均約9ポイントの減少が見られたのに対して非指示的療法群と認知行動療法群は,どちらも13ポイント以上も下がっていたことを報告しています。つまり,統計的な一般論ではありますが,BDIスコア25ポイント前後の中程度のうつに対しては,たしかな信頼度をもって,非指示的療法や認知行動療法といった心理療法のほうが医療的なケアよりも大きな成果を上げうる可能性を示しているといえます。また,うつの治療に評判の高い認知行動療法と比べても,非指示的療法群はBDIスコアの減少でそれほど大きな違い

が見られませんでした。

　これら2つの代表的な効果研究以後, 医療的ケアと心理療法の効果の比較研究やクライアント中心療法, 認知行動療法, 精神分析療法の効果の比較研究が盛んにおこなわれるようになりました。いくつもの似たような効果研究を集めて統計的に分析をするメタ分析や, さらにメタ分析を集めておこなうメタ-メタ分析の結果からも, 重篤なこころの問題は別として, 一般にクライアント中心療法, 精神分析療法, 認知行動療法などの心理療法の効果は, 医療的なケアよりも効果がかなり高いこと, また, クライアント中心療法も認知行動療法もそれらの効果において遜色ないことがわかってきています。また, クライアント中心療法に比べると認知行動療法の効果のほうが高いという印象がありますが, クライアント中心療法の効果研究が認知行動療法ほどには, 積極的におこなわれていないところにイメージの違いがあるようです。

クライアント中心療法の本質と傾聴の意義

精神分析療法でも認知行動療法でもほとんどのサイコセラピーやカウンセリングにおいても傾聴はとても大事な技法ですが, 傾聴を最も重視しているのがクライアント中心療法です。そこで, クライアント中心療法と傾聴との関係を明らかにしておきたいと思います。

　1920年代中頃からアメリカのニューヨーク州のロチェスター市にある児童相談所に勤めていたロジャーズは, そこでの心理臨床体験から問題解決を中心にした既存のセラピーにはない新しい視点を大事にするようになり, 1940年にオハイオ州立大学の教授になってからそれらの考えを『カウンセリングと心理療法』(Rogers, 1942) にまとめました。その本の中では, まだロジャーズのセラピー理論が明確になっていませんでしたので, カウンセリングはクライアン

トが自分の内面で体験をしている事象をこころゆくまで語ることによって"こころの浄化（カタルシス）"状態になり，問題解決に関わりのあるさまざまな"洞察"に至ると，主に精神分析用語で説明をしていました。また，当時主流であったアセスメント（査定）を重視し，クライアントの問題の原因を突き止めて積極的にその問題の解決のために指導・助言をおこなっていく関わり方を"指示的（directive）アプローチ"，みずからのセラピーを"非指示的（non-directive）アプローチ"と名づけて，それまでのセラピーと対比しながら彼の臨床的視点を詳細に記述しています。この新しいセラピー観は，既存のセラピーに比べて，セラピストの表向きの積極的な関与がきわめて少ないことから"非指示的"という概念を使いました。この"非指示"という，ともすると"何もしない"といった技術的ニュアンスをもつ概念は，新しいセラピーの目指すところから目をそらし，誤解を受けやすいことに気づいたロジャーズは，1940年代中頃からは，もっぱら"クライアント中心（client-centered）"の語を用いるようになって今日に至っています。

　つまり，ロジャーズのセラピーのねらいは，指示をするとか指示をしないといった表面的，技術的な問題ではなく，クライアントが自分の抱える問題やそれに伴うさまざまな内的体験と深く関わりながら，みずから納得のできる生き方を見出していくところにあったからです。傾聴は，それらを実現していくセラピスト側の代表的な姿勢やあり方の1つとしての意義や意味があります。1つと書いたのは，傾聴は，クライアントが自分の抱える問題やそれに伴うさまざまな内的な体験と深く関わっていくことにとても大きな働きをしますが，クライアント中心療法は，傾聴だけで成り立っているわけではないからです。クライアント中心療法における傾聴は，ときに積極的傾聴（active listening）ともいわれることもありますが，単に

傾聴だけを身につけようとするとカウンセラーの小手先の技術のようになりがちですので、臨床的に意味のある傾聴をするためにはクライアント中心療法の理論的背景を十分に理解しておく必要があります。

「自己理論」と傾聴

いくつもの面接を通して、クライアントの変化には予測可能な法則があることに深い関心をもったロジャーズは、クライアントの了解を得て録音機でとりためた何本もの面接記録を逐語にし、内容を分析して、その成果を「パースナリティの体制についての観察」（Rogers, 1947）という論文にまとめています。

その仮説の第1は、「知覚の場の体制と行動との関係」です。人は、さまざまな状況をそれぞれが固有の受け止め方をしています。その固有の受け止め方を「知覚の場の体制」といいます。この仮説では、「知覚の場の体制」とその人の行動が深く関わっていることを指摘しています。第2の仮説は、自己知覚と適応が深く関わっていることを指摘しています。「知覚の場の体制」の中でもとくに自分についての知覚、つまり「自己知覚」がその人の行動に深く関わっていることを強調しています。また、「自己知覚」が変われば、その人の行動も変わることを予測しています。いま流にいえば、自己認知はその人の行動と深く関わりをもっているということです。認知の問題が認知行動理論として本格的に取り上げられるおよそ7～8年も前のことです。自己に関わるあらゆる知覚が吟味され受け入れられるようになると、緊張感や不全感などの心理的不適応感が減少して適応感が増し、「自己知覚」にも肯定的な変化が生ずるということです。第3の仮説は、こういった「自己知覚の変化」のための条件として、①「クライアントの自己概念に脅威を与えないこと」と②「クライアントの自己知覚に焦点をあわせるように援助を

すること」を指摘しています。

　1947年以降は，これらの仮説を確かめるために，100枚のカードに書かれている内容を面接を終えたクライアントに7つの区分に強制分類してもらい統計処理をするQテクニックなどの方法を使って，ロジャーズや彼の共同研究者との間で，自己に関わる研究が急激に増えていったのもこのためです。1951年には，それらの成果をまとめて『クライアント中心療法』（Rogers, 1951）を著しています。この中で最も注目すべきは，後に「自己理論（self theory）」とよばれるようになったロジャーズの人間観です。有機体としての人間の根本的な特徴を19の命題としてまとめています。クライアント中心療法における傾聴は，これら一連の人間観に深く関わっていることを強調しておきたいと思います。なかでも，17番目の命題「自己構造になんらの脅威を感じない状況下で自己構造に矛盾・対立する経験が検討され，自己構造に包含される」，19番目の命題「有機体経験を自己構造に包含することを通して現在の価値体系も変化する」は，クライアント中心療法における傾聴の意義に最も深く関わっているといえます。

　言い換えるなら，傾聴は，クライアントの自己概念に脅威を与えない雰囲気のなかで，自己構造に矛盾・対立する経験を検討し，自己構造に包含されていくのを促進する機能と意義をもっているといえます。

「パーソナリティ変化の必要にして十分な条件」と傾聴

　ロジャーズは，①クライアントの自己概念に脅威を与えない雰囲気づくり，②その状況下でクライアントみずから矛盾・対立する経験を吟味・検討し，③それらがクライアントの自己に包含されていくための条件を何度も書き直して「パーソナリティ変化の必要にして十分な条件」（Rogers, 1957）としてまとめています。これら

はクライアント中心療法における傾聴の条件と言い換えることができます。その条件は，以下の6つです。

① 2人の人が，心理的接触をもっていること
② 第1の人（この人をクライアントと名づける）は，不一致の状態にあり，傷つきやすい，あるいは不安の状態にあること
③ 第2の人（この人をセラピストとよぶ）は，関係の中で一致，統合していること
④ セラピストは，クライアントに対して，無条件の肯定的な配慮を経験していること
⑤ セラピストは，クライアントの内的照合枠に共感的な理解を経験しており，この経験をクライアントに伝えるように努めていること
⑥ セラピストの共感的理解と無条件の肯定的配慮が，クライアントとのコミュニケーションの中で最低限達成されていること

この6つのうち，とくに③，④，⑤の条件がセラピスト（カウンセラー）の基本的な姿勢や態度を表すことから「セラピスト（カウンセラー）の3条件」として知られていますが，ロジャーズは，6つの条件をひとまとまりのセット（必要十分条件）として提言していることを忘れてはならないと思います。つまりこれらの6つの条件のどれか1つが欠けてもその意味あいがなくなってしまうことをここであらためて強調しておきたいと思います。日本では，この3つの条件だけが大事にされ1人歩きをしている傾向がありますので，先の6つの条件が整ってはじめてセラピー（カウンセリング）条件として意味があることを忘れてはならないことを強調したうえで，セラピスト（カウンセラー）の3条件についてふれておきたいと思います。

> セラピスト（カウンセラー）の3条件と傾聴

セラピスト（カウンセラー）の3条件の1つは，関係の中でセラピスト（カウンセラー）が真実（real）でありえるかどうかということです。クライアントとの関係においてセラピスト（カウンセラー）は誠実で，裏表なく，素直で，ありのままであり続けることです。クライアントとの関係の中でセラピスト（カウンセラー）が体験している事象が意識化され，クライアントとの対話の中に自然に表れ，セラピスト（カウンセラー）としての自己が瞬間瞬間の体験と完全に1つになっている状況です。クライアントの側から見たセラピスト（カウンセラー）は，隠しごとや裏表がなく，誠実さと率直さと素直さに満ちている状況です。ロジャーズは，セラピスト（カウンセラー）のこの状況を「自己一致」とも概念化しています。

第2の条件は，クライアントが男であれ，女であれ，子どもであれ，ゲイであれ，学生であれ，主婦であれ，サラリーマンであれ，外国人であれ，犯罪者であれ，教員であれ，老人であれ，クライアントをセラピスト（カウンセラー）がこころから1人の独立した人格として内面の状況を心から大切にしながら関わっている状態です。ロジャーズは，この状態を受容とか配慮，所有欲のない愛という概念をあてています。最もよく知られている概念は，「無条件の肯定的配慮」ですが，どれも同じことです。

第3は，クライアントの内面をクライアントの立場になって，クライアントが体験をしているままに感じ共感的に理解することです。あたかもクライアントの耳になったかのように聞き，クライアントの目になったかのように見，クライアントの舌になったかのように味わうことです。クライアントの内面をそのままクライアントになったかのように，クライアントが言葉で表現できない部分まで感じ

取ることです。この状況を表す概念が「共感的理解」です。

　これらは，完全に実現することは難しい条件です。厳密に整えようとするよりもセラピスト（カウンセラー）として無理なくこれらを実現しようと志向し体験し続けることのほうが大事です。もしこれら3つの条件にずれを感じたならば，率直にその場で修正をしていけばいいと思います。漢和辞典によれば「傾聴」の傾は，"かたむける""そばだてる"の意味があり，聴は，"耳を立てて音声をよく耳の奥まで通す"の意味があり，また，傾聴は，"こころを傾けて熱心に聞く"とあります。日本にも古くから相手に耳を傾けてこころから聴く行為はあったようですが，クライアント中心療法での「傾聴」は，相手をこころから独立した1個の人格として大切にしながら，相手の内面に生じている体験を心から大切にしその人の立場に立って共感し，さらに関係の中で絶えず真実であり続けようとする「傾聴」なのです。日常的な傾聴と区別するために，以下では「臨床的傾聴」と名づけておきたいと思います。

「臨床的傾聴」とカウンセリング・プロセス

　ロジャーズは，さらに1957年に「サイコセラピーの過程概念」(Rogers, 1958) を発表し，先の3つの条件が満たされるとクライアントに予測可能な変化が生じることを指摘しています。つまり，クライアントは，自身の内面に生じているさまざまな体験にふれやすくなり，自分の感情やありように深く関わり始めます。セラピスト（カウンセラー）にありのままに，率直に，素直に関わられると，クライアントは，自分自身にありのままに，率直に，素直にふれ始めます。独立した1個の人格として大切にされると，クライアントは，自分自身を大切にするようになります。セラピスト（カウンセラー）にクライアントの体験していることをそのまま共感的に理解されると，クライアントは自分自身をもっと深く理解しようとし始

めます。さらに3つの条件が継続されると緊張から弛緩へ,固着から流動へ,否定から肯定へ,過去から現在へ,不安から信頼へ,問題から自己へといったプロセスが始まります。言い換えるなら,このプロセスこそ「臨床的傾聴」の機能ともいえます。別の表現をするなら,臨床的傾聴には「プロセス化」の機能があるといえます。

1963年にロジャーズは「十分に機能する人」(Rogers, 1963)として,セラピー(カウンセリング)が成功裏に終結した段階のクライアントの特徴をまとめています。そこでは,クライアントが,①自身の内面に生じるさまざまな経験に自然にそのまま素直にふれ,②自分らしく生きることを大切にし,③自身を信頼し,自分を評価基準にしている状況を報告しています。一般的な言葉で表現をするなら,みずからを信頼し,現実的で,主体的で,かつ積極的,創造的,社会的,関係的に生きている状況といえます。これこそ「臨床的傾聴」の機能なのです。

「臨床的傾聴」の一般的適用

クライアント中心療法のある程度の体系化ができあがってきた1950年代中頃にロジャーズは,セラピー(カウンセリング)研究で得られた成果を一般の人間関係にも適用しようと考え始めています。「もし私が,あるタイプの関係を設定することができるなら,その相手の人は,その関係から自分の中に成長の方向に向かう能力を見出すであろう。その結果,変化のプロセスと人格的な発達が生じるであろう」(Rogers, 1956)と予測して,教師と生徒,医者や看護師と患者,介護福祉士と利用者,親と子,組織の上司と部下,友人関係などあらゆる人間関係に適用しようとしています。セラピー(カウンセリング)ではない,一般の人間関係にあっても,先の3条件のもとでは,人が本来もっている,建設的で創造的な特性を活性化する可能性を予測して,ロジャーズは,大学での講義や地域の学

校で実践的研究をおこなってその効果を明らかにしています。その最も代表的な活動は、エンカウンター・グループとよばれる一般の人々を対象にしたグループへの適用です。

1960年代中頃から個人カウンセリングの研究から離れて、先の6条件を一般の人々で構成されるグループに本格的に適用しています。グループ状況でメンバー間の真実（real）で誠実な関わりと互いのパーソナリティを大切にし、相互に内面で起きている体験を共感的に理解しあう雰囲気の中で、グループ・メンバーがそれぞれの成長に向かう機能を活性化していく心理的なグループを彼はとくに「ベーシック・エンカウンター・グループ」と名づけています。3条件に裏づけられた「臨床的傾聴」は、日常的な親子関係から地域のボランティア活動に至るまで、あらゆる人間関係やグループ状況においても十分に機能する可能性を秘めているといえます。

「臨床的傾聴」の精神科医療への適用

ある程度自我が機能しているいわゆる健常域にある人々を対象に発展してきたクライアント中心療法から得られた成果を、重い統合失調症のクライアントに適用した研究を、ロジャーズはジェンドリンらとともに1959年から1961年にかけてウィスコンシン州立メンドウタ病院でおこないました。クライアント中心療法の基本的な関わり方を適用した実験群（24人）と適用しなかった対照群（24人）の比較研究で、実験群のクライアントのほうが数名よくなった者が多かったのですが、統計的には明確な効果が認められませんでした。しかし、この体験から、治療への動機づけがきわめて少ないクライアントには、治療関係が成立する前の段階のセラピーとして、セラピストのリアルさ、自然さ、オープンさなど3条件の純化と具体的で積極的な関わりが大切であることが明らかになりました。

このことから後にプラウティー（Prouty, 1994）は、独自の「接触

理論」をもとに、自分の状況を把握したり、表現をすることが難しい重い統合失調症のクライアントへのセラピーとして「プリセラピー」を発展させています。たとえばクライアントがタバコを吸いたそうなときには、その状況を可能な限り言語化しながら、タバコに火を点けてあげたり、寒そうだったらコートを掛けてあげたり、外に出たそうなときには一緒に散歩をするなど、積極的な傾聴を伴う具体的な行為や身体接触などの積極的な関わりが重要であることを指摘しています。本節では、紙面の関係で接触理論にまでふれられませんが、「臨床的傾聴」に接触理論に基づく関わり方が加われば、発達障害などへの「臨床的傾聴」の適用範囲がもっと広まる可能性を秘めています。

パーソンセンタード・アプローチと「臨床的傾聴」

パーソンセンタード・アプローチは、広義には、ロジャーズの基本的な人間観（「自己理論」）を背景に心理臨床、教育、産業、医療・看護、福祉、司法・矯正、地域、多文化など、社会のあらゆる人やグループ、あるいは社会そのものに働きかけようとする活動を指し、狭義には、心理臨床分野において、クライアント中心療法を含めてクライアント中心療法から派生した、ベーシック・エンカウンター・グループ、フォーカシング、プリセラピー、表現アートセラピーなどのサイコセラピーを指します。『カール・ロジャーズの人生と業績』(Kirschenbaum, 2007) によれば、パーソンセンタード・アプローチという用語が最初に使われたのは、『人間の潜在力』(Rogers, 1977) の中とのことなので、すでに30年余の歴史のある言葉です。近年、ヨーロッパとくにイギリス、イギリスの中でもイングランドやスコットランドにおけるパーソンセンタードの発展には、めざましいものがあります。スコットランドのグラスゴーにあるストラスクライド大学大学院では、パーソンセンタードのカウンセラ

ー養成コースが1998年に,修士課程が2003年に発足されました。2008年には,同じグラスゴーにあるカレドニアン大学には世界的にも先駆的なパーソンセンタードに特化した博士課程が開設されました。とくに「カウンセラー資格コース」では,講義や演習のほか,一定時間数以上のカウンセリング臨床実践とスーパービジョンが規定され,先の3条件に基づく「臨床的傾聴」をはじめ,セラピー条件の徹底した実践的トレーニングがおこなわれていました(現在はなくなっている)。

> 暗在性と
> 「臨床的傾聴」

ジェンドリンは,ロジャーズとの共同研究をしながらセラピー要因の1つとして体験過程(experiencing)理論を発展させました(Gendlin, 1961, 1981, 1998)。体験過程は,言語化や概念化をする前の状況で,人の内面的・身体的に感じられている「体験の流れ」を指し,近年は「暗在性(impricit)」の語をあてるようになっています。この暗在性の象徴化こそ人格的変化の臨床的要点として考案されたのがフォーカシングです。フォーカシングでは,「伝え返し」という技法を用いてクライアントの暗在性にていねいに関わっていきますが,この暗在性に関わる「伝え返し」は,意識と無意識の境目,身体と意識の境目,自己と自己を超える境目,時間と空間との境目,体験と言葉の境目など,境目や辺縁(edge)でのきわめて深いレベルの「臨床的傾聴」と言い換えることができます。

> 「臨床的傾聴」の
> 学び方

「臨床的傾聴」は,個人セラピーやグループセラピーをはじめ,ボランティア活動や通常の対人関係に至るまであらゆる人との関わりで,相手の成長を促し,同時に自分自身の心理的成長にも関わるものですが,最初のうちはあくまでも傾聴技法として割り切っておく必要があります。傾聴技法は,それだけでもかなりの成果や

効果が期待できますが、人は、1人ひとりまったく違った人生観や宇宙観をもっているので、人に対して技法を活用するには、基本的な臨床哲学や人間観をもっていないと技法は意味をもちません。逆にそれを活用する人の基本的な人間観によってはじめて技法が生きてきます。ですから技法は技法として学びながら最終的には、技法と自分自身の臨床哲学や人間観を統合していく必要があります。

　傾聴技法としての訓練は、ロールプレイという方法を使って、話し役、聴き役を決めて役割をとりながら、場面や条件を変えて練習を積み重ねていきます。ロールプレイの時間も、最初は10分程度から始めてしだいに長くしていきます。また、ロールプレイが終わったら、すべてのやりとりを文字に直し（逐語記録）、聴き役の発言を振り返ったり吟味をしていきます。やりとりを文字に直すだけでも、自分の語り口や言葉づかい、発語の癖、声の質など気づくことがたくさんありますが、振り返りのときに、ベテランのセラピスト（カウンセラー）に加わってもらうとさらに効果的な学習ができます。さらに単なる傾聴を「臨床的傾聴」のレベルまでスキルアップをしていくためには、

① 問題や事柄に焦点をあてた傾聴のレベル
② 感情に焦点をあてた傾聴のレベル
③ 身体感覚に焦点をあてた傾聴のレベル
④ 言葉の背後にある表現されていない文脈に焦点をあてた傾聴のレベル
⑤ 体験過程（暗在性）に焦点をあてた傾聴のレベル
⑥ 「自己」との対話や体験の意味に焦点をあてた傾聴のレベル

に分けて系統的にトレーニングをすることを勧めます。④、⑤、⑥の部分は、かなり高度な傾聴レベルですので、臨床実践を通してスーパービジョンを受けていく必要があります。

また，ロジャーズが創始発展させたベーシック・エンカウンター・グループは，①〜⑥を実践的に，しかもリアルに学べる総合体験の場ですので，参加を勧めたいと思います。ベーシック・エンカウンター・グループでは，安心できる雰囲気と関係の中で参加者1人ひとりの他者や自己との深い内面的な交流が促進されていきます。これまで深く関わったことのないリアルな自己と向きあう機会が多いので，クライアント中心療法のカウンセラー志望者の修行の場ともいえます。また，ベーシック・エンカウンター・グループは，集まったメンバーによって体験の深まりが異なりますし，期間，場所，費用，対象，ファシリテーターなどさまざまな要素がありますので，1回だけの参加でなく，「臨床的傾聴」のトレーニング・レベルに応じて，スーパーバイザーに相談をしながら，適時参加することを勧めます。宗教がらみや営利目的のあやしげなグループも見かけますので，信頼できるグループを吟味して参加することは，とても大事なことだと思っています。さらに「臨床的傾聴」の経験を重ねたあとで，ミンデルのプロセス指向心理学（Mindell, 1985）や「ワールドワーク」にふれることも「臨床的傾聴」のレベルをさらに高めることができると思います。

2　傾聴の基本的な態度と技法

●具体的なコツ

傾聴で何をするのか？

　「傾聴」は，"傾"けて"聴"く」と書きます。何を傾け，何を聴くのでしょうか？
　人は，悩み，苦しみ，葛藤しているとき，こころの中ではさまざまな声がしています。「このままではつらい。どうにかしなきゃ」「クヨクヨしたって仕方がないじゃないか！」「私はなんてダメな人

間だろう」「イライラや不安が収まらない」「あの人がもっと協力してくれれば、こんな思いをしなくてもいいのに！」など、自分を責めたり、励ましたり、後悔したり、誰かのせいにしたり、イライラや悲しみ、不安がわいてきたり、絶望したり……さまざまな思いが、混沌と、こころの中をめぐります。

　カウンセリングでは、こうしたこころの状態を抱えたクライアントに対して「傾聴」をしていきます。クライアントの表情や動作、たたずまい、雰囲気を、カウンセラーは「からだ全体で聴き」、意識を集中してクライアントの言葉や声に「耳を傾けて聴き」、そして、クライアントの気持ちに寄り添い、内的世界を感じよう理解しようと「こころを傾けて聴く」のです。

　クライアントは、どのような気持ちを語っても、どのような話をしても、カウンセラーに評価されず、ていねいに聴いてもらい、受け入れてもらえると、みずからも自分自身の気持ちを受け入れ始めます。自分1人では、受け入れることが難しかった自分の中にあるさまざまな気持ちを、1つひとつ「私の中には、こんな気持ちがあったんだ」とカウンセラーと認めていくことで、あるがままの自分を受け止めていくことができるようになるのです。そして、その結果、「あぁ、私はこんなふうにしたかったんだ」などと、こころの奥にある大切な気持ちに気づいていくのです。

傾聴の基本的な態度

このように「傾聴」とは、クライアントが、安心して自分の気持ちを語り、自分と向きあい、自分らしくいられる関係と場をつくるために大切なカウンセラーの基本的な態度です。そのポイントを見ていきましょう。

◆安心できる場づくり

　クライアントにとっても、カウンセラーにとっても、安心して話し、聴くことができる場所があることは重要です。カウンセリング

図 2-1 傾聴

クライアント　　　　　　カウンセラー

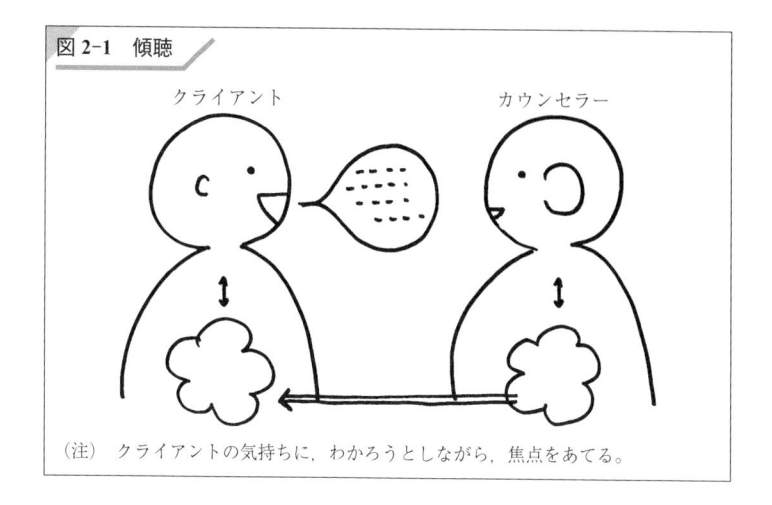

(注) クライアントの気持ちに，わかろうとしながら，焦点をあてる。

がおこなわれる部屋は，声が漏れないか，落ち着いて過ごせる雰囲気か，温度や照明は居心地がよいかなど，物理的な環境を確認してみましょう。また，椅子の位置，距離も大切です。植木やお花をおくこともホッとできる，安心した空間をつくります。

◆相手の気持ちに焦点をあてて聴く

「傾聴」は，普段「人の話を聞く」ときの聞き方とは異なります。「相手の気持ちに焦点をあてる」「あたかも相手になったような気持ちで聴く」「相手の内側から相手を理解しようと聴く」というモード・チェンジが必要です。

カウンセリングは，クライアントのための時間です。カウンセラーは自分の価値観はこころの横において，クライアントの気持ちに焦点をあてながら「相手の気持ちを感じていく」ことにエネルギーを注ぎます（図2-1）。クライアントの歩んできた人生，価値観をも大切にしながら，クライアントの内側から，クライアントを理解しよう，感じようとすることが大切になります。

2　傾聴の基本的な態度と技法

普段私たちは，相手の「言葉」に反応をしがちです。たとえば，友達にからかわれた子どもが「許せない！絶対に仕返ししてやる！」と訴えたとします。すると，「仕返ししてやる！」という言葉に反応して，「そんなことをしてはだめよ！」などと言いたくなるかもしれません。しかし，これでは，子どもは「つらい気持ちを誰もわかってくれない」「話さなければよかった」と，さらにこころを閉ざしてしまうことが考えられます。

　このとき，傾聴では，相手の言葉を聴きつつ，その言葉の背後にある気持ちや，そう言わざるをえない気持ちをわかろうとしていきます。すると「許せない，仕返ししたいと思うほど，つらい思いをしたんだね」という言葉が出てくるかもしれません。

　「言葉」だけではなく，相手の「気持ち」にも耳もこころも傾けることが大切なのです。

◆「いま，ここ」での気持ち，気づきを大切にする

　相手の気持ちに焦点をあてるとき，さらに大切なことは「いま，ここ」でのクライアントの気持ちや気づきに，焦点をあてていくということです。

　クライアントは，過去の出来事を振り返り「あのときの気持ち」を言葉にすることがあるでしょう。しかし，そのとき過去の気持ちにふれながら語ることによってわいてくる，「いま，ここ」での気持ちがあります。過去の気持ちも大切にしつつ，けれど，「いま，ここ」での気持ちに，より焦点をあてながら聴いていくことが大切です。

◆「わかったつもり」にならない

　カウンセラーはクライアントの身になって聴く，とはいうものの，クライアントとカウンセラーは別の人間です。ともに感じよう，わかろうとした結果，クライアントの気持ちや状況を「わかったつも

り」になることは危険です。

　言葉は完璧ではありません。どんな言葉も，気持ちや状況をすべて表現しきれることはありません。また，その人の気持ちや体験は，言葉にしにくい部分や，意識できていない部分などが含まれています。そのため，わかったつもりにならず，つねに「わかろう」「"いま，ここ"でクライアントが感じていることを大切にしよう」とし続けることが大切です。

◆自己表現をしやすいように関わる

　わかったつもりにならないでいると，クライアントの気持ちをていねいに理解するために，クライアントの気持ちを確認したり，もう少し表現していただくことが必要になります。たとえば，「そこのところをもう少し聴かせていただけますか？」や「もう少し言葉にしていただけますか？」などです。

　また，先ほどの子どもの例の場合，さらに子どもが気持ちを表現できるように関わることもできるでしょう。「仕返ししたい，と思うほどつらい思いをしたんだね」とカウンセラーが言ったあと，子どもが「うん」と答えたとしても「"つらい"でぴったりかな？」などと確認をしてみると，「うーん。つらいというより，バカにされて，悔しかったんだ」と，子どもは，より自分の気持ちに近い言葉で語り始めるかもしれません。

　しかし，大切なことは，クライアントが「表現したいことを表現できるように」関わることです。「言わされている」とか「カウンセラーのために，説明せざるをえなかった」となっては，クライアントは安心して語りたいことを語ることができません。カウンセラーの思いで自己表現を促したり，質問をしたりすると，話の主導権はカウンセラーが握ることになってしまい，クライアントは自分のペースで話すことが難しくなったり，話したいことが話せなくなっ

たりします。

クライアントの「気持ちを味わっている時間」や「言葉にならない沈黙の時間」も，大切な「表現」です。そうした言葉以外の表現も大切に，表現したいだけ表現できるよう，クライアントのプロセスを大切にしたいものです。

◆判断や評価をしない

クライアントが，自分の中にあるどんな気持ちも安心して語ることができるためには，カウンセラーの「判断をしない」「評価をしない」で聴くという態度が重要です。つまり，「それでいいんだよ！」（肯定）や「それは違うよ！」（否定）などの判断や評価はせずに，「そうなんだね」「そんな気持ちなんだね」という態度で，ていねいに聴いていくことが大切です。

判断や評価をせずに聴くということは，けっしてカウンセラー自身の感情を押し込めて聴くということではありません。もしも，カウンセラーがクライアントの価値観を大切に，クライアントの気持ちに焦点をあてながら聴くことができていれば，「そうせずにはいられない」「ついついそうしてしまった」「そんなふうにしかできなかった」クライアントの気持ちを感じ，判断や評価をする気持ちは出てこないでしょう。また，クライアントの気持ちや状況を「わかったつもり」にならなければ，「そう考えざるをえない理由があるのだろう」と寄り添い続けるので，評価は先送りされるはずです。つまり，カウンセラーが，①クライアントの気持ちに焦点をあてながら聴いているとき，②わかったつもりにならず聴いているとき，自然と評価や判断をせずに聴くことができると考えられます。

| 傾聴の技法 |

このようなカウンセラーの基本的な態度が，より具体的な行動として，まとめられたものが「傾聴技法」です。クライアントとの信頼関係を築きつつ，ク

ライアントが安心して，自分のこころの声に耳を傾けられるための技法を，いくつか見ていきましょう。

◆非言語的コミュニケーション

クライアントとカウンセラーとの関係においては，言葉だけではなく，非言語的コミュニケーションも大きな役割を果たします。表情，身振り・手振り，声，視線，姿勢，服装などに配慮をすることが必要です。

カウンセリングにおいては，クライアントのペースが大切ですから，カウンセラーは，クライアントの話す声の大きさ，速さ，トーンに合わせることが大切です（「半歩下がって」くらいがちょうどよいでしょう）。カウンセラーが，アイ・コンタクト（相手の目を見ること）をしながら話を聴くことは，「あなたのお話を聴いています」というクライアントへのメッセージになるでしょう。カウンセラーが腕組みをしたり，足組みをしていると，こころを閉ざしている印象を与えるかもしれません。また，カウンセラー自身が，力を抜いた楽な姿勢でいることで，クライアントもリラックスしやすい姿勢でいられるでしょうし，クライアントの話や表情から受け取った気持ちを，カウンセラーの表情に表すこと（ミラーリング）で，気持ちをわかろうとしている姿勢が伝わりやすくなると考えられます。また，カウンセラーが白衣を着ていれば，ラフな服装をしているときとは異なった雰囲気になるでしょう。カウンセリングがおこなわれる場所（病院や学校，会社など）や，面接の目的などによって，ふさわしい服装を整える配慮も必要です。

◆うなずき・相づち

たとえば，友人に大切な話をしているとき，ほしいタイミングで相づちを打ってもらえないと，ふと，不安になることはありませんか？「変なこと言っちゃったかな？」「私ばっかり話し過ぎちゃっ

たかな？」「時間がないのかな？」などと考え，安心して，話したいことを話せないような気持ちになることがあります。

　日常の人間関係においても，しているつもりの「うなずき」と「相づち」ですが，話し手にとって，いいタイミングで，ていねいにうなずいたり，適度なタイミングと声で「ええ」「はい」などと相づちを打つことは案外難しいことかもしれません。練習では，意識的に，うなずきと相づちを試みることで，自分らしい，こころのこもった「うなずき」「相づち」が身につくことが考えられます。

◆繰り返し

　「繰り返し」とは，クライアントの言葉の中で，大切だと思われる言葉をカウンセラーが繰り返すことです。これは，クライアントとカウンセラーとの間で，大切なポイントを確認することや，クライアントが語っている内容のエッセンスを明確にすることにもつながります。実際のカウンセリングでは，カウンセラーは「繰り返そう」と思って「繰り返し」を用いるのではなく，自然に「繰り返し」をおこなっています。

　例1　クライアント（子ども）：お母さんは，私の話をぜんぜん聞いてくれないんです。勉強しなさい！とか，早く寝なさい！とか，命令ばっかりしてくるんです。

　　　カウンセラー：お母さんは，あなたの話を聞いてくれないのですね。命令ばかりしてくるのですね。

　このような場合，クライアントは，このあと「そうなんです」と言って，それについて，さらにくわしく語り始めるかもしれません。クライアントにとっては，自分の話した大切な言葉や，内容のエッセンスだけが戻ってくるので，気持ちが整理されたり，自分との対話が促進されたり，洞察を深めることにつながることもあります。

◆明確化

「明確化」は，クライアントの言葉そのものを返すのではなく，まだ言葉になっていない感情や，言葉の下に潜んでいる感情，意識化できていない感情を，カウンセラーが言葉で表現してみることをいいます。

例1　子ども：先生，いま，お忙しいですよね？
　　　先生：何か，話したいことがあるのかな？

例2　クライアント：私，どうしていいかわからなくて，親に意見を聞いてみたり，友達に相談してみたり，ヒントが書いてある本を探してみたり，しているんです。
　　　カウンセラー：あなたは，他の人が自分と同じ悩みを抱えたとき，どのように解決するのだろうと思い，答えを探しているんですね。

「明確化」した言葉をカウンセラーが返すことは，クライアントにとって，自分の考えや気持ちが整理されたり，意識化できていなかった自分の感情に気づくことにもつながります。気持ちが整理されると，気持ちが安定し，混沌としていたこころの状況が落ち着くことにより，自分と向きあうエネルギーがふとわいてくることさえあります。

このように「明確化」は，カウンセリングにおいて重要な役割を果たしますが，カウンセラーは，クライアントのまだ言葉になっていない部分を「言いあてること」が重要なのではありません。あくまでも，クライアントの気持ちに寄り添い，こころを傾けたとき，感じたことを言葉にして表現することが重要です。そうでないと，カウンセラーは「明確化」をしているつもりでも，カウンセラー自身の感情を投影してしまっていたり，自分の価値観による解釈になってしまうからです。とくに，学習初期には気をつけたい点です。

2　傾聴の基本的な態度と技法

また，クライアントにとって，まだ意識化できていない感情を「明確化」することは，ある意味，カウンセラーがクライアントをリードすることにもつながります。大切なのは，クライアントの体験している感情のプロセスです。クライアントのペースで気づきのプロセスをたどれるよう，急ぎ過ぎず，ていねいに明確化していくことが大切です。

◆感情の伝え返し

「感情の伝え返し（リフレクション）」は，クライアントの「いま，ここ」での感情を，そのまま受け取り，そのままを返していく方法です。

　クライアント：いま，話していて思ったのですが……私，自分が考えていた以上に悲しかったんだなーって。本当はすごく泣きたかったのに，泣かないで，平気なふりをしていたんだなーって……いまやっとわかったような気がします。

　カウンセラー：（ゆっくり，こころを込めて）自分が考えていた以上に悲しかったんだなー……本当はすごく泣きたかったのに，平気なふりをしていたんだなー……って，わかったような気がする。

人は，大切なことを自分の気持ちにふれて話しているときほど，自分なりの思いをもって，言葉を選び，表現するような気がします。自分が使った言葉そのものが，自分の気持ちに近い言葉です。ニュアンスが近い言葉であっても，言い換えられたり，違う言いまわしで言われると，自分の気持ちとのずれを感じるものです。クライアントの内側で，いま生じていること，いまある感情，感情の動きを大切にするためにも，クライアントの言葉1つひとつを，そのまま，大切に，伝え返すことが，クライアントの助けにつながります。

実際のカウンセリングでは，カウンセラーに感情の伝え返しをし

てもらうと，自分の言った言葉をもう一度聞きながら，その言葉が自分の気持ちとピッタリな言葉であったかを照合することができます。また，とくに深い体験をしているときの「感情の伝え返し」は，自分ではない人の声で，その言葉を言ってもらうことをによって，しみじみとその言葉を味わうことができます。そして，実感がわいてきたり，自分が言葉を発したときには気づかなかった大切なことに気づくこともあります。自分が発した言葉と同じ言葉が返ってくるのだけれど，言葉に実感というエッセンスが投入されて返ってくるような感じで，新たな気づきや展開につながることもあります。

　カウンセラーは，ただ，おうむ返し（復唱）をしているわけではありません。クライアントが用いた言葉を，クライアントの気持ちを感じながら「伝え返し」をしています。同じ言葉をたどることで，クライアントの体験していることや，感情，言葉にならない気持ちを感じることができるのです。

◆質　　問

　傾聴における「質問」では，クライアントの感情や思考のプロセスをさえぎらないように，クライアントが，いま感じていることを展開する手助けになるように「質問」を用いることが大切です。質問は，「クライアントとカウンセラーとの関係づくり」「クライアントを理解すること」，そして質問によってクライアントが「表現すること・整理されること・気づくこと」にもつながります。

　① 「開かれた質問」と「閉ざされた質問」

　質問は，大きく分けると「開かれた質問」と「閉ざされた質問」があります。

　「閉ざされた質問」とは「はい」「いいえ」で答えられる質問であり，「開かれた質問」とは「はい」「いいえ」で答えられない（答えにくい）質問です。閉ざされた質問よりも，開かれた質問のほうが，

クライアントは自分の言いたいことを，自分らしい表現で答えることができるため，カウンセリングにおいては「開かれた質問」を用いることが多いといえます。

例1　［閉ざされた質問］

　　クライアント（子ども）：私，もう1カ月も，いじめにあっているの。

　　カウンセラー：そう……お母さんには相談したの？

　　クライアント（子ども）：ううん，していません。

　　［開かれた質問］

　　クライアント（子ども）：私，もう1カ月も，いじめにあっているの。

　　カウンセラー：そう。誰かに相談はしたの？

　　クライアント（子ども）：ううん，本当はね，お母さんや先生に相談したいんだけれど，相談できないの。

このように，「開かれた質問」のほうが，クライアントの気持ちや状況をより表現していただくことにつながります。しかし，言葉による表現が苦手なクライアントや，口が重いクライアントの場合には，開かれた質問ばかりされることが負担になることがあるかもしれません。クライアントの気持ちに配慮しつつ，質問をすることが重要です。

②　「なぜ」「どうして」から始まる質問は避ける

「なぜ」「どうして」という言葉は，質問をしている側はそのような気持ちはなくても，言われた側は，尋問されているような，責められているような気持ちになる場合が考えられます。そのため「なぜ」「どうして」という言葉を使わずに質問することが，クライアントが安心して，自分の気持ちを表現することにつながります。

例2　［「なぜ」「どうして」を使う質問］
　　　カウンセラー：どうして，お母さんに相談できないのかな？
　　　クライアント（子ども）：……わからない。
　　［「なぜ」「どうして」を使わない質問］
　　　カウンセラー：お母さんには，何か言えない感じがあるんだね。
　　　クライアント（子ども）：うん……なんかね，言えないの。怒られちゃうかもって思う。前にいじめられていることを話したとき，「あなたが友達のいやがることをしたからじゃないの！」ってお母さんに言われたことがあるの。

「なぜ」「どうして」という言葉を使わない場合も，とくに，デリケートな話題であるとき，質問をするときには配慮が必要です。クライアントにとって答えにくいと想定されるとき，また，こころの準備ができていないと予想されるときには，無理に質問をすることは避けたいものです。

③　クライアントからの質問にどう応えるか

カウンセリング中に，クライアントからも，カウンセラーに「質問」を投げかけられることがあります。まずは，クライアントの質問が，情報がほしいのか，カウンセラーの意見を聞きたいのか，不安や焦りなど「どうしていいかわからない」という気持ちの表明なのか，その意図をしっかり理解することが大切です。

例1　クライアント：（面接中に）まだ，時間はありますか？
　　　カウンセラー：時間が気になるのですね。（何か，お話しされたいことがおありでしょうか。）
例2　クライアント：私，どうしたらいいかわからないんです。どうするべきですか？

カウンセラー：難しいですね。まず，どんな選択肢があるか考えてみましょう。

　「例1」では，クライアントの質問を明確化して返すことで，クライアントの気持ちを受け取ることができると考えられます。質問の背後にある気持ちを共有したうえで，残り時間を伝え，一言だけでも表現したほうがよいのか，次回ゆっくり話をしたほうがよいのか，クライアントがよりよい選択ができるよう，一緒に考えていくことができます。「例2」では，答えを出す前に，どんな選択肢があるのかを一緒に考えることで（ときには，「こんな選択肢もあるかもしれませんね」とカウンセラーが提案もしながら），気持ちや現状を整理するお手伝いをします。そのあとで，「いま，出てきたことの中にできそうなことはありますか？」などと一緒に考えていくことができるかもしれません。

　また，クライアントが，真摯（しんし）な思いで，カウンセラーの意見を聞きたくて，質問を投げかける場合もあります。カウンセラーの意見を押しつけることは控えたいものの，クライアントの思いの真剣さが伝わってくるとき，1人の人間として，誠実にクライアントと向きあい，何かを伝えたくなることがあります。このようなとき，どのように応えるかはとても難しいことですが，「私（I）メッセージ」を用いて，カウンセラーが感じていることを，伝える方法があります。そのときには，「答えを出そう」「回答しよう」とするのではなく，カウンセラーが「いま，感じていること」を，「私メッセージ」で伝えるのがよいでしょう。

　「私メッセージ」とは，「私」を主語にした言い方です。それに対して，「あなた」を主語にした言い方を「あなたメッセージ」といいます。「あなたメッセージ」で「あなたは○○だ」などと言われると，言われたほうは，気持ちを押しつけられているような，とき

には責められているような気持ちになるものです。そのため，クライアントの質問に答えるとき，カウンセラーはクライアントの気持ちを大切に，クライアントの気持ちに寄り添いながら，率直に，できれば明確に，自分の思いを，「私メッセージ」で伝えることが大切です。

　例　クライアント：先生だったら，こんなとき，どうしますか？
　　　カウンセラー：①　私だったら……こういうとき，"どうするべきか"より"どうしたいか"を大切にしたいと思います。ですから"どうしたいか"をよく考えて，結論を出すかもしれません。
　　　カウンセラー：②　もしも，"行かない"選択肢をとれば，あとから後悔するかもしれない。しかし，"行く"という選択肢をとるのは勇気がいる。どちらを選ぶにしても，覚悟が必要なんだな，と感じます。

　こうした，クライアントからの質問には，クライアントとの人間関係・信頼関係がどのくらいできているのか，クライアントのこころの状態はいまどんな感じか，などによっても答え方が異なることが考えられます。大切なことは，カウンセラーの答えによって，クライアントを方向づけたり，不自由にさせることがないようにすることです。また，カウンセラーが自分の気持ちを語ったあと，「いま，聞いてみて，いかがですか？」や「こんなふうに言われると，どんなお気持ちですか？」とクライアントに問いかけ，カウンセラーの言葉を聞いて感じたこと，考えたことなどを自由に表現でき，そして，クライアントが自分らしい選択をしたり，自分の気持ちを大切にしていけるように関わることが大切です。

＊　＊　＊

　傾聴について考えてきましたが，傾聴は「テクニック」だけでは

ありません。「そうあること」(態度・あり方)が大切です。筆者の経験では,カウンセラーがまず自分自身(自分自身の感情,からだ,言葉)としっかりつながっているとき,傾聴の基本的態度や技法はカウンセラー自身の一部となり,さらにはクライアントにとってもよい形で働くようです。そのためにも,カウンセラーは自分のからだや感情とつながり,仲良しでいられること,クライアントとの出会い,信頼関係を大切に,こころを込めて向きあうこと,そして,基本的態度や技法を自然と自分の一部として用いることができるよう,練習を重ねることが重要であるように感じています。

3 傾聴技法・紙上応答演習

ここでは,カウンセリングの傾聴技法を紙上で学習することを目的としています。

学習方法

① 第0技法(見つめあい),第1技法(受容),第2技法(繰り返し),第3技法(明確化),第4技法(支持),第5技法(質問)の6つの技法が,解説とトレーニングの見開きの2ページになっています。解説を読み,実際に,2人か3人でトレーニングしてください。

② 総合トレーニングは,それぞれの技法のトレーニングの総仕上げとして活用してください。

③ 最後に掲載した「ロールプレイ評価票」は,カウンセリングの第一人者である國分康孝博士がつくられたものです。総合トレーニングをする際の別の評価として活用してください。評価項目の(1)無防衛,(2)共感性,(3)受容性,(4)間,(5)理解力,(6)熱意,の6項目が10段階で評価できます。

④ 紙上応答演習では，カウンセラー役，クライアント役，観察者役となってロールプレイをおこなうことにより，傾聴技法をより正しく習得することができます。

> **ロールプレイ（役割演技法）**

ロールプレイは「現実に近い場面を想定し，参加者にある役割を演技させることにより，役割や立場を理解し，基本動作などを体験的に習得する学習方法」のことです。ロールプレイには，心理劇（サイコドラマ）という役割を演じることによっての「気づき」を大切にするものもありますが，ここでは，スキル・トレーニング（技法を磨く）を主眼においておこないます。

> **トレーニングの進め方のポイント**

① 各技法の定義，ねらい，進め方などを確認します。

② 役割を確認します。2人か3人のグループに分かれて，演技者と観察者のそれぞれの役割を決めます。2人の場合は，どちらかがカウンセラー役（聴き役），もう1人がクライアント役（話す役）です。3人の場合は，カウンセラー役（聴き役），クライアント役（話す役），観察者です。

③ ロールプレイを開始します。観察者は，フィードバックすべきポイントに注目しながら，言語的・非言語的コミュニケーションを観察します。

④ ロールプレイが終わったら，カウンセラー役，クライアント役をしてみて，シェアリング（感じたこと，気づいたことを分かちあう）を観察者がリードしておこないます。

| 第0技法：見つめあい |

◆解　説

傾聴技法（5技法：受容，繰り返し，明確化，支持，質問）に入る前におこなう技法は，「沈黙の見つめあい」です。

・定義：自分自身のこころに向きあうことです。
・ねらい：自分の内面からわき起こってくる感情を受容していくことです。

［解説のポイント1］

たとえば，座禅をすることにより，感覚が研ぎ澄まされますが，「沈黙の見つめあい」は，他者がいることにより，さらに，感覚が鋭敏になります。他者がいても，自分に向きあえることが大事です。

［解説のポイント2］

傾聴とは，相手のことを傾聴することではなく，まず，自分のことを傾聴することです。まさに，見つめるのは自分自身なのです。相手を傾聴（受け入れる）するために，自分のこころにスペース（隙間）をつくることです。

［解説のポイント3］

ときどき，笑い声が出ることがあります。これは，緊張を回避するために出てくる反応です。つまり，自分に向きあうというレディネス（準備状態）ができていないということです。

◆トレーニング

> **図 2-2　自分のこころと向きあう**
>
> (注)　相手ではなく，自分のこころと向きあうことです。
>
> イラスト：大友和子

下記の要領に従って，「見つめあい」の練習をします。

① 2人1組をつくります。

② 対面して，10分間見つめあいます。

③ 見つめあい終了後，傾聴トレーニングをします。

④ それぞれ，見つめあいによって，自分の内面で感じたことを5分間ずつ話します。一方が話し，一方が傾聴的態度で聴きます。

⑤ 両方の役割を終了したところで，10分間のシェアリング（感じたこと，気づいたことを話す）をします。

―――――― ローテーション票 ――――――

沈黙の見つめあい				10分
前半	A（　　）	B（　　）		5分
後半	B（　　）	A（　　）		5分
シェアリング				10分

3　傾聴技法・紙上応答演習

第1技法： 「受容」技法

◆解　説

・定義：相手の身になることで，評価的でないフィードバックのことです。
・ねらい：リレーション（関係）づくり。自分の気持ちを理解してもらったとか，受け入れてもらったとかという実感をクライアントの中に生じさせることです。
・応答例：「そうですね」「なるほど！」「うん……うん」とうなずいたり相づちを打つ，「それから（それで）」と促す。

［解説のポイント1］

　カウンセリングの基本原理「治そうとするな，わかろうとせよ」が該当する技法です。クライアントは，「北風と太陽」の話と同様に治されまいと抵抗を起こします。また，「わかる」ではなく「わかろうとする」プロセスが大事です。

［解説のポイント2］

　リレーションづくりが重要なポイントですので，言葉だけでなく，非言語（表情や声のトーンや姿勢など）も駆使して，「聴きますよ」というスタイルをつくることです。また，相手の話の内容とともに相手の表情，声の響き（トーン）を通して理解することです。

［解説のポイント3］

　まずは，無条件に「そうですね」と言えるかが大事な点です。聴きたい話したいという気持ちを抑えて，まず，相手を尊敬して「聴かせていただきます」という姿勢が大事です。

◆トレーニング

下記の要領に従って,「受容」技法の練習をします。

① 2人1組をつくります。カウンセラー役とクライアント役という役割を決めます。

② クライアント役は「今日の朝からいままでの出来事」という話題を,支障のない範囲で話します。時間は2分です。カウンセラー役は受容的な態度で傾聴します。

③ 2分の経過の合図で役割を交替します。

④ 両方の役割を終了したところで,相互にフィードバックしあいます。時間は1人2分です。聴き手は受容技法で傾聴してください。

次の点についてよかった点と改善点を率直に伝えてください。

```
──────── フィードバックする内容 ────────
・受容技法を試みたか
・話しやすかったか
・聴いてもらったという感じがしたか
```

```
──────── ローテーション票 ────────
前半     A (      )  B (      )       2分
後半     B (      )  A (      )       2分
フィードバック                          2分×2
```

3 傾聴技法・紙上応答演習

第2技法： 「繰り返し」技法

◆解　説

・定義：クライアントの発した言葉（単語,短文）を言って返すことです。
・ねらい：クライアントの自問自答を促すことです。これによってクライアントは自分の内的世界を整理することができるようになります。
・応答例：「何とかここに来たんですね」「ホッとするんですね」。

[解説のポイント1]

クライアントが発した言葉を，野球でたとえると「ホームラン」をねらうのではなく「バント」をコツコツすることです。それが，クライアントの自問自答の助けになるのです。

[解説のポイント2]

クライアントが発した言葉のすべてを繰り返す必要はありません。単純に繰り返していると「オウム返し」という批判の対象になります。たとえば，「私ブスなんです」という言葉を「ブスなんですね」と繰り返してしまうと，この人失礼な人だなと思われます。ポイントは，「言葉じりをつかまえるな，感情をつかめ」というカウンセリングの基本原理です。

[解説のポイント3]

解決のヒントになりそうなキーワードを繰り返すことです。そして，できるだけ，否定的なことより，肯定的な言葉を繰り返すことを心がけることです。

◆トレーニング

下記の要領に従って,「繰り返し」技法の練習をします。

① 2人1組をつくります。カウンセラー役とクライアント役という役割を決めます。

② クライアント役は「今日の朝からいままでの出来事」という話題を,支障のない範囲で話してください。時間は2分です。カウンセラー役は受容的な態度とともに,繰り返し技法を用いて傾聴します(話題が受容技法と同じですので,練習相手を変えられれば,変えてください)。

③ 2分の経過の合図で役割を交替します。

④ 両方の役割を終了したところで,相互にフィードバックしあいます。時間は1人2分です。聴き手は受容的態度で傾聴してください。

次の点についてよかった点と改善点を率直に伝えてください。

--- フィードバックする内容 ---
・繰り返し技法を試みたか
・聴いてもらったという感じがしたか
・自分の考えや気持ちが整理されたという感じがあったか

--- ローテーション票 ---

前半	A ( )	B ( )	2分
後半	B ( )	A ( )	2分
フィードバック			2分×2

3 傾聴技法・紙上応答演習

第3技法：「明確化」技法

◆解　説

・定義：クライアントがうすうす気づいていることを言語化して，自分の気持ちと対決させることです。感情の明確化，事柄の明確化の2種類あります。
・ねらい：クライアントの意識の幅を拡大することです。意識性が高くなると人は現実的な判断と行動をとりやすくなります。
・応答例：「後悔しているのね」（感情の明確化），「新学期が始まってバタバタしているわけですね」（事柄の明確化）。

[解説のポイント1]

クライアント自身がうすうす気づいているということを言語化するとは，意識と無意識の間にある潜在意識レベルをターゲットにすることです。たとえば，クライアントが「私ブスなんです」と言ったら，「ブスと言われていやな気持ちなんですね」と応答することが明確化です。

[解説のポイント2]

明確化をロジャーズは，感情の反射ともいいました。要は，反射ですから，カウンセラーがクライアントの鏡になることです。鏡が歪んでいれば，正しく反射できませんので，カウンセラー側の誠実な態度が重要になります。

[解説のポイント3]

繰り返し技法と同じく，解決のヒントになりそうなキーワードを明確化することです。

◆トレーニング

下記の要領に従って，「明確化」技法の練習をします。

① 3人1組（三角形になって座ります）をつくります。カウンセラー役とクライアント役と観察者という役割を決めます。
② クライアント役は「この1，2週間での出来事（喜怒哀楽）」という話題を，支障のない範囲で話します。時間は2分です。カウンセラー役は受容的態度で明確化技法を試みます。
③ 2分の経過の合図で2分間のフィードバックをします。これで，1セット目が終了です。
④ 同じように，役割を変えて，2セット目，3セット目とおこないます。
⑤ 最後に，「感じたこと，気づいたこと」のシェアリングを10分おこないます。

次の点についてよかった点と改善点を率直に伝えてください。

―――――― フィードバックする内容 ――――――
・明確化技法を試みたか
・「目から鱗が落ちる」という感じがしたか
・胸にぐっとくるような気づきがあったか

―――――― ローテーション票 ――――――
	A (　　)	B (　　)	C (　　)	
1回目	カウンセラー	クライアント	観察者	2分*
2回目	クライアント	観察者	カウンセラー	2分*
3回目	観察者	カウンセラー	クライアント	2分*
シェアリング				10分

* 2分経過後，2分間のフィードバックをおこなう。

3 傾聴技法・紙上応答演習

| 第4技法:「支持」技法 |

◆解　説

・定義：クライアントの言動に賛同を表すことです。
・ねらい：クライアントの自信を育てる（自己肯定感や自尊感情を高める）ことです。
・応答例：「私もそうしたと思います」「それはよかった」「大変でしたね」「あなたがそう思うのは当然ですよ」。

［解説のポイント］

支持技法は，相手を励ます（元気にする）技法ですが，何でもかんでもほめればいいというものではありません。支持技法でほめるべき観点は，以下の3つです。

① 理論に合致しているかどうかです。誰でも悩みます。それは，フラストレーション（欲求不満）から生じているという理論を知っていると「そうだよね」と言いたくなります。

② 自分の経験に合致しているかどうかです。子育てで悩んでいる母親の相談で，子育てはうまくいかないことが多いという経験をカウンセラー自身ももっていれば，「私も同じです」と言いたくなります。

③ 理論も経験にも合致しないときには，自分自身にこの人と同じような感情体験（たとえば，つらかったこと，悲しかったこと）はなかったかと自分に問い直しながら自己開示的に応答することです。

◆トレーニング

下記の要領に従って,「支持」技法の練習をします。

① 3人1組をつくります。カウンセラー役とクライアント役と観察者という役割を決めます。

② クライアント役は「この1,2週間での出来事（喜怒哀楽）の怒と哀」という話題を,支障のない範囲で話します。時間は2分です。カウンセラー役は受容的態度で支持技法を試みます。

③ 2分の経過の合図で2分間のフィードバックをします。これで,1セット目が終了です。

④ 同じように,役割を変えて,2セット目,3セット目とおこないます。

⑤ 最後に,「感じたこと,気づいたこと」のシェアリングを10分おこないます。

次の点についてよかった点と改善点を率直に伝えてください。

―――― フィードバックする内容 ――――
・支持技法を試みたか
・私の気持ちを支持してくれたという感じがしたか
・自信がついたか

―――― ローテーション票 ――――

	A (　　)	B (　　)	C (　　)	
1回目	カウンセラー	クライアント	観察者	2分*
2回目	クライアント	観察者	カウンセラー	2分*
3回目	観察者	カウンセラー	クライアント	2分*
シェアリング				10分

＊ 2分経過後,2分間のフィードバックをおこなう。

第5技法： 「質問」技法

◆解　説

・定義：クライアントの思考・行動・感情について問いかけることです。
・ねらい：①好意の伝達，②情報収集，③クライアントの自己理解・状況理解を促進することです。
・応答例：「外は寒いですか」「いつ頃からですか」「これからどうするつもりですか」「人に誤解されるのはどういうわけですか」。

［解説のポイント1］

リレーションづくりとして，「外は寒いですか」といった本題に入る前の雑談の質問は大事です。質問するということは，「私は，あなたに関心がありますという好意の念」を伝えることになります。また，雑談をしながら相手の緊張を解き，相手を観察することです。

［解説のポイント2］

相手の話したいことを聴くことです。自分の好奇心や必要性からカウンセラーの聴きたいことだけを聴くのは，つまみ食いの聴き方になりがちです。問題の解決に役立つキーワードを探りながら，芋づる式に関係あるところを聴きます。

［解説のポイント3］

尋問調にならないように，閉ざされた質問と開かれた質問を両方織り混ぜて使います。閉ざされた質問とは「はい」「いいえ」で答えられる聞き方です。開かれた質問とは「はい」「いいえ」で答えられない聞き方です。問題をつかむためには，コミュニケーションをとりながら，5W1Hで探索します。

◆トレーニング

下記の要領に従って、「質問」技法の練習をします。

① 3人1組をつくります。カウンセラー役とクライアント役と観察者という役割を決めます。

② クライアント役は「この1,2週間での出来事（喜怒哀楽）」という話題を、支障のない範囲で話します。時間は3分です。カウンセラー役は受容的態度で質問技法を試みます。

③ 3分の経過の合図で3分間のフィードバックをします。これで、1セット目が終了です。

④ 同じように、役割を変えて、2セット目、3セット目とおこないます。

⑤ 最後に、「感じたこと、気づいたこと」のシェアリングを10分おこないます。

次の点についてよかった点と改善点を率直に伝えてください。

---- フィードバックする内容 ----

・質問技法を試みたか
・カウンセラーの質問の意図は何であったか
・「よくぞ聞いてくれた」という質問はあったか

---- ローテーション票 ----

	A（　　　）	B（　　　）	C（　　　）	
1回目	カウンセラー	クライアント	観察者	3分*
2回目	クライアント	観察者	カウンセラー	3分*
3回目	観察者	カウンセラー	クライアント	3分*
シェアリング				10分

* 3分経過後、3分間のフィードバックをおこなう。

> 総合トレーニング

下記の要領に従って，総合トレーニングをします。

① 3人1組をつくります。
② カウンセラー役，クライアント役，観察者の役を決めます。
③ 話題を決めます（自分自身のこと，職業生活，人生一般）。
④ 6分間でカウンセリングをおこないます*。
⑤ 4分間でフィードバックをおこないます（カウンセラー役，クライアント役がよかったこと，改善すべきことを話す。観察者は，評価の観点で話しあいをする）。
⑥ 役割交換をおこない，3人がすべての役割を体験します。
⑦ シェアリングをします（10分間）。

* 6分間で，無理に完結させなくてもいいです。ポイントは，リレーションと問題の把握ができることです。

評価の観点（5項目）

① 面接の導入はスムーズだったか
② 相手から話を引き出すことができたか
③ 感情にふれられたか
④ 好意の念を伝えられたか
⑤ 課題をつかもうとしたか

ローテーション票

	A（　　）	B（　　）	C（　　）	
1回目	カウンセラー	クライアント	観察者	6分*
2回目	クライアント	観察者	カウンセラー	6分*
3回目	観察者	カウンセラー	クライアント	6分*
シェアリング				10分

* 6分経過後，4分間のフィードバックをおこなう。

―――― ロールプレイ評価票 ――――

　月　　日　（カウンセラー・クライアント・観察者）

次の要領で面接過程を振り返ってください。

① 面接過程をクライアント役と観察者とカウンセラー役がそれぞれ評価してください。カウンセラー役は自己評価することになります。時間は1分です。
② 評価票をまわし読みしてください。時間は1分です。
③ 他者の評価票を見てみて感じたこと気づいたことを率直に出しあいます。時間は3分です。

かまえや，かざりがなくリラックスしていた。	10 9 8 7 6 5 4 3 2 1 （無防衛）	かたくるしく，まじめで緊張していた。
あたたかみと共感性があった。	10 9 8 7 6 5 4 3 2 1 （共感性）	理づめで，ことばのみを知的に追っていた。
相手のあるがままを受け入れ，質問にもいや味がなかった。	10 9 8 7 6 5 4 3 2 1 （受容性）	訊問的，押しつけ的，我田引水のところがあった。
ゆったりと間をおいて応答した。	10 9 8 7 6 5 4 3 2 1 （　間　）	せっかちでせわしなかった。
相手の要点を的確に把握した。	10 9 8 7 6 5 4 3 2 1 （理解力）	応答がとんちんかんで，話のかみあわないところがあった。
相手に興味・関心をもち，かつこれを相手にも態度で示した。	10 9 8 7 6 5 4 3 2 1 （熱　意）	ほかのことを気にしながら応待していた。

（出典）國分，1983，62-63ページ。

4 実録！ 傾聴の体験学習

基本的な考え方　カウンセリングの学習に体験学習は欠かせません。カウンセリング学習をテーマとした書籍には，必ずといってよいほど，体験学習の重要性とともに具体的な学習法が記されています。

　さて，カウンセリングの基礎・基本が傾聴にあることはいうまでもありません。そして，この傾聴に関しては，とりわけ体験を通して学ぶ割合が大きいと考えられます。いや，体験を通してしか学べないといっても過言ではないでしょう。したがって，カウンセリング学習の初期においては，何よりもまず傾聴の体験学習がおこなわれなければなりません。

　傾聴の体験学習といっても，その目的は２つあると考えられます。１つは，第２節で紹介されているような，傾聴の技法を学ぶことです。第３節の紙上応答演習は，まさにこの目的のための学習法であるといえるでしょう。

　しかし，傾聴技法を学ぶ前にやるべきことがあるように思います。それは，「傾聴されることがいかに心地よいか」，そして，「傾聴されないことがいかに不快か」を，身をもって体験してもらうことです。

　これから紹介する筆者の学習法は，まさにこのことを目的としています。したがって，以下の内容は，カウンセリング学習の最初期におこなわれるべき体験学習ということになるでしょう。実際に筆者は，大学で担当する「学校カウンセリング」の授業においては，３回目くらいにこのワークをおこなうこととしています。

では，筆者がおこなっている，シナリオを用いた傾聴の体験学習の方法を紹介していきましょう。

> **シナリオを用いた傾聴のワーク**

この方法は，「ちゃんと聞いてよ！ 私の話」と題した会沢（2006a, 2006b）に改良を加えたものです。

◆ワークの特徴

このワークの特徴を5点にまとめてみます。

① 傾聴の態度（最初と最後の1分）と傾聴に反する態度（真ん中の1分）を両方体験することで，聴き手に傾聴されることの心地よさを感じてもらうこと。

② 大学の授業1コマ（90分）で実施できること（ただし，後述するように全体でのシェアリングだけは次回にまわします）。

③ 進め方が定型化され，基本的にはカウンセリングや学生の教育に携わる者であれば誰でも実施できること。

④ 同時に，定型化されていることで受講者の安全にも配慮していること。

⑤ 受講生が楽しみながら学べるよう，ゲーム的要素（3ラウンドでそれぞれ異なる"秘密指令"）を取り入れていること。

では，具体的な進め方を紹介しましょう。

◆ねらいの説明とグループ分け

最初に，ワークのねらいと内容を以下のように簡単に説明します。

前回，カウンセリングの基本は傾聴にあることを説明しましたね。では，今日は，傾聴とはどんなものかを，みなさんに身をもって体験していただきたいと思います。

これからみなさんには3人1組になっていただき，話し手，聴き手，観察者になっていただきます。3ラウンドおこなうので，原則として全

員がこの3つの役すべてを体験します。具体的な内容はこれから順々に説明していきます。

　次に，3人のグループをつくります。グループ分けの方法にはさまざまなやり方があるので，カウンセリングの指導に携わる方はそれぞれ工夫されておられることと思います（というより，ぜひ工夫をしていただきたいと思います）。グループ分けは，そのワークの成否を左右する最も重要な要因といって間違いないからです。

　私の経験では，「近くの人と3人組になってください」と簡単に指示される方が案外多いようです。しかし，これはどちらかといえば望ましくない指示であると考えます。その理由は，一般にグループでのワークは知らない人同士が組んだほうが学習効果が高いと考えられますが，この指示では，仲良しさん同士がグループになってしまうからです。また，人数が3の倍数でない場合，余った1人ないし2人の人がいやな思いをすることも十分予想されます。

　そこで筆者は，割り箸でつくったくじを用いたグループ分けをおこなっています（詳細は，会沢，2006cをご参照ください）。なお，人数が3の倍数でない場合は，1つないし2つのグループを4人グループとしています。

　3（または4）人グループになったら，少し時間をとり，メンバー同士で簡単な自己紹介をしてもらいます。次に，じゃんけんをして，勝った人からAさん，Bさん，Cさん（4人のときはさらにDさん）とします。

◆手順の説明

　いよいよ具体的なワークの手順の説明です。まず，図2-3(a)，図2-3(b)を板書（もちろんパワーポイントでもいいでしょう）し，次のよ

図2-3　役割分担

(a) 3人グループの役割分担

	1	2	3
A	聴	話	観
B	話	観	聴
C	観	聴	話

(b) 4人グループの役割分担

	1	2	3
A	聴	観	観
B	話	観	聴
C	観	聴	話
D	観	話	観

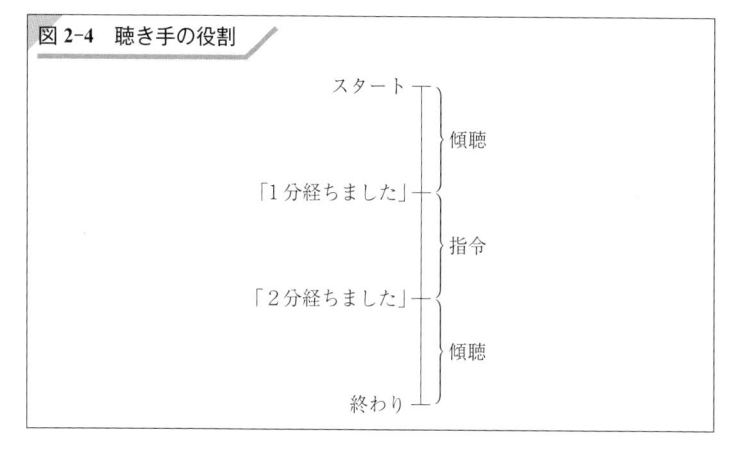

図2-4　聴き手の役割

```
スタート ─┐
          ├ 傾聴
「1分経ちました」─┤
          ├ 指令
「2分経ちました」─┤
          ├ 傾聴
終わり ───┘
```

うな説明をおこないます。

　これから，話し手，聴き手，観察者に分かれて傾聴の練習をします。3ラウンドおこないますので，3人グループの方は必ずすべての役割を体験していただきます。黒板（図2-3(a)）をご覧ください。第1ラウンドは，Aさんが聴き手さん，Bさんが話し手さん，Cさんが観察者さんになります。4人グループの場合（図2-3(b)）は観察が2回となる人が出ますが，ご了承ください。

　では，それぞれの役割をご説明します。

話し手さんは，聴き手さんにお話をしていただきます。テーマは，「私の好きなもの，こと」です。時間は3分間です。（受講者から「えーっ！3分もしゃべれないよ」との声）趣味でも，好きなスポーツでも，好きなミュージシャンでも，何でもけっこうです。「この話題だったらいくらでも話せる」という楽しい内容でしたらどんなことでもかまいません。とにかく，人に聴いてほしい話題を1つ選んで聴き手さんにお話ししていただきます。

　その際，話し手さんは論理的に話そうとか"落ち"をつけようなどと考えなくてけっこうです。これはディベートの練習ではないので，「まず第1に」などと言わなくてもかまいません。電車の中でお友達に話すように，ダラダラと話してくだされればけっこうです。

　さて，問題は聴き手さんです。黒板（図2-4）を見てください。最初の1分は，傾聴の態度で聴いていただきます。傾聴の態度とは，「話し手さんが安心して気持ちよく話せる」聴き方だと思ってください。「話し手さんが安心して気持ちよく話せる」ためにはどんな聴き方をしたらよいか，みなさんなりに考えてくだされればけっこうです。

　さて，1分経ったら私が「1分経ちました」と言います。そうしたら，私がみなさんにある秘密指令をお出ししますので，その指令に忠実に従っていただきます。秘密指令は，聴き手さんだけにお出しします。具体的には，始まる前に聴き手さんだけ廊下に出ていただき，そこでご説明します。

　2分経ったら「2分経ちました」と言います。そうしたら，最初と同じように傾聴の態度に戻って聞いていただきます。

　さて，最後は観察者さんです。観察者さんが観察するのは，話し手さんです。具体的には，最初の1分と真ん中の1分と最後の1分とで，話し手さんにどんな変化があるかを観察していただきます。観察の結果は，あとでおこなうシェアリングで報告していただきます。

　観察者さんの注意事項です。観察者さんは，話し手さんから少し離れて，冷静に淡々と観察していただきたいのです。話し手さんの話が興味深かったりすると，つい観察者さんも身を乗り出して聴いてしまいます

が，そうすると，話し手さんは聴き手さんに話すのか観察者さんに話すのかわからなくなってしまいます。ですから，これはダメです。観察者さんは，たまたまそこに1本の松の木が立っているかのように，冷静に淡々と観察していただきます。

　以上がそれぞれの役割の説明です。何か質問はありますか？（もし質問が出たら「秘密指令」の内容以外は答えます）

　では第1ラウンドに行きましょう。第1ラウンドの聴き手はAさんですね。では，Aさんは廊下にどうぞ。BさんとCさんは少しお待ちください。その間，Bさんは何となくでいいので話す内容を考えていてくださいね。

◆「秘密指令」の説明

　指導者は急いで廊下に出て，聴き手（Aさん）が集まるのを待ちます。「私の半径5m以内に来てね」などと言って近くに招き寄せたら，1人ひとりに資料2-1を配ります。受講者は「えーっ」「やっぱり」「できないよ」「いつものお前じゃん」などと言いながら，友達同士でおしゃべりしています。少し読む時間をおいてから，次のように説明します。

　これがみなさんへの指令です。ポイントは，これも勉強の一環だと思って，できるだけオーバーに演じてほしいのです。ちょっとやってみますね。（と言って，投げやりな態度，不愉快そうな表情をオーバーに演じると，受講生から笑いが起こります）いいですか，みなさんはアカデミー賞受賞者ですよ！

　「2分経ちました」のところが難しいかもしれませんね。こんな感じです。（と言って，先ほどの投げやりな態度，不愉快な表情から，一瞬にして笑顔で相づちを打つ様子を演じると，受講生からさらなる笑いが起こります）

4　実録！　傾聴の体験学習

資料2-1　第1ラウンド　聴き手への指令

◆最初の1分

　話し手が安心して，気持ちよく話せるよう，傾聴の姿勢・態度で相手の話に耳を傾けてください。

　「傾聴の姿勢・態度」については，みなさんなりに工夫してみてください。

　なお，あくまでも主人公は話し手ですから，質問やコメントは最低限にしてください。

◆真ん中の1分

　「1分経ちました」が聞こえたら，すぐさま態度を豹変させ，指令を実行します。

　あなたへの指令は次の通りです。

> いかにもやる気なさそうに聞く。

　具体的には，次のような行動になるでしょう。
・つまらなそうな顔をする。
・よそ見をする。
・あくびをする。
・物をいじる。
・携帯でメールを始める。

　もし，相手から「聴いてます？」などとたずねられたら，「ハイハイ，聴いてますよ」などといい加減に答えてください。

　良心の呵責を感じるかもしれませんが，これも相手の勉強のためと思い，アカデミー賞受賞者になったつもりで思いっきり演技してください。

◆最後の1分

　「2分経ちました」が聞こえたら，また態度を豹変させ，最初の1分と同様，話し手が安心して，気持ちよく話せるよう，傾聴の姿勢・態度で相手の話に耳を傾けてください。

　＊　シェアリングまで指令は明かさないでください。

> 何か質問はありますか？（出たらていねいに答えます）では行きましょう！（受講生とともに教室に戻ります）

　第2ラウンド（資料2-2）も，同様に指導者がモデルを示します。1人の受講生を見て，石のように"固まる"のです。受講生は口々に「やだー」「難しそう」「絶対に笑っちゃいそう」などと言います。指導者が「よくこんな石がいるんですよね」などと言って，相手を見て静止しているようでかすかにうなずく様子を演じると，受講生から笑いが起こります。

　第3ラウンド（資料2-3）では，このような説明をします。

> 　おわかりのように，最も難易度が高いのがこの課題です。
> 　まず，「1分経ちました」のときがポイントです。私が「経ちました」と言い終わったら，間髪を入れずに「ちょっと待ってください。そういえば……」です。そのときに，必ずこう（片手を広げて相手に向けて突き出す，拒否のポーズ）してください。では，私が「1分経ちました」と言いますから，小声で練習してみましょう。「はい，1分経ちました」（受講生は私に拒否のポーズをしながら小声でセリフを言う）そして，真ん中の1分は話し手に負けないで（！），あなたがしゃべり続けてください。
> 　もう1つ難しいのが，「2分経ちました」のときです。このときのために，最初の1分で，相手の話を何となく覚えておいてください。そして，「2分経ちました」と聞こえたら，すかさず「えーと，○○の話でしたよね」と言って話を戻してください。
> 　（第3ラウンドは比較的質問が多く出ます。やはりていねいに答えます）
> 　ちょっと難しいですが，みなさんだったら大丈夫。では行きましょう！

資料2-2　第2ラウンド　聴き手への指令

◆最初の1分

　話し手が安心して，気持ちよく話せるよう，傾聴の姿勢・態度で相手の話に耳を傾けてください。

　「傾聴の姿勢・態度」については，みなさんなりに工夫してみてください。

　なお，あくまでも主人公は話し手ですから，質問やコメントは最低限にしてください。

◆真ん中の1分

　「1分経ちました」が聞こえたら，すぐさま態度を豹変させ，指令を実行します。

　あなたへの指令は次の通りです。

石になる。

　石は動きませんししゃべりません。したがって，あなたは1分間，微動だにせず，声も出しません。

　視線は，相手の目を見つめるとお互いにきついでしょうから，相手の口元あたりを見るのがよいでしょう。ただし，石なので視線も動きません。

　表情は普通でけっこうです。

　思わず笑ってしまいそうになるでしょうが，これも相手の勉強のためと思い，アカデミー賞受賞者になったつもりで指令に従ってください。

◆最後の1分

　「2分経ちました」が聞こえたら，また態度を豹変させ，最初の1分と同様，話し手が安心して，気持ちよく話せるよう，傾聴の姿勢・態度で相手の話に耳を傾けてください。

　＊　シェアリングまで指令は明かさないでください。

資料2-3　第3ラウンド　聴き手への指令

◆最初の1分

　話し手が<u>安心して，気持ちよく話せる</u>よう，<u>傾聴の姿勢・態度</u>で相手の話に耳を傾けてください。

　「傾聴の姿勢・態度」については，みなさんなりに工夫してみてください。

　なお，あくまでも<u>主人公は話し手</u>ですから，質問やコメントは最低限にしてください。

◆真ん中の1分

　さて，あなたへの指令は次の通りです。

> 話をとってしまう。

　「1分経ちました」が聞こえたら，間髪を入れずに相手の話を手で制止し，こう言います。

> 「ちょっと待ってください。そう言えば……」

　「そう言えば……」のあとに，相手の話とまったく関係のない話を一方的に始めます。あなたが最近体験した出来事や印象に残った出来事などがよいでしょう。

　とにかく1分間，話し手はおかまいなしに一方的にしゃべり続けます。

　良心の呵責を感じるかもしれませんが，これも相手の勉強のためと思い，アカデミー賞受賞者になったつもりで思いっきり演技してください。

◆最後の1分

　「2分経ちました」が聞こえたら，「えーと，○○の話でしたよね」などと，最初の1分の話題を相手に振り，話し手に主導権を返します。最初の1分と同様，話し手が<u>安心して，気持ちよく話せる</u>よう，<u>傾聴の姿勢・態度</u>で相手の話に耳を傾けてください。

　＊　シェアリングまで指令は明かさないでください。

4　実録！　傾聴の体験学習

◆いよいよ本番

　教室に戻ったら,「隣同士で座るなど,話し手さんが話しやすい位置関係を工夫してください」と指示します。そして,最終確認をおこないます。「では確認します。話し手さん手を挙げて。(話し手が挙手) はい,好きなことの話を3分間していただきます。次に聴き手さん。(挙手) 私の指令に忠実に従っていただきます。最後に観察者さん。(挙手) 話し手さんから一歩離れて,冷静に淡々と話し手さんを観察していただきます。では第1ラウンド行きます。用意,スタート」。

　「スタート」の言葉とともに,指導者はタイマーのスタートボタンを押します。各グループでわいわいガヤガヤとワークが始まります。指導者は,1分経過時に「1分経ちました」,2分経過時に「2分経ちました」と合図します。そして,3分経過時に,筆者の場合は終了のベルを鳴らし,「はーい,お疲れさまでした」と言って終えます。

　なお,第3ラウンドの指示は第1ラウンド,第2ラウンドに比べて聴き手の負担が大きいと考えられるため,真ん中の時間は心持ち短めの50秒としています。

◆シェアリング

　ベルが鳴っても,すぐには静かになりません。受講生たちは興奮冷めやらぬといった面持ちで感想を話し続けています。そこであらためて「はーい,ちょっとお耳を貸してください」と言うと,やっと静かになります。

　次は各グループごとにシェアリングをおこないます。

　これからグループごとにシェアリングをおこないます。やり方を説明

します。

　まず話し手さんから，話してみてどうだったか，感じたこと，気づいたことを報告してください。次に聴き手さんが，やはり聴き手として感じたこと，気づいたことを報告していただきます。指令は明かしてくださっていいですよ。最後に観察者さんから，観察して気づいたことをご報告いただきます。話し手さん，聴き手さん，観察者さんの順に，感じたこと，気づいたことをお話ししていただきます。

　時間は全体で3分です。ですから，1人1分以内程度でお願いします。では，用意，スタート。（指導者はタイマーのスタートボタンを押す）

　3分経ったらベルを鳴らして「はーい，お疲れさまでした」と言います。そして，「それぞれの役割に感謝の気持ちを込めて拍手で終わりましょう」と指示し，受講生のこころのこもった拍手で第1ラウンドを終えます。

　第2ラウンド，第3ラウンドも進め方は同様です。

◆**全体でのシェアリング**

　本来であれば，各ラウンドのグループ・シェアリングの直後に，何人かの受講者に発表してもらい，全体でのシェアリングをおこなうのが望ましいでしょう。しかし，90分という限られた時間では難しいので，筆者の場合，全体シェアリングは次回授業時に行うこととしています。その代わり，授業の最後に，「来週またこのグループで今日の授業の振り返りをおこなうので，話し手，聴き手，観察者それぞれの役割で感じたこと，気づいたことを，メモ程度でいいのでノートに書き留めてください」と指示します。

　次回の授業では，今回と同じメンバーで集まります。今回欠席して次回出席した学生は，今回出席して次回欠席した学生のいるグループに入ってもらい，全体として人数にばらつきがないようにしま

す。

そして,「前回のワークをふまえて,話し手が安心して気持ちよく話せる『傾聴の条件ベスト5』を,グループで話しあってください」と指示し,5分程度時間をとります。そして,いくつかのグループを指名し,その結果を黒板に書いてもらうとともに,口頭でも発表してもらいます。

受講生からは,「相づちを打つ」「うなずきながら聴く」「相手の話に興味をもって聴く」「相手の話を遮らない」「楽しい話は笑顔で聴く」など,ごくごく基本的な傾聴の態度やスキルが発表されます。おそらくは小学生でも知っているような内容ではありますが,やはり体験を通しているぶん,受講生は実感としてあらためて傾聴の大切さに気づくようです。

今後の課題

筆者は毎学期,「学校カウンセリング」を中心とする授業でこのワークをおこなっていますが,受講生の評価も高く,傾聴の体験学習として一定の成果をあげているように思われます。一方で,次のような課題もあります。

◆小・中・高との連続性

近年,小学校,中学校,高校においても,予防・開発的教育相談(あるいは生徒指導)の一環として,体験学習を中心としたさまざまな心理教育的アプローチ(構成的グループエンカウンター,ソーシャルスキル教育,ピアサポート,アサーションなど)が導入されるようになってきました。それらのプログラムでも,多くの場合,他者とのコミュニケーション・スキルを学ぶことを目的として,本節の方法に近い傾聴の体験学習が取り入れられています。とすると,一部の受講生たちは,場合によっては小学生のうちに同じようなワークを体験し,傾聴について学んできているということになります。そのよ

うな受講生にとっては、このワークは物足りなく感じられるでしょう。

予防・開発的教育相談（生徒指導）の重要性に対する認識が高まっている現在、傾聴の体験学習にとどまらず、子どもたちの発達段階をふまえた心理教育的アプローチの連続性についても検討されなければならないように思います。

◆**教員養成におけるカウンセリング教育**

一方で高等教育機関に目を転じると、教育、福祉、医療など、広義の対人援助に携わる専門職を養成する場においては、傾聴をはじめとする基本的なカウンセリングの学習は欠かせないものとなっています。しかし、臨床心理士の養成に関してはカリキュラムが整いつつあるものの、筆者が携わる教員養成の場におけるカウンセリング教育については、これまで本格的には議論されてきていないように思います。

本書全体を通しておわかりのように、カウンセリングの学習はプロのカウンセラーになるためだけに必要なわけではありません。さまざまな領域での良質な対人援助サービスの担い手を育てるために、傾聴の体験学習をスタートとするカウンセリング学習のあり方についての深い議論が望まれます。

5 試行カウンセリングの実際

試行カウンセリングとは

「試行カウンセリング」とは、カウンセリングを学ぶ人たちが、実際にクライアントとカウンセラーになってカウンセリングをおこなうトレーニング方法です。

カウンセリングは，机に向かって本を読んでいるだけではうまくなりません。

　たとえば，自動車の運転免許をとりたいとき，講習本を読み，助手席に座って教官の運転を見ていても，それだけでは，うまく運転できるようにはなりません。自分が運転席に座り，実際にハンドルを握ることによってはじめて，運転技術は身についていきます。

　それと同じで，カウンセリングがうまくなるためには，実際に相手と向きあい，体験的に学習していくことが必要不可欠となるわけです。

　とはいえ，カウンセリングの「トレーニング」を名目にクライアントにお会いすることは，きわめて危険かつ非倫理的な行為です。

　クライアントは真剣で，命がけです。

　この「命がけ」という表現は，けっして誇張ではありません。自分の抱える悩みや苦しさに向きあい，なんとかして，いまよりもよく生きていきたいという，切なる願いをもってクライアントはやってくるのです。

　カウンセリングとは，クライアントという他者のかけがえのない人生に関わっていく行為にほかならず，カウンセラーにいくら真剣な気構えがあったとしても，トレーニングという名のもとに，クライアントをその実験台として利用してしまうようなことがあっては，絶対にならないのです。

　試行カウンセリングとは，「実際にやらなければうまくはならない。けれど一方で，クライアントを実験台にしてしまってはならない」という矛盾を，多少なりとも解消させるために考えられた，「あくまでもトレーニングのため」という，クライアントとカウンセラーの「合意」のもとにおこなわれるカウンセリングなのです。

　けれども，トレーニングのためのカウンセリングであるとはいっ

ても，カウンセリングであることに変わりはありません。クライアントを実験台にするようなことがあっては絶対になりませんし，クライアントになる人は，自分が抱える悩みや苦しさの一端に向きあうことが求められるため，実際のカウンセリングと同様の真剣さが参加者には求められるのです。またそれだけに，このトレーニングを通じて得られる学びは，非常に大きなものとなります。

ここでは，そうした有効なトレーニング方法の1つである試行カウンセリングの実際について，実施にあたってのいくつかの注意点などにもふれながら，みなさんに紹介していきたいと思います。

試行カウンセリングの流れ

試行カウンセリングは，おおむね次のような流れで進められます。

① 事前のオリエンテーション
② 実施
③ 逐語記録の作成
④ スーパービジョン
　（以後，②→③→④を繰り返します）
⑤ 終了のオリエンテーション

耳慣れない用語も登場していますが，順番に紹介していきましょう。

◆事前のオリエンテーション

試行カウンセリングはトレーニングのためにおこなわれるとはいっても，カウンセリングであることに変わりはありません。ですので，必ず経験豊富なベテラン・カウンセラーの指導のもとでおこなわれる必要があります。

実施の前には必ずオリエンテーションを開き，参加者はその試行カウンセリングを指導するカウンセラーの注意に耳を傾けなければなりません。

ここで確認しておくべき注意点としては，おおむね次のようなものが挙げられます。

① 守秘義務の確認

実際のカウンセリングと同様，試行カウンセリングで知りえた情報には，当然守秘義務が発生します。カウンセラーだけでなくクライアントも，試行カウンセリングで交わされた情報を，当事者以外の人間にむやみに伝えてはなりません。

試行カウンセリングは主に，大学や大学院などの継続的な仲間関係の間でおこなわれることが多いと思いますが，仲間関係ということで安易な気持ちになり，試行カウンセリングで交わされた情報を他の仲間に話してしまい，その後の仲間関係にトラブルが起こってしまった，という話をよく聞きます。

試行カウンセリングで交わされた情報を当事者以外の人間に伝える必要がある場合には，必ず相手および指導者の同意を取りつけることを厳守しましょう。

② 枠組みの確認

「枠組み」とは，1回の面接時間，時間帯，頻度，そして場所などのことです。

カウンセリングでは，この枠組み自体が重要な治療的意味をもってきます。想像してみてください。たとえば，1回の面接時間は毎回ばらばら，時間帯もばらばら，頻度も週に1度だったり月に1度だったり，場所も広い部屋だと思ったら，次はすごく狭い部屋だったり……。そのような不安定な環境では，とても落ち着いて自分の内面に向きあうことなどできないでしょう。

クライアントとカウンセラーの間で安定した枠組みを取り決めることは，カウンセリングにおいてとても重要であり，試行カウンセリングにおいてもまたしかり，ということになるわけです。

試行カウンセリングでは、おおむね1回25分、同じ時間帯、週に1度、同じ場所で、という枠組みでおこなわれるのが標準的ではないかと思います。通常のカウンセリングでは、1回50分である場合が多いですが、この時間ですと、カウンセリングが「深まりすぎてしまう」場合があり、トレーニングとしておこなうにはいささか危険です。ですので、50分よりも短い時間、たとえば半分の25分を枠として設定するほうが安全といえるでしょう。

③　扱われる問題の深さの確認

　試行カウンセリングもカウンセリングであることに変わりはありませんが、やはりあくまでも、トレーニングを主目的としておこなわれるべきカウンセリングです。

　よって、試行カウンセリングでは、「深刻な問題」(たとえば、そのことを思い浮かべると、気持ちがかき乱されてしまうような問題など)をむやみに扱うべきではありません。

　問題が深くなればなるほど、その深さに比例して、必要となるカウンセリングの期間も長くなるのが通例です。わずか数回(5回前後が標準的ではないかと思います)の面接しか実施されない試行カウンセリングでは、深い問題を扱うことなどとうていできません(これは同時に、そうした回数の少なさが、クライアントとカウンセラーをカウンセリングの深まりすぎによる混乱から守る「安全枠」としての役割も果たしています)。

　クライアントになる人は、自分でもある程度「収まり」をつけられそうな問題を選ぶ必要があり、カウンセラーになる人も、クライアントをむやみに深い問題に直面させるような関わりは慎む必要があります。

　カウンセリングというと、「深い問題に直面する(させる)こと」と思われる方もいらっしゃるかもしれませんが、必ずしもそうでは

5　試行カウンセリングの実際

ありません。たとえば，何かの問題にとても疲れているとき，その問題に向きあうよりも「遠ざかりたい」と思うのは，人として自然なこころのありようであり（増井，1987），そういうときに無理に問題に向きあうことは，かえってこころの疲弊に拍車をかけてしまうことにつながりかねません。

　薬に副作用があるように，カウンセリングも同様，クライアントに治療的な効果をもたらすだけでなく，かえって混乱を生じさせてしまったり，場合によっては，文字通り「命の危険」につながる「劇薬」となってしまうことさえあるのです。

　薬に適切な「用法・用量」があるように，カウンセリングにも適切な「さじ加減」があります。試行カウンセリングの枠内で収まりがつくように，扱う問題の深さをコントロールすることも，試行カウンセリングを通じて学ぶ大切なポイントなのです。

　また，さじ加減というと，あたかも「手抜き」をするかのように聞こえるかもしれませんが，そうではありません。扱う問題の深さと真剣さは，それぞれ別次元でとらえられるべきものであり，「問題が深くないから真剣でなくてもいい」などということは，絶対にありません。

　扱う問題をコントロールすることそれ自体にも真剣さは求められますし，コントロールされた問題を取り扱っていくことにも，当然真剣さは求められます。

　扱われる問題が軽くても，重くても，その人のこころの内から発せられた「大切な問題」であることに変わりはありません。

　試行カウンセリングにおいてクライアントになる人も，カウンセラーになる人も，カウンセリングという行為に関わる以上，つねに真剣に取り組む姿勢を忘れてはなりません。

＊　＊　＊

ほかにも,実施される機会に応じてさまざまな確認がなされますが,基本的には,上記の3点が中心に確認されます。

◆実　　施

実施の前に,クライアント,カウンセラーともに,ボイスレコーダーなどの「録音装置」を準備します。これは,面接のあとで精確な「逐語記録」(のちほどくわしくご説明します)を作成するためです。可能であれば,筆者はビデオカメラなどの「録画装置」を準備することをお勧めします。

というのも,カウンセリングでやりとりされるのは言葉だけでなく,その場の「雰囲気」といった「言葉以前(外)の情報」も数多くあるからです。

ビデオカメラでも雰囲気をとらえきることは難しいですが,少なくとも,ボイスレコーダーなどによる音声記録よりは,身振りや表情なども記録されるぶん,その場の雰囲気に迫った臨場感のある記録を残すことができます。

さて,記録装置を準備したらいよいよ実施です。

繰り返しになりますが,試行カウンセリングといっても,カウンセリングであることに変わりはありません。クライアントは真摯に自分に向きあい,カウンセラーはそんなクライアントに敬意をもって接することが大切です。

仲間内でクライアントとカウンセラーになるわけですから,照れなどもあり,どうかすると,茶化した態度で実施してしまう人もあるでしょう。ですが,そのようなやり方から学べるものは,おそらく何もありません。

クライアントになる人は,自分に真剣に向きあうことを通じて,カウンセラーに自分の悩みや苦しさを打ち明けるクライアントの大変さを知るでしょう。そしてカウンセラーになる人は,クライアン

トの悩みや苦しさに耳を傾けることの難しさを知るでしょう。

クライアントとカウンセラーの真剣さが，双方の学びを支えあいます。

実際のカウンセリングはいうに及ばず，試行カウンセリングもクライアントとカウンセラーの「協同作業」であるという自覚をもって臨むことが大切です。

◆逐語記録の作成

「逐語記録」とは，面接の場で交わされた言葉を，一言一句，漏らさず書き留めた記録のことです。試行カウンセリングの模様を録音ないしは録画した記録をもとに作成します。

以下に簡単な作成例をご紹介しましょう。

試行カウンセリング逐語記録　3回目
2010年○○月△△日 16時15分～16時40分
□□教室

カウンセラー：どうですか？
クライアント：うーん……最近やっぱり夜に目が覚めることが多くて……。
カウンセラー：もう少しくわしく教えていただいてもいいですか？
クライアント：はい。えーと……。
（沈黙：11秒）
クライアント：そうですね……なんというか……じっとしていられないというか……。
カウンセラー：何か，じっとしていられない感じがおありになる……。
クライアント：うーん……じっとしていられない。
カウンセラー：それは，何かの焦りのような感じですか……？
クライアント：うーん……。

（沈黙：10秒）

カウンセラー：うーん……どうですかね……。

（沈黙：11秒）

クライアント：そうです，ね……焦りですね……これは……。

カウンセラー：焦り，ですか……何か思いあたることはおありですか……？

クライアント：それが，ちょっとわからないんですよ（クライアント笑う）。別に課題は大変だけど（クライアント笑う）なんとかこなせているし……それもたしかに焦るけど，その焦りとはちょっと違うというか……。

カウンセラー：うーん……どんなふうに違いそうですかね……？

クライアント：うーん……。

（沈黙：14秒）

クライアント：なんかちょっと，全然関係ないんですけど（クライアント笑う）。

カウンセラー：いえいえ，大丈夫ですよ。なんですか？

クライアント：なんか急に，ある人の顔が思い浮かんで……。

カウンセラー：へえ……それは，お差し支えなければどなたですか……？

「こんなに細かく書くの？」と思われる方もいらっしゃるかもしれませんが，逐語記録は精確であることが大切です。

なぜなら，逐語記録を作成するのは，このあとに紹介する「スーパービジョン」において，「スーパーバイザー」（のちほど説明します）から綿密な助言・指導を受けられるようにするという目的のほかに，試行カウンセリングの模様を「追体験」するという重要な目的があるからです。

カウンセリングをおこなっていると，言葉にならないさまざまな

気持ちが、モヤモヤと自分の中で動いていることに気がつきます。それらの気持ちの中には、カウンセリングの進展に関わる重要な「メッセージ」が秘められている場合が少なくありません。そのメッセージを聴き取るために、言葉にならないさまざまな気持ちに耳を澄ませていくことが、カウンセラーの仕事であるといっても過言ではないほどです。

とはいえ、実際にカウンセリングの場において、言葉にならないさまざまな気持ちに耳を澄ませていくということは、なかなか容易なことではありません。

カウンセラーはクライアントの発言に絶えず応答していく必要がありますし、その中で、言葉にならないさまざまな気持ちに耳を澄ませていかなければならないのですから、大忙しです。するとどうしても、カウンセリングの場だけでは汲みきれない「未整理な気持ち」が自分の中に残ってしまいます。

したがって、あとから「振り返る」ことを通じて未整理な気持ちを吟味し、聴き取れなかったメッセージを点検する作業が必要不可欠となるわけです。

ボイスレコーダーなどによる録音記録や、ビデオカメラなどによる録画記録を参照しながら、一言一句、漏らさず精確に逐語記録を書き留めていくことによって、試行カウンセリングをおこなっている最中には気がつかなかった、さまざまな気持ちに気がついていきます。これは、一言一句、言葉を書き留めていくことによって、試行カウンセリングの模様がありありと追体験されるためです。

一言一言、試行カウンセリングのプロセスを「なぞる」ことによって、未整理な気持ちを吟味するプロセスが、カウンセラーの中に起こります。

逐語記録という、かくも細かい記録を作成するのは、このような

試行カウンセリングの模様を追体験するという,重要な目的があるからなのです。

実際のカウンセリングにおいては,ボイスレコーダーやビデオカメラなどを用いて記録を残すことは,不可能とまではいかないまでも,クライアントとの関係性や倫理的な問題などから,とても困難です。ですが試行カウンセリングでは,それが可能なのです。

精確な逐語記録を作成し,カウンセリングの模様をこれほどまでに細かく吟味できる機会は,そう多くありません。逐語記録の作成はなかなか骨の折れる作業ですが,実施した試行カウンセリングの模様をていねいに吟味する気持ちで,じっくりと取り組んでいただければと思います。

また,ここまでの説明からすると,「試行カウンセリングはどちらかといえばカウンセラーのためのトレーニングのようだし,逐語記録はカウンセラーだけが作成すればいいのでは?」と思われる方もいらっしゃるかもしれません。ですが筆者は,カウンセラーだけでなくクライアントも,逐語記録を作成することをお勧めします。

なぜなら,逐語記録を作成するなかで,クライアントとして考えたり感じたりしたことを吟味しておくことは,自分がカウンセラーとしてクライアントにお会いする際,クライアントの視点に立ってクライアントの悩みや苦しさを考える力を養う,格好のトレーニングになるからです。

クライアントになられる方も,ぜひ精確な逐語記録を作成し,試行カウンセリングの模様をしっかりと吟味していただければと思います。

◆スーパービジョン

「スーパービジョン(supervision)」とは,カウンセラーが,自分の担当するカウンセリングについて,経験豊富なベテラン・カウン

セラーから助言・指導を受けることです。

カウンセラーも1人の人間です。いくら専門的な知識を身につけたとしても，1人の人間にできることには限界があります。自分だけでは目の届かないところ，気づかないところもあるでしょう。そうした自分の力だけでは及ばないところを，他のカウンセラーの援助を借りて，新しい気づきや視点を獲得していく1つの方法が，スーパービジョンなのです。

「助言・指導を受ける」というと受け身的なニュアンスを感じられる方もおられるかもしれませんが，実際は主体的であることが求められます。なぜなら，そのカウンセリングを担当するのは，スーパービジョンをおこなうベテラン・カウンセラー（以下，「スーパーバイザー」とよびます）ではなく，ほかでもないスーパービジョンを受けるカウンセラー（以下，「スーパーバイジー」とよびます）自身だからです。

スーパービジョンを受ける際には，単にスーパーバイザーからの助言や指導を待つのではなく，主体的に担当するカウンセリングについて吟味していく姿勢が大切です。

試行カウンセリングにおいてスーパービジョンを受けるにあたっては，先に作成した逐語記録を活用します。スーパーバイザーとスーパーバイジーで逐語記録を見ていくなかで，率直に意見を交換しながら，担当する試行カウンセリングについて検討していきます。その際，スーパーバイジーは，試行カウンセリングで交わされた言葉を単に報告するだけでなく，それぞれの場面において何を考え，どのようなことを感じたかについても報告するとよいでしょう。

なぜなら，スーパービジョンでは，単に交わされた言葉の内容のみを検討するのではなく，先ほど述べた，カウンセリングの場だけでは汲みきれない未整理な気持ちを吟味する場でもあるからです。

交わされた言葉の内容を検討する外面的側面と、未整理な気持ちを吟味する内面的側面の両方をバランスよく取り扱っていくことを心がけましょう。スーパーバイジーの主体性が大切です。

◆終了のオリエンテーション

事前のオリエンテーションで決められた②→③→④の一連の回数を終わらせたら、終了のオリエンテーションを開きます。

指導するベテラン・カウンセラーの監督のもと、参加者がそれぞれの試行カウンセリングを体験するなかで考えたこと、感じたことなどを共有する機会をもつ（ここでも当然守秘義務は厳守します）ことによって、試行カウンセリングの「終了」を確認します。

単純そうですが、これはとても大切なことです。

この確認を怠ってしまうと、気持ちになんとなく「区切り」がつかず、試行カウンセリングの内容についていつまでも相手に言い続けたり、仲間内で密かにカウンセリングめいたことが続けられたりするなど、日常生活に支障をきたしてしまう場合があります。

ですので、参加者全員で、しっかりと終了のオリエンテーションを開くことが大切です。

| 終わりに |

紹介しきれないところもありましたが、以上が試行カウンセリングのおおまかなアウトラインになります。

いかがでしたでしょうか？「やってみたい」と思われた方、「なんだか不安」と思われた方、きっと人それぞれだと思います。試行カウンセリングで学ぶものは一様ではありません。それぞれの思いを大切に、1人ひとりにとって、実りのある試行カウンセリングがおこなわれることを願っています。

第3章　自己理解とこころの健康

1　自分を見つめてみよう

自分を知るのは難しい

「自分のことは自分が一番よくわかっている」——そう思っている人は多いことでしょう。たしかに自分自身に関すること，たとえば自分の性格やものの好き嫌いであれば，他人と比べてずっとくわしく，よく知っているはずです。しかし，自分自身をどれだけ深く理解しているかということになると，そう簡単ではありません。とくに，自分の強い面（得意なことや自信のある部分）には目を向けやすいのですが，自分の弱い面（苦手なことや愚かなところ，傷ついた部分）にはていねいに向きあうことがなかなかできないものです。

「自分のことだから」と頭ではわかっているつもりでも，自分の行動パターンやそれを形づくってきた要因，自分が抱いている価値観や人間観，自分自身の内側にあるこころの傷や揺れ動く感情，といったものを十分に理解できていないことは往々にしてあります。自分が自分自身を深く見つめ，ありのままの自分を理解し，さらにそんな自分をまるごと受け入れるというのはじつに難しいことなのです。

自分って何だろう？

「自分は何者であるか」という問いを通して、自分自身をどれくらい理解し、答えることができるかを考えてみましょう。

「WAI」(Who am I? Test) あるいは「TST・20答法」(Twenty Statements Test) という、クーンとマックパーランドによって開発された文章完成法による心理テストがあります。これは、「私は……」に続けて、自分のことを20項目、思いつくままに自由に記述していくものです。

では、さっそくペンと1枚の紙を用意して、「私は誰だろう？ 自分って何だろう？」と自分自身に問いかけながら、20項目を書き出してみましょう。

ここでの記述を手がかりとして、自己概念（自分が自分をどのように受け止め、どのように見ているかという自己像）を探ることができます。まず、「外面的・表面的な特徴」（からだつきやもち物、居住地、趣味、社会的立場など、外面的にわかる事実）と「内面的・心理的特徴」（性格や対人関係、生活態度、自己評価など、こころの内面に関するもの）とではどちらが多く記述されたでしょうか。次に、感情面から分析して、①肯定的な感情、②否定的な感情、③中立的な感情（客観的で感情がはっきりしない）、④アンビバレントな感情（肯定的・否定的の両方の感情が出ている）、のどれが多く記述されたでしょうか。最後に、記述内容全体から自分は自分自身をどんな人間であると思っているでしょうか。このようにして、自分自身を客観的に見つめ、理解しようとするわけです。

カウンセリングと自己理解

カウンセリングは、相談にやってきたクライアントが自分自身を理解し、自分の力で意思決定して問題や悩みを解決していくことができるよう、カウンセラーがクライアントに働きかけて援助す

ることです。では，これからカウンセリングを学ぼうとしている人にとって，自己理解がなぜ重要なのでしょうか。

人の心理を扱おうとする人は，まず自分自身を理解している必要があります。自分を理解する以上には，人を理解することはできないからです。人の援助をしようとするカウンセラー自身も，悩みやこころの傷をもっている１人の人間ですから，自分自身を知ることは，クライアントの傷ついたこころを共感的に理解し，受容していくことにつながります。どんなに豊富な知識や優れた技術をもっているカウンセラーであったとしても，自分自身の問題とは向きあうことなく，自分のことは棚に上げてクライアントの問題や悩みをさもわかったかのように振る舞うカウンセラーには会いたくないものです。「人の蠅を追うより自分の頭の蠅を追え」という言葉があるように，他人のことをとやかく言う前に，自分自身の問題や行動の偏りなどを理解していることが求められているのです。

ですから，カウンセリングのトレーニング（訓練）では，理論や技法の習得だけでなく，自分自身についての検討が含まれています（第１章を参照）。自分にはどのようなパーソナリティや行動の傾向があり，どのようなことを望んでいるかを明確にしておきたいものです。

このように，カウンセラーが自分自身を見つめ，深く理解することは必須です。専門のカウンセラーを志している人ばかりでなく，カウンセリングやこころの健康について関心を抱いている人にとっても「自己理解」のもつ意味はとても大きいのです。

自己理解を深める方法　では，どうすれば私たちは自己理解を深めていくことができるのでしょうか。自己理解を深めるには，さまざまな角度から自分自身を見つめ直して，価値観や人間観などを自己点検してみることです。まずは，１人きり

になって自分自身をじっと深く見つめる作業が必要でしょう。しかし，自分1人だけではどうしても気づくことのできない盲点があるというのも事実です。そこで自分以外の他者を加えた，数名のグループによる相互の自己理解が大きな効果をもたらします。

自己理解には2つの側面があります。1つは「自己開示（self disclosure）」で，自分自身の感情や思考についてこころを開いて語ることで自分自身を知ることになります。もう1つは，他者からの「フィードバック（feedback）」です。自分の見方とは違うところから自分について指摘してもらうことで，自分1人の固定的なものの見方から脱することができます。加えて，グループでのシェアリング（感情や思考の分かちあい）を通して，他者の自己開示を聴くことで，自分との共通点や相違点を知ることになり，さらに深く自分自身を知ることができるのです。

グループ体験を通して，対人関係における自己への気づきが促進され，自己理解が深まることを説明した「ジョハリの窓（Johari's window）」というモデルがあります。この名称は，ジョー・ルフトとハリー・イングラムの2人によって紹介されたことで，2人の名前をあわせて名づけられています。自己理解がどのように促進されていくかが，4つの窓（領域）の大きさで表されています。図3-1を見てください。

4つの領域（I～IV）は，それぞれ次のような状態となります。

I：自分にも他者にもわかっている領域（自他にオープン）
II：自分にはわからず，他者にはわかっている領域（自己盲点）
III：自分は知っているが他者には知らせていない領域（秘密）
IV：自分にも他者にもわかっていない領域（未知・無意識界）

IIIの領域は，自分のこころを開いて自分を他者に伝える（自己開示）ことによって小さくなります。他者には秘密にしている自分か

図3-1 ジョハリの窓

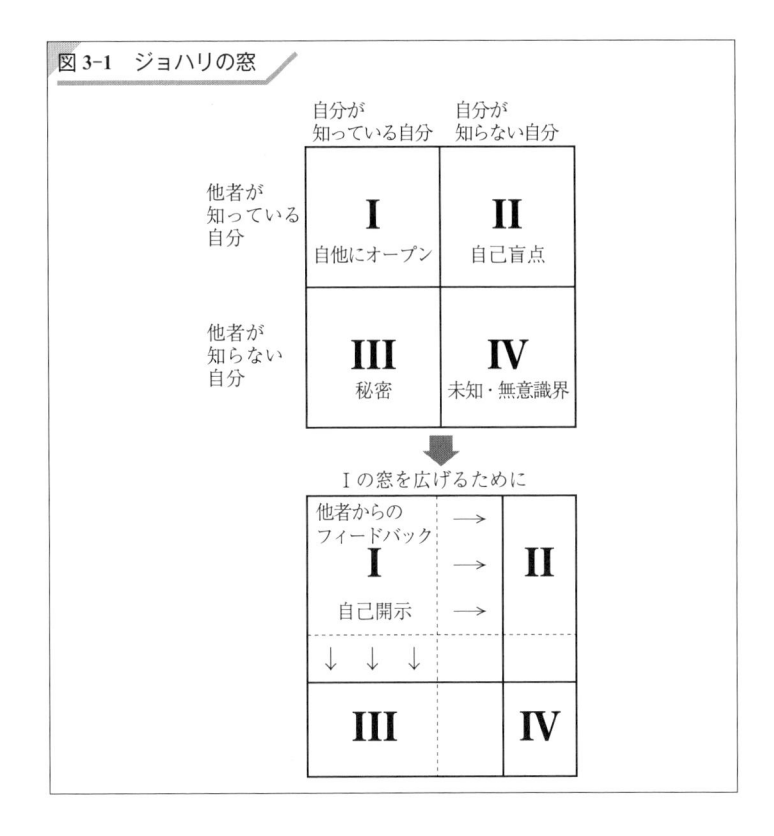

	自分が 知っている自分	自分が 知らない自分
他者が 知っている 自分	I 自他にオープン	II 自己盲点
他者が 知らない 自分	III 秘密	IV 未知・無意識界

↓

Ⅰの窓を広げるために

他者からの フィードバック I 自己開示	→ → →	II
↓ ↓ ↓		
III		IV

ら解放されるからです。また，Ⅱの領域は他者が自分をどう見ているかを伝えてもらう（フィードバック）ことによって小さくなります。「頭隠して尻隠さず」「なくて七癖」といった点に気づくことができるからです。自己理解を深めるということは，グループ内での関わりを通して，Ⅰの領域を広げていくことにほかなりません。

このように，グループ体験では，適切な自己開示と他者からのフィードバックが自己理解を大きく促進させることが期待できるのです。

1 自分を見つめてみよう

2　自己理解を深めるエクササイズ

**自己理解の視点
——過去・現在・未来**

自己理解のためのエクササイズ（演習）は，多種多様なものが開発され，紹介されています。自己理解を深めるうえでは，自分の過去・現在・未来のそれぞれの視点で自分自身をとらえるのがよいでしょう。過去・現在・未来がつながって一貫性をもっている人が心理的に健康な人だと考えられるからです。さまざまなエクササイズを通して，自分はどこから来たか，自分はいまどこにいるか，自分はこれからどこへ行こうとしているのか，といったことについて自問自答してみることです。

これから紹介するいくつかのエクササイズは，自分1人でも紙上で試みることはできますが，できることならば友人や学習仲間などでグループをつくって一緒におこなうとよいでしょう。先述したように，メンバー相互が自己開示することができ，他者から自分へのフィードバックが得られるので，より効果的だからです。紙上でさっと読んで頭でわかったつもりになっても，深くはわかっていないものです。まず実際に個人作業としておこなったあとで，親しく安心して話しあうことのできる仲間と，気づいたことや感じたことを話しあってみると，自己理解が深まることでしょう。

これらのエクササイズをヒントにして，ぜひ自分自身を深く見つめていってほしいものです。

◆過去の自分に出会うエクササイズ

① 「私に影響を与えた人」（図3-2）
② 「私が小さかった頃」（図3-3）

> **図 3-2　私に影響を与えた人**
>
> ・幼い頃から現在までを振り返って，あなたの人生に影響を与えてくれたと思える人を何人でもかまいませんから思い浮かべてみましょう。
> ・その人たちの中から，あなたがとくに大きな影響を受けたと思える「忘れられない人」を1人だけ選び，その人と自分との関わりをていねいに思い出してみましょう。
>
> ①　私に影響を与えた人たち（何人でも）
>
> ②　忘れられない人（1人だけ選びます）
>
> ・その人の名前
>
> ・その人から，どのような影響を受けましたか。
>
> ・その人に，いま，どんなことを伝えたいですか。

◆現在の自分を知るエクササイズ

①　「私の対人地図」（図 3-4）
②　「私がしたい 10 の事柄」（図 3-5）

◆未来の自分を見つめるエクササイズ

①　「こころのライフライン」（図 3-6）
②　「墓碑銘」（図 3-7）

　　　　　　　　　　＊　＊　＊

これらのエクササイズのほかにも，自己理解を深めるさまざまな方法がありますが，最後に紹介したいのが，最も効果的で深い自己

2　自己理解を深めるエクササイズ

図 3-3　私が小さかった頃

・あなたが小さかった頃の自宅をよく思い出して，できるだけくわしく家の見取り図を描いてみましょう。
・見取り図を描きながら，あなたが小さかった頃の記憶や思い出（誕生日やクリスマス，大切にしていたおもちゃ，遊んでいた様子など）をていねいにたどってみましょう。

図 3-4　私の対人地図

・あなたをめぐる，家庭や友達グループ，職場などでの「人間関係」を地図にして表現してみましょう。
・まず，下図のどこかに自分をおきます。次に，自分と関係が深い人々を「自分との距離，存在の大きさ，その人への気持ち」などを考えて，自由な形や大きさで表してみましょう。

図 3-5　私がしたい 10 の事柄

・あなたが，いまやってみたいと思っている，あなたにとって価値のあることを 10，思いついた順に書き出してみましょう。
・それぞれの事柄をもう一度見つめて，あなたにとって大切な順に番号をつけてランキングしてみましょう。

	事柄	大切な順
1		
2		
3		
4		
5		
6		
7		
8		
9		
10		

図 3-6　こころのライフライン

・これまで自分が生きてきた道筋を振り返って，その時期に感じていた幸福感の高低を 1 本の線でつないでみましょう。上に行くほど幸福感のレベルが高く，下に行くほど低くなります。左端（始点）は誕生時の 0 歳，右端（終点）は臨終時の寿命となります。
・まず，過去から現在までの人生曲線を描き，さらにあなたの願望を取り入れながら，将来の線を引いてみましょう。

幸福感

0

誕生（0 歳）　　　　　現在（　歳）　　　　　臨終（　歳）

2　自己理解を深めるエクササイズ

図 3-7　墓碑銘

- 「墓碑銘」とは，死者の生前の経歴や業績，思いを凝縮して言葉にして刻んだものです。あなたの人生を振り返ったとき，また，これからの人生を思い描いたとき，あなたの墓碑に刻みたい言葉はどのようなものでしょうか。

- このエクササイズをやってみて，感じたこと・気づいたことを書きましょう。さらに，グループで話しあってみましょう。

理解を促進させることのできる手法としての「内観法」です。

　内観とは文字通り「自分のこころの内側を観察する」ということで，「反省」や「内省」と同じような意味で使われています。内観の方法は，過去から現在までの自分自身に関する事実について母親をはじめとして，家族や身近な人々を対象として，一定の期間に区切って年代順に回想するというものです。内観のテーマは，①お世話になったこと，②してあげたこと，③迷惑をかけたこと，の3つです。これらのテーマに従って自分自身とていねいに向きあっているうちに，自分の姿がよりいっそう明らかになり，自己理解はぐんと深まっていきます。さらに，自己概念も肯定的なものに変容していくことが期待できます。

3 こころが健康とは？

> **こころの健康を
> 定義するのは難しい**

「こころが健康」と聞いて，みなさんはどのようなこころのありようを思い浮かべるでしょうか？

明るいことでしょうか？

悩まないことでしょうか？

それとも，ポジティブ・シンキングであることでしょうか？

一見すると，素朴で簡単そうに見える問いですが，実際に考えてみると，案外難しいことがわかるかと思います。ではなぜ，難しいのでしょうか？

それは，「こころの健康」以前に，そもそもその前提となる「こころ」とよばれるものについての明確な定義が，まだ存在しないからです。ではなぜ，定義が存在しないのでしょうか？

それは，こころはからだと違って，「目に見えないもの」だからです。

からだはけがをしたり病気になれば，難しさはさまざまですが，その患部や病名を客観的な基準のもとに特定することができます（たとえば，「からだに傷がついていないのでけがはしていない」「検査結果の数値は統計的に見て正常値なので病気ではない」というように）。しかし，こころは目に見えない主観的な現象であるため，客観的な基準を設定することが難しく，外から見て，その健康・不健康を区別することは，きわめて困難なのです。

たとえば，外から見て「異常」だと思える行動を示していても，本人がそのことを不都合と感じず，のびやかな気持ちで過ごしてい

るとすれば,その人は「健康」であるといえるかもしれないのです。

ここで注目しておきたいのは,こころに関していえば,「不健康」と「病気」は,必ずしもイコールで対応するものではないということです。

もちろん,両者は密接に関連するものであり,不健康であることと病気であることは結びついている場合が多いと思いますが,たとえば,かりに病気と診断されうるような症状を呈していたとしても,本人がそのことに苦痛を感じておらず,のびやかな気持ちで過ごしているとすれば,その人は,病気ではあるかもしれませんが,必ずしも不健康であるとはいえなくなるのです(ですが実際は,病気と診断されうるような人がのびやかな気持ちで過ごしていることは,あまりないでしょうが……)。

このように,こころの健康はからだの健康とは異なり,1人ひとりの主観によって決定される部分が多くなるため,一概に,その人の健康・不健康を,外から見て判断することはできないのです。

こころが健康とは

こころの健康を「定義」するのは難しいにしても,こころの健康についての「指標」のようなものは仮定しうるように思われます。

ここでは,健康なこころというものがどのようなものか,具体的に考えてみましょう。

◆人としての自然な感情に開かれている

嬉しいときには嬉しさを,腹が立つときには腹立ちを,悲しいときには悲しさを,楽しいときには楽しさを——すなわち,人としての自然な感情である「喜怒哀楽」をみずみずしく体験できることは,こころの健康を表す指標の1つとして,仮定できるのではないかと思われます。

あたり前のことのように聞こえるかもしれませんが,これはとて

も大切なことです。

　たとえば、自分の感情に逆らって、それを抑えたり隠したりしたとき、胸が苦しくなるような感覚を、覚えたことはないでしょうか？

　本当は悲しいはずなのに、涙をこらえて笑顔をつくろっているとき。本当は怒りをぶつけたいはずなのに、我慢して平静を装っているとき……。

　人は本来、感情を抑えると、何らかの「苦しさ」を感じるようにできています。なぜなら感情には、その人がその人らしく生きていくうえでの大切なメッセージが込められており、いってみれば、感情とは、「その人自身」であるといっても過言ではないからです。

　生きていくうえでは感情を抑えなければならない場合もあるでしょうし、それによって苦しさを感じることは、ある意味では、自分の感情に対して間接的に開かれていることでもあるので、ことさら不健康なことであるとは思えません。ですが、自分の感情を抑えたり隠したりすることは、基本的に、本来あるべきはずのものを排除することであり、ひいては、自分が自分らしく生きることを抑圧することにもつながりうるため、やはり限界があります。

　人としての自然な感情を体験することが禁じられるということは、その人のこころに、けっして小さくはない負荷がかけられることとなり、場合によっては、こころを病んでしまうことにもつながりかねないのです。

　1つ例を挙げますと、筆者は以前会社勤めをしていたのですが、そのときの同僚である男性の1人が、ある日突然会社に来なくなってしまい、そのまま退職してしまうということがありました。その同僚はいわゆるポジティブ・シンキングのもち主で、仕事が苦しそうでもいつも笑顔で前向きで、「悩まず前進」が口癖。「つらい」と

か「しんどい」といったことをけっして口にしない人でした。つい先日, 数年ぶりにその人と会う機会があったのですが, その人は, 会社を突然辞めた理由を次のように話してくれました。

「……自分でもよくわからなかった。ただからだが動かなくて, 気がついたら途中の駅で降りて海を見に行っていた。なんだか急に気持ちが重くなり, しんどくなって, もう会社に行くことができなかった。何もせず家で寝ていると, 本当は, 自分は仕事をしているとき, しんどかったのだと気がついてきた。理由はわからないが, 感情を押し殺していたのだとわかった……」。

自分の感情を抑えても, それによって苦しさが感じられるうちは, その苦しさと折りあいをつけていく方向性も見出せるかもしれません。ですが, この男性のように, 「感情を抑える苦しさ」を切り離してしまうところまで自分の感情を「押し殺して」しまうと……, もはや自分でも自分の感情がわからなくなってしまい, 気がついたら, もうギリギリのところまで自分が追い込まれていた, という事態に陥りかねないのです。

これはポジティブ・シンキングを否定しているのではありません。
自分の中にある感情に気がついたうえで, ネガティブな物事の見方を変えるためにポジティブ・シンキングを用いるというのであれば, その人の精神衛生の向上に肯定的な効果が期待できる場合もあると思います。ですが, 自分の感情に気がつかないまま盲目的にポジティブ・シンキングを用いたとしたら……。それはむしろ, 自分の感情を押し殺す方向に作用してしまい, かえって苦しい事態を招きかねないのです。

また, 誤解のないように述べておくと, 「人としての自然な感情

に開かれている」ということは，短絡的な感情の表出を意味しているのではありません。

人としての自然な感情に開かれているということは，ここでは，「自分の感情を自分のものとして受け止め，その細やかな『ひだ』を感じることのできるこころのあり方」のことを指しているのです。

先に筆者は「喜怒哀楽」といいましたが，みなさんもおわかりのように，人の感情というものは，実際は喜怒哀楽に明確に区別できるほど単純ではありません。1つのわき上がる感情の中には，さまざまな感情が複雑に絡みあってできた繊細なひだがあり，そうした感情のひだにどのような感情が込められているのか，ていねいに耳を澄ませられることが，人としての自然な感情に開かれたこころのありようであり，こころの健康を表す指標の1つであると思われるのです。

◆悩みに向きあえる

こころの健康を表すもう1つの指標として，「悩みに向きあえる」ということが仮定できるのではないかと思われます。

「悩む」という言葉には何やら重苦しい響きがあり，あまり前向きなイメージはもっていない方もおられるかもしれませんが，悩みにきちんと向きあえるということは，こころの健康を考えるうえでは，不可欠な要素であるように思われます。

なぜなら，悩むということは，先に挙げた感情のひだに耳を澄ませること（この行為は「内省」という言葉に置き換えられるかもしれません），すなわち，自分がいまよりももっと自分らしく生きていけるように，自分自身に向きあうことにもつながりうると考えられるからです。

よく，「悩まない」という人がいますが，こうしたこころのありようは，一見すると，明るく軽やかで，健康そうに見えたりもしま

すが、先に示した男性の例のように、自分の感情を自分から切り離してしまっている状態ですので、おそらくとても不健康です。

社会生活を営めば、自分と周囲との間に、大なり小なりの軋轢(あつれき)が生じる場合があるのは自然なことですし、そこで自分の感情を切り離さず、きちんと悩みに向きあえるということは、その人が、この現実社会にしっかりと根を下ろし、いまよりももっと自分らしく生きていけるあり方を模索していく力をもっていることを示しており、こころの健康を表す指標の1つとして、仮定しうるものであると思われるのです。

ただ、1つ注意しておくべきこととして、悩みに向きあううちに、感情の細やかなひだから離れてしまい、考え過ぎ、いわゆる「頭でっかち」の状態になってしまい、悩みから抜け出せなくなってしまう場合もあるということです。本当は、細やかで複雑なひだがあるはずなのに、そのひだから離れてしまい、実感のない、単純化された思考や感情が繰り返され、そこから抜け出せなくなってしまう……。そうなると、悩みに伴う負担は過剰なものとなり、社会生活に支障をきたしてしまいます。

こころの健康を表すもう1つの指標として、「悩みに向きあえる」ことを仮定しましたが、もう少しつけ加えるならば、「こころのひだとのつながりが保たれ、実感をもって悩みに向きあえる」というように仮定できるのではないでしょうか。

* * *

以上、ここで述べたものはほんの一端です。こころの健康について考えることは、奥深く難解な作業ですが、カウンセリングに直接関わるきわめて重要な問いです。この続きは、ぜひみなさん自身で考えてみてください。

4 さまざまなこころの病

はじめに

カウンセリングは「こころ」を見つめる営みです。ですので，カウンセラーは，クライアントの「こころの病」にふれる機会も少なくありません。こころの病は，からだの病やけがなどとは異なり，目に見えないものです。ですので，こころの病を患うクライアントは，周囲から理解を得られなかったり，クライアント本人にも自分の抱えている病の得体が知れず不安や恐怖に脅えていたりと，非常に苦しい思いをしています。その「苦しみ」に寄り添い，少しでもそれを理解し，クライアントが，たとえほんのわずかでも，いまよりも笑顔で毎日を過ごしていけるように援助していくことも，カウンセラーに課せられた重要な役割の1つなのです。とくに，医療機関でおこなわれるカウンセリング（心理療法とよんだほうがおそらく適切でしょう）では，カウンセラーは，医師をはじめとするさまざまな職種の人たちと連携をとりながら，クライアントのこころの病をサポートしていくことが活動の中心となります。ですので，こころの病，ならびにこころの病を患うクライアントの苦しみについて理解を深めていくことは，カウンセラーを志す者にとって，必要不可欠なのです。

ここでは，カウンセラーが出会うクライアントのこころの病のいくつかを，みなさんと一緒に見ていきたいと思います。

うつ病

◆うつ病とは

「うつ病」という言葉は，カウンセリングや医療に関わる人以外でも，テレビや新聞などで耳にする機会のある，比較的なじみのある言葉でしょう。ですが，うつ病という言葉

の一般性とは裏腹に、うつ病を患うクライアントが体験している苦しみについて、十分に知られているとはいえないのが現状ではないかと、筆者には思われます。うつ病を患うクライアントは、その名の通りひどく憂うつで、やる気が起きず、物事に対してもとても悲観的で、自己否定から死んでしまいたい気持ちにさいなまれたりと、非常に苦しい毎日を過ごしています。加えて、頭痛やめまい、吐き気、胸部の圧迫感や胸部の疼痛(うずくようにズキズキと痛むこと)、からだが重いといった主観的な身体症状(検査をしてもからだに異常が認められず、こころの要因によって生じるからだの違和感)が現れる場合もあり、その苦しさは、うつ病を患う筆者のクライアントの1人が教えてくれたのですが、「まるで、鉛でできた布団を頭から覆い被せられているよう」と表現されるくらい、耐え難いもののようです。何をしていてもそのような苦痛がつきまとうわけですから、毎日を普通に過ごしていくことが、うつ病を患うクライアントにとっては、とても大変なことであることが想像されます。

◆うつ病を患うクライアントへの関わり

うつ病の治療において重要とされているのは、十分な休養と医療機関での抗うつ薬による薬物療法です。ですので、うつ病を患うクライアントに対してカウンセラーが果たしていくべき役割としては、クライアントの休養と医療機関での薬物療法のプロセスを、カウンセリングを通じて支えていくことが挙げられます。医療機関を受診していない場合には、その必要性を伝えて受診を促したり、医療機関に紹介していくなど、きめの細かい対応をとっていくことが必要となります。精神科や心療内科は、「こころの弱い人がかかるところ」といった誤解や、「どんなことをされるのかわからない」といった不安がもたれがちで、受診が避けられてしまう場合も少なくありません。カウンセラーは、クライアントのそうした誤解や不安を

ていねいに汲み取り、医療機関が安全な場であることを伝え、安心して治療を受けてもらえるよう、やさしく背中を押していくことが大切です。医療機関との連携を図りながら、クライアントの体験しているつらさに耳を傾け、こころを込めて労い、回復への可能性を伝えながら、休養と薬物療法のプロセスを、焦らずじっくりとカウンセリングを通じて支えていくことが大切になります。

統合失調症

◆統合失調症とは

統合失調症とは、誤解を恐れずにいうならば、「自分と他人（物事）との区別がつけられなくなる病」「自分が自分であるということがわからなくなる病」「あたり前のことがあたり前のこととしてとらえられなくなる病」「自分が世界から切り離され、独り隔絶された世界に閉じ込められてしまう病」のことです。現実には存在しない物が見えたり、現実には存在しない自分を批判する声が聞こえたり、現実にはありえない誤った確信をもったり、あらゆる感情の起伏が失われて現実との接触が絶たれてしまったりする、精神病の中でも代表的なこころの病です。

その種類や程度は多種多様ですが、統合失調症を患うクライアントの苦しさは、共通して非常に大きなものであるということができます。少し想像してみてください、たとえば、自分が自分ではなくなってしまうということを――。その恐ろしさは、筆舌に尽くしがたいものではないでしょうか。統合失調症を患うクライアントは、その病の独特さから、周囲から理解されない場合が多く、社会的にも孤立してしまいがちです。カウンセラーは、そうした統合失調症に苦しむクライアントにとっても、役に立てる存在であることが求められます。なお、統合失調症の生涯発症率は、日本では、人口の約 0.7％ といわれており（衣笠, 2004）、誰がかかっても不思議ではないポピュラーな病の1つなのです。

4 さまざまなこころの病

◆統合失調症を患うクライアントへの関わり

　統合失調症の治療において重要とされているのは，十分な休養と医療機関での抗精神病薬による薬物療法です。うつ病を患うクライアントへの関わりと同様に，統合失調症を患うクライアントへの関わりにおいても，カウンセラーは，クライアントの医療機関での治療のプロセスを支えていくことが，重要な役割となります。自分が所属する機関が医療機関でない場合，カウンセラーは，医療機関へのクライアントの紹介や，医療機関との連携をとりつけていくなど，きめの細かい対応をとっていくことが必要不可欠です。統合失調症の症状によっては，クライアントの同意がなかなか得られないという場合も少なくありませんが，医療機関での治療が必要であることをていねいに説明し，医療機関を受診してもらえるように働きかけていくことが大切です。現在は，非定型抗精神病薬とよばれる薬の発展により，かなりのレベルで症状が抑えられ，就労を含む日常生活を送ることが可能となるケースも増えてきています。カウンセラーのもう1つの役割は，クライアントが自分の病を理解し，それとうまくつきあいながら，日常生活を少しでも穏やかに暮らしていけるよう，カウンセリングを通じて支えていくことであるといえます。

| パーソナリティ障害 |

◆パーソナリティ障害とは

　人の性格は十人十色，それぞれ個性がありますが，その中でもとくに偏った個性をもつために，自分や周囲の人たちが苦しんでいる状態のことを，パーソナリティ障害とよびます。パーソナリティとはその名の通り，性格あるいは人格と訳されるものですが，性格によって不適応が起こっているため，パーソナリティ障害を患うクライアントは自分が障害をもっていることに気づけない場合が多く（なぜなら，それが自分自身の「性格」だからです），自分自身に振りまわされてしまい，非常に苦しい状況を生きていま

す。また、さまざまな要因が仮定されるため一概にはいえませんが、基本的に性格は「人との関わりの中で形づくられていくもの」であるため、それまでの人間関係が、その形成に大きく寄与していることが、可能性として否めません。そこから、パーソナリティ障害を患うクライアントは、生まれてから成長するまでの過程において、何らかの偏った人間関係（例えば、虐待や過保護あるいは養育放棄などをおこなう家族との人間関係）を生きていくことを余儀なくされ、そこを生き抜くために、そうした偏った性格を形成せざるをえなかったとも考えることができます。

パーソナリティ障害は、アメリカ精神医学会の『DSM-IV-TR 精神疾患の分類と診断の手引 新訂版』（アメリカ精神医学会、2003）においては10種類に分類されていますが、その中でも数多く議論されてきているのが、「境界性パーソナリティ障害」です。境界性パーソナリティ障害を患うクライアントの特徴は、①強い見捨てられ恐怖、②不安定で激しい対人関係様式（「理想化」と「こき下ろし」の間を激しく揺れ動く）、③自己像の不安定さ（ときには「自分がまったく存在していない」と感じる場合もある）、④自分を傷つける可能性のある衝動性（浪費、むちゃな飲食、物質乱用、安全でない性行為など）、⑤自殺の行動、そぶり、脅し、自傷行為（たとえば「リストカット」など）、⑥感情の不安定さ、⑦慢性的な空虚感、⑧不適切で激しい怒りとその抑制の困難および怒りを表出したことによる強い罪悪感などが見受けられます。これらの特徴をご覧になっただけでも、境界性パーソナリティ障害を患うクライアントがいかに苦しい状況を生きているかが想像されるのではないかと思います。

◆パーソナリティ障害を患うクライアントへの関わり

上述した通り、パーソナリティ障害は、その人の「性格」に起因して生じる障害であるため、障害があるという自覚がもたれにくく、

パーソナリティ障害を患うクライアントへの関わりは、きわめて困難なものになります。アプローチの仕方はクライアントの「個性」に合わせてさまざまですが、基本的に、カウンセラーは、クライアントの障害による苦しみをそれ以上増悪させないよう念入りに配慮しながら（たとえば、クライアントとの心理的な距離を一定に保つことを心がけるなど）、時間をかけて、クライアントが生活場面において直面している悩みや苦しみについて聞かせてもらい、それに伴って生じる気持ちや考え、またはそれへの対処法などを、クライアントと一緒に具体的に考えていくことが必要になります。

とくに、境界性パーソナリティ障害を患うクライアントとの関わりにおいては、その激しい対人関係様式のため、カウンセラーと安定した人間関係を築き、それを維持していくこと自体が、まずは重要な治療的意味をもってきます。人はみな、人間関係という「文脈」を生きる存在です。パーソナリティ障害を患うクライアントは、その偏った性格のために、人から疎まれたり非難されたりすることも少なくなく、心理的に孤立していたりと、とても苦しい状況を生きています。けれどその性格は、化学実験の試験管の中で生成される化学物質のように、その人の内のみで形成されたものではなく、それまでに出会った他者との人間関係において、生きるために、そうした性格を「形成せざるをえなかった」という側面も、少なからず内包させています。パーソナリティ障害を患うクライアントへの関わりに際しては、彼らがそれまでに背負ってきたであろう文脈に思いを馳せ、一定の心理的な距離を保ちながらも、深い思いやりをもって接していくことが大切です。

神経症

◆神経症とは

神経症とは、うつ病や統合失調症などのように、ホルモンや内分泌といったからだによる問題ではなく、主に

「ストレス」といった心理的な負担が要因となって生じるこころの病のことです。神経症の種類は，

① 不安障害：「不安」を主症状とする神経症で，突然のパニック発作とその再発を予期して不安になる「パニック障害」や，不合理だと自覚しつつもある考えや行動が不安で止められない「強迫性障害」，トラウマティックな体験をした場面が突然鮮明に思い出されて不安を感じる「心的外傷後ストレス障害（PTSD）」など。

② 身体表現性障害・解離性障害：「ヒステリー」とよばれることもある神経症で，からだはどこも悪くないのに，からだの一部が動かせなくなったり（たとえば，「声が出せなくなる」「脚が動かせなくなる」など）する「身体表現性障害」や，「自分は重大な病気にかかっている」という考えにとらわれてそこから抜け出せなくなる「心気症」，記憶の一部を失って思い出せなくなる「解離性健忘」，突然放浪して自分が誰だかわからなくなる「解離性遁走」，自分の中に2つ以上の人格が独立して存在し，交代で自分を統制する「解離性同一性障害（多重人格障害）」など。

③ 抑うつ神経症：うつ病とは異なり，ストレスなどによる心理的な負担が主な要因となって生じる比較的軽度のうつ。

など，非常に多様です。また，神経症はストレスなどによる心理的な要因によって生じる場合が多いため，カウンセリングと深いつながりをもったこころの病であるともいえるでしょう。

◆神経症を患うクライアントへの関わり

神経症はストレスなどの心理的な要因によって生じている場合がほとんどのため，まずはクライアントがどのようなストレス状況にあるのか（またはあったのか）を知り，そのことが現在の症状の形成

にどのように寄与しているのか、ていねいに見立てていくことが必要になります。クライアントの個性ならびにときと場合にもよりますが、基本的に、カウンセラーは、クライアントが表現する症状そのものにとらわれてしまうよりも、クライアントが抱えている（あるいは抱えていた）悩みや苦しみなどにていねいに耳を傾け、こころを込めてそれらをフォローし、必要に応じて内省のプロセスを援助していくように心がけるのがよいように思われます。アプローチの道筋は数多くありますが、神経症を患うクライアントへの関わりにおいては、筆者はジェンドリンの「フォーカシング指向心理療法」の考え方を基盤にしたアプローチが適当と考え、取り入れる場合があります。興味のある方はぜひ調べてみてください。なお、ジェンドリンの文献は、ホームページからすべて無料で閲覧することができます（http://www.focusing.org/）。

摂食障害

◆摂食障害とは

食事は生命を維持させていくうえで、欠くことのできない行為です。加えて、食事は単に生命の維持に必要な栄養を摂取するという生理的な側面だけでなく、それに伴う楽しみを享受し、生活にうるおいを与えるという人間的な側面をもつ営みでもあります。家族や友達、恋人など、気心の許せる人との食事は本当においしく、楽しいものです。摂食障害とは、人が人らしく生きていくうえで大切なこの「食事」という行為を、何らかの理由により、うまく営めなくなっている状態のことを指します。食事といういわばあたり前ともいえる行為が、あたり前に営めなくなってしまうわけですから、その大変さは想像に難くないでしょう。

摂食障害は、①神経性無食欲症と、②神経性大食症の2つに分類されます。「神経性無食欲症」はその名の通り、「食べる」という行為に強い抵抗を感じてしまう摂食障害です。どんなにやせていても

食べることを拒否したり，あるいはむちゃ食いをしては，自分でのどに手を入れて吐いたり，摂取したカロリーを消費させようと過剰な運動をしたりします。その背後には，「太る」ということに対する強い恐怖心が潜在しており，生命の維持が困難になってしまうほどの低体重に陥っても，頑なに食べることを拒否し続け，それによって，かけがえのない命を落としてしまう人もいるほどです。「神経性大食症」は，過剰に物を食べてしまう摂食障害です。神経性無食欲症と同様に，太ることへの恐怖から，不自然な方法で食べた物を排出したり，過剰な運動をしたりします。

摂食障害を患うクライアントの特徴は，自分自身に対する評価が，体重や体型と結びついてしまっていることです。筆者の印象では，体重が増えることに対して潜在的に罪悪感を覚えるクライアントが多いように感じられます。摂食障害を患う年齢は10代後半から20代前半の若い時期が多く，男女比は1：20と，圧倒的に女性に多い（菊地，2004）のも特徴です。やせている女性を賛美する世の中の風潮と相まって，ダイエットを開始し，そこから摂食障害に陥ってしまうというパターンも少なからず見受けられます。

◆摂食障害を患うクライアントへの関わり

摂食障害を患うクライアントは，自分が摂食障害を患っているという自覚が乏しい場合が多いため，まずは自覚を促していくことが大切になります。体重の低下は命の危険と直結しているため，この働きかけは欠かせないものです。そのうえで，クライアントの悩みや気がかりに耳を傾け，カウンセリングを展開させていくことになります。摂食障害を患うクライアントは，親をはじめとする周囲の大人たちの期待に応えようと，身を削るようにして一所懸命生きてきた，いわゆる「よい子」とよばれる人が多いです。ですが，その背後には，親をはじめとする周囲の大人たちから，無条件には自分

を愛してはもらえなかったという，切ない思いを沈潜させています。条件つきの愛（たとえば，「学校の成績がよいときだけ認めてもらえる」など）を得ようと努力するあまり，「自分自身」というものをどこかにおき去りにしてしまい，自分自身に対する評価を，体重や体型という外的な基準に求めざるをえなくなってしまったともいえなくありません。体重の増減に気を配ることはもちろん大切ですが，そればかりにとらわれず，そうした摂食障害を患うクライアントがこころの奥に抱く切なさを想像し，語られる悩みや気がかりに込められた深い意味を味わいながら，カウンセリングを進めていくことが大切になります。

発達障害

◆発達障害とは

発達障害とは，脳機能の発達に「遅れ」や「偏り」が存在することによって，社会生活がうまく営めなくなっている状態のことです。これまでに見てきたこころの病とは異なり，脳機能の発達の仕方に起因して生じてくる障害ですので，いわゆる「こころの病」とよんでしまうことは不適切かもしれません。実際，発達障害を抱えていても，社会に適応し，毎日の生活を健やかな気持ちで謳歌している人もいます。それにもかかわらず，発達障害をなぜこころの病の節で取り上げるのかというと，それは先に述べた，「社会生活がうまく営めなくなっている状態」という理由が存在するからです。発達障害を抱えながら毎日を健やかな気持ちで過ごしている人もたしかにいますが，やはり多くは，脳機能の発達に遅れや偏りがあることによって，社会生活において何らかの軋轢（あつれき）が生じ，それによって，気持ちが沈んだり，自分や他人を責めたり，自分や他人が信じられなくなったりと，こころを痛めている場合が多いのです。

「発達障害」という言葉には，①脳機能の発達の遅れや偏りとい

う「生物学的側面」、②社会生活における不適応という「社会的側面」、③それに伴うこころの傷つきという「心理的側面」の主に3つの側面が含まれており、それらが総合的に絡みあって生み出されている障害が発達障害なのです。発達障害の種類は、①知能の発達に遅れが生じる「精神遅滞」、②知能は正常だが、計算や読み書きといった一部の能力に発達の遅れが生じる「学習障害（LD）」、③からだを落ち着けられず動きまわったり、注意を集中させられず散漫になったり、衝動が抑えられなかったりする「注意欠陥/多動性障害（ADHD）」、④他人の感情への反応がきわめて乏しく、他人とのコミュニケーションが欠如し、活動や興味の幅が著しく狭い「自閉性障害」、⑤自閉性障害の中でも知能や言語の発達に顕著な遅れがない「アスペルガー障害（高機能自閉症）」などが存在します。

◆発達障害を患うクライアントへの関わり

　発達障害は、生物学的側面、社会的側面、心理的側面の3つの側面が絡みあって生じてくる障害ですので、カウンセラーは、それら3つの側面に注意深く目を向けていく必要があります。クライアントがどのような能力をもっているのか、どのような社会的文脈から不適応が生じているのか、それによりどのような心理的苦痛を感じているのか、それらをていねいに見立て、カウンセリングを通じて具体的に問題への対応を考えたり、家族や周囲の人たちへのコンサルテーションをおこなうことによって生活環境を調整するなど、きめの細かい対応が求められます。発達障害は、テレビや新聞などのおかげで、名称としては社会的に認知されてきていますが、うつ病と同様に、それが実際にどのような障害なのか、まだまだ周知されているとはいえないのが現状ではないかと思われます。紙面の都合上、これ以上くわしくは見ていくことはできませんが、今後も関心をもち続けてもらえたら嬉しく思います。

> "人はちゃんと病気になる"

以上，おおまかではありますが，さまざまなこころの病について，みなさんと一緒に見てきました。最後に，勇気をもらえる言葉を1つ，みなさんにご紹介させていただきたいと思います。それは，日本を代表する精神分析学者の1人である妙木浩之教授が，タレントの伊集院光さんとの対談（日本心理臨床学会，2010）の中で話された"人はちゃんと病気になる"という言葉です。

これまでに見てきたように，こころの病を患うクライアントの苦しさは，言葉では表現しきれない，非常に大変なものです。その苦しさが少しでも軽減されるならそれにこしたことはありませんし，それを考えるのがカウンセラーに課せられた役割でもあります。ですが，まずはそれ以前に，いま，このとき，この場において，病気になったことの「意味」を考えることを，忘れてはならないと思うのです。つらく，苦しいばかりの病ではあるけれど，もしかしたら，その中には，その人の人生にとって，必要なメッセージが秘められているのかもしれません。ある人のうつ病には，「仕事を頑張り過ぎだったから休みなさい」というメッセージが秘められているのかもしません。またある人の摂食障害には，「自分自身をこれ以上おき去りにしないで」というメッセージが秘められているのかもしれません。こうしたメッセージに思いを馳せると，こころの病に向きあっていく姿勢に，いくらかでも，勇気ややさしさが吹き込まれるのではないかと思います。

"人はちゃんと病気になる"という言葉について，妙木先生は，"病気はサイン，メッセージだから。それが出たときには，ちゃんと休む。体にしろ頭にしろ，サインが出たら休むというのがいいのではないでしょうか"と述べておられます。先生がお話しされた意味合いからは多少ずれるのかもしれませんが，筆者はこれを，「そ

の人の人生に必要だから病気になる」と言い換えられるのではないかと考えています。その人が苦しいとき，人はちゃんと病気になり，その人の人生に，必要なメッセージを送ってくれるのではないかと思うのです。"人はちゃんと病気になる"。こころの病について考えるとき，この言葉も，どうか忘れず，こころの片隅においておいてください。

5 こころとからだはどういう関係にあるのか

> こころとからだは同じ1人の人間存在の2側面

カウンセリングはこころの問題を扱うので，からだの問題がカウンセリングに関係すると聴いて不思議に思う人も多いでしょう。精神に関わる問題，こころの悩みは，風邪をひいたりけがをしたり，といったからだの問題とはたしかに異なります。

しかし，風邪をひく体験も切り傷や骨折といった負傷を負って生活する体験もそれぞれ1人ひとりその当人のかけがえのない体験ですから，風邪のひき方や傷の治し方にも，そこに1人ひとりの個性が現れます。からだの不調は誰にでも訪れますが，その不調の体験を生きるのは1人ひとりの個人だからです。

そういう点で，自分のからだとつきあう，ということは自分のこころとつきあうということとほとんど同じです。意欲に満ちた気分のとき，落ち込んで何もする気のしないとき，やり場のない怒りを全身に感じているとき，あるいは落ち着いた平常心にいる自分を感じるとき，こころはそのときそのときの環境に反応して，さまざまな状態を示します。落ち込んで何もする気のしない自分をどのように生きていこうとするか，そこに私のこころの現象を私の経験にし

ていく個性が現れます。こころもからだも，私たちがそこから逃れることのできない経験の場なのです。

「こころとからだ」というように言葉にしてみると，あたかもそこにまったく異なる2種の存在があるように思われてきます。しかし，実際はいずれも1人の人間全体の生きた体験そのものであり，その体験のある側面はこころの体験としてとらえやすく，別の側面はからだの体験としてとらえやすいのです。

久しぶりにスポーツを楽しんで帰宅し，1日を振り返って，充実感や爽快な気分，仲間と笑いあったことなどを思い起こす。これは，こころの体験です。一方で，からだは久々の筋肉痛を味わい，強い肉体的疲労感にすぐに横になって休みたいと思う。これは純粋なからだの体験です。このこころの体験とからだの体験を言葉のうえから見ると，心地よさや充実感という方向と，疲れや痛みという方向とが，まったく逆のベクトルを向いているように見えます。しかし，この2つは同時に1人の人間の体験として，いまここに生じており，1人の人間の中で矛盾なく収まっています。私たちはつねに全体として生きているのです。

しかし，からだの病気になると，からだの痛みや苦しみにのみ焦点がいって他のことは考えられなくなり，あるいは，大きな悩みごとを抱えると，そのことばかり考えて食事もろくにとらず，からだのことを忘れたかのようになるのが，私たちのつねです。そうしてあたかもからだだけの存在やこころだけの存在であるかのようになってしまいます。

カウンセリングは生きた人間と関わる仕事なので，こころだけを扱うのでもなく，ましてやからだだけを扱うのでもありません。目の前に直接的に関わる生身の他者の存在全体にふれている，ということを忘れてはいけません。からだのことに気を配ることも，ここ

ろのことに気を配ることも、いずれも、その人の全体に関わるための通路となるのです。

　ここには、こころもからだも、同じ生命現象の現れなのだという視点があります。こころといわれるものの大半の成分は、からだと同じように、この生命現象として現れる自然の働きなのです。私たちは普段、こういったこころやからだの自然現象を私の経験として生きようとする主体的な動きと、上述の自然現象としてのこころを合わせたものをまとめて「こころ」とよんでいます。

　この2つを明確に分けて考えることができて、ようやく臨床心理学という学問の対象領域を明瞭に示すことができるようになります。臨床心理学は主体的な動きとしての「こころ」を最も大切にしながら、全体としての「こころ」に関わろうとする。それは、個性をもって生きる1人ひとりの人間を対象とするので、当然といえば当然です。そして、その主体的な「こころ」が生きる場こそが生命現象としての私の「こころ」と「からだ」です。

　いわゆる心身一如（しんしんいちにょ）は、この生命現象のレベルでのこころとからだが同じであることを見抜いた表現でしょう。こころもからだも同じ私という人間存在の2つの現れ方にすぎません。それを生きようとする私の主体性が明瞭に現れるとき、その視点から見えるこころとからだは、こころとからだの区別などなく、私の経験の場としてまったく同じものとなります。

このからだは私のものではない

　からだは実体として存在しています。自分のからだはどうなっているか、外からじかにふれ、また内部身体感覚として内から感じ、直接的にここにあるということをたしかめることができます。このからだは、私とともにあり、私が最もじかに感じることのできる存在です。しかし、このからだはそもそも私が最もじかに感じる

5　こころとからだはどういう関係にあるのか

ことのできるものなのだから、これは私のものだ、と考えてよいのでしょうか。あるいは、そんなことはあたり前のことで、いまさら何を言うのか、という感じでしょうか。

　実際、このからだはずっとここにあると思っていますが、生理学的に細胞の新陳代謝という観点から見ると、かなりの速度で古い細胞から新しい細胞に生まれ変わり入れ替わりしてこの形を保っているのであって、そういう意味ではつねに流動しているといえます。私が私のからだだと思っているものは、この一定期間持続する生命現象が最もわかりやすく維持している私のからだの形です。それはもっともらしく物質としてありますが、実際には私という生命現象の一定の形にまとまろうとする力の現れなのです。

　からだを私たちが自在にコントロールすることができるのであれば、私たちがからだを所有すると宣言してもよいでしょう。しかし、からだはそもそも私という生命現象の現れであって、この生命現象のほとんどは私たちが自在に操ることなどできない自然現象です。したがってそれを私が所有するというのはどこか倒錯した認識です。私はこの生命現象のおかげで成立しているのであって、私がこの生命現象を生んだのではありません。

　このように考えると、私のからだは私のものだとあたり前のように思っていたことが、じつはそれほどあたり前ではないことがわかってきます。私が私のからだを所有しているという認識は主客の転倒した認識です。私というこの自己を感じる主体的な意識現象は、からだとして現れている生命現象にいわば宿りの場を得た住人のようなものです。

　私という自己意識は、このからだとして現れる自身の生命現象なくして成立しえません。そしてさらにいえば、この生命現象そのものは、たとえば昏睡状態に陥った人のように、自己意識の働かない

状態にあっても成立するのです。

　私はすみかであるからだの主ではありません。では、からだはいったい誰のものでしょうか。自分のからだは、何から成り立っているのでしょうか。東洋の気の思想では、万物はすべて陰と陽の気の集合離散で成り立っていると考えられてきました。生命現象もしかり。私たちの命は、陰陽の気が絶妙の配合を得て一定のまとまりをもち、この世に生まれてきます。私たちのからだの陰陽の気は、生まれたそのときから分散を始めており、いずれはこの世界全体の気の集合離散の動きに戻っていきます。からだはこの宇宙の一部なのです。

　このからだは宇宙のものです、あるいは、宇宙そのものです。そして、その宇宙のほんの小さな一部分に、私は私という生命現象を生きる場所をほんのひととき授かっています。そのことのもつ意味は、1回限りの生命現象を経験する私の意識にとって、計りしれない重みをもちます。

　自己意識をもった存在である以上、離れることのできないこのからだという生命現象に生じることを自身のこととして引き受け、応答することは私たちの責任として私たちに課せられたことでもあります。

このからだをよく知ること

　からだという視点から見えてくる私のあるべきようは、私にとってそこから離れて生きることのできない、いわば逃れようのない場所を、積極的に私の暮らす場所としてとらえ直し、その場所をよく知り、味わい、楽しもうとする姿です。ただし、私の所有物としてからだをとらえている限り、この視点はなかなか見えてきません。なぜでしょうか。まずそのことを考えておきたいと思います。

　所有物というのは、私の権利で自由に扱うことができるというこ

とです。からだの外観,運動,発声など,私たちは努力して,私の欲求にかなうからだにいまのからだを近づけていきたいと思っています。スポーツジムに通い,よいエステの話を聞くと足を運ぶ,それはそういう欲求の現れです。さらには,整形や矯正によってからだそのものに加工を加えていくこともあります。

現代社会を生きる私たちは,みんなが望ましいと思う方向にからだを変えていく知識や技術を豊富にもつようになってきています。この時代の理想の身体イメージに誰もが自分のからだを合わせていこうとします。からだを私の所有物としてとらえると,私の欲求にそぐわないからだは治療すべきからだとなり,宇宙の一部としてのからだから離れてしまうのです。

しかし,ほとんどの人がこの視点で自身のからだを見ているというのが現状でしょう。私たちが自分のからだだと思っているものは,自分たちが自由につくったからだです。自然としての真のからだについては,じつは何も知らない,もしくは知ろうとしていないのです。

屋久島に行って,森の中を歩かずにホテルの中で森林の映像を見て満足するようなもの,といったらいいでしょうか。森のもつ音やにおい,肌に伝わる感触を知ることなく,屋久島を体験したつもりになる。それと同じように,じつは私たちは自分自身のからだをほとんど知らないまま,現代に求められるからだのイメージに自分を合わせようと必死になっています。

このからだとの関わりからは,真に主体的なからだとの関わりは生まれてきません。現代の大きな課題がここにあります。私たちは最も身近にある自然について無意識の状態にあります。カウンセリングが自分自身と出会う方法であるならば,自分のからだをよく知ることはカウンセリングの最も重要な方法の1つとなります。私た

ちはいずれ年老いて、死にます。死から逃れられないからだに直面するとき、私たちははじめて私がそこに生きる場所を得ている宇宙の一部としてのからだと出合うのです。

　朝目覚めて、顔を洗い、鏡を見ると、いつもと変わらない自分の顔かたちがそこにある。その顔を誰か自分がなりたいと思う人の顔と重ねて見るのではなく、真に自分の顔として向きあい、味わいつつ、その顔を今日もどうどうと生きていこうと思う。そういう自身との日々の向きあいの中から、自分を大切にすることの重要性に気づき、真に他者への思いやりのこころを育てていくことができるのです。

第4章 悩み苦しみを通しての自己成長

1 人生における悩み苦しみの意味

人生における悩み苦しみ

人間,生きている限り,さまざま悩み苦しみがつきまといます。ざっと思い浮かぶだけでも,次のようなものを挙げることができるでしょう。

- 不況のため,リストラにあい,職を失ってしまった。
- 妻や恋人との関係がうまくいかない。
- いやな上司との関係に頭を痛めている。
- 子どもが問題を起こし,暴力をふるい,家庭が崩壊寸前だ。
- うつ病になってしまった。もう,何もやる気が出ない。
- 偏頭痛,肩こり,胃の痛みなど,慢性の痛みやからだの症状に悩まされ続けている。

こうしたさまざまな悩み苦しみ,人生の問題は,たしかに大変につらいものです。

ブッダが,人生の本質を「苦」に求め,そこから解放される道を探し求めていったことはよく知られています。たしかに人生には悩み苦しみがつきものです。この問題が解決したかと思えば,あの問題,それが解決したかと思えば,さらにこの問題……と問題は次々

と生まれては消え，消えては生まれしていき，果てることがありません。

いったいどうすれば苦しみのない人生を得ることができるのだろうと，多くの人はこころのどこかで思っておられることでしょう。それほど，人生には，悩み苦しみがつきものです。

悩み苦しみの意味

けれども……，ある立場のカウンセラーであれば，こう考えるはずです。

このような，悩み苦しみも，それらがこの人生で起こる以上，何らかの意味があり目的をもって起こっているはずだ。したがって，こうしたつらい経験をしたときには，立ち止まり，自己をしっかり見つめることが必要である。それができるならば，そのことは，私たちの人生において大変貴重な大きな気づきと学び，自己成長の機会になりうる，と。

こうした心理学の立場を「目的論的立場」といいます。現在の悩み苦しみの原因を，過去の出来事，とりわけ幼児期に両親から受けた悪しき影響に求める「因果論的立場」とは対をなすものです。

目的論の心理学には，ユング心理学，ロジャーズらの人間性心理学やミンデルのプロセスワークをはじめとするトランスパーソナル心理学などがあります。これらの立場の心理学では，この人生，この世界で起きるすべての出来事には意味がある，と考えます。

人生のさまざまな悩みや問題は，じつは，その背後に，重要な意味を隠しもっていて，私たちの人生に対する，とても大切なメッセージを含んでいる。そしてもし，私たちが，その悩みや問題に苦しめられている「犠牲者」の立場（例：私は，あんな親に育てられたから幸せにはなれないの！）から抜け出し，いまの自分を深く見つめることができるならば，そしてその悩みや問題のもつ意味やメッセージに気づくことができるならば，こうした悩みや苦しみは，それなし

では学ぶことのできない大切な学びや気づきを得て，人間的成長を果たし，みずからの生き方を変えていくための，この上ない機会にもなりうる，と考えるのです。

　実際，人生は，いったん悪いことが起き始めると，次から次へと連鎖して起き始め，転がり落ちていきます。

　先日も，こんな相談がありました。仕事仕事で毎日働きづめで，ご家族ともまともに会話もないままに過ごしているうちに，お子さんが不登校になってしまった。かと思うと，こっそり7年も交際していた愛人から別れを切り出され，しかも奥さんにバレてしまって離婚され，職場でも人員削減のわりをくってリストラされてしまった。おまけに，日曜にゆっくり朝食をとっていたら，不登校の息子が「このバカ親父！」と叫びながら後ろから跳び蹴りをしてきて，背骨を骨折して入院するはめになってしまった……。

　「負のシンクロニシティの連鎖」とでもいうべき，人生の迷路にはまってしまったこの方は，病院に入院中，毎日毎日，病室の天井を見上げているうちに，あるとき，「天の声」を聴いて，生き方を変えようと思い立ち，退院後，信仰を得て，牧師の道を目指し始めたといいます。

　このケースはいささか，極端な例です。しかし，人間関係のもつれや失恋，離婚，病といったさまざまな「問題」「悩み」に直面せざるをえなくなったとき，そのような「人生の闇」へと深く分け入っていくことを通して，大きな気づきを得て，新たな人生を生き始める転機を得る方は，けっして，少なくありません。

・お子さんが突然，不登校になり，そのまま15年も，引きこもりを続けている。
・何の問題もないと思い安心しきっていたのに，ある日突然，妻から離婚を切り出された。

・30年勤務した会社から、リストラを切り出された。
・最愛の人に、結婚式直前に逃げ出された。

こうした出来事に出合ったとき、私たちは天を仰いで、つぶやきます。

「なぜ、よりによって、この私に」。

「どうして……いったい、どうして……」。

その出来事が、ほかの誰かにではなく、なぜよりによって「この私」に、いま、起きたのか。その「意味を求める声にならない叫び」を、慟哭(どうこく)とともに発するしかないのです。

ニーチェも言うように、私たち人間は、問題それ自体に苦しめられる以上に、「なぜその問題がよりによってこの私に起きたのか」と、その「意味」と「理由」を得られないことに苦しむ生き物なのです。

「いったいどうして、これほど厳しい試練をこの私にお与えになるのですか」。

そう問い続け、その問題の意味を求めても求まらない苦しみを苦しみ抜くことを通して、私たちの魂は成長をとげていきます。人生のさまざまな問題は、その苦しみが大きければ大きいほど、大切な気づきと学びの機会、「たましいの修行」の機会となりうるのです。

そう考えると、カウンセリングとは、「悩み苦しみに直面した人が、それをきっかけにみずからのこころの声、人生からのメッセージに耳を傾けることを通して、気づきと学び、自己成長をなしとげていくプロセスを援助する"自己成長の援助学"」である、といってもいいように思います。

2 女の子の人間関係の悩み苦しみとカウンセリング

　高等学校で出会った女の子の人間関係の悩みには，とくに重大な悩みほど，根本には母親の影が色濃くある場合が多いと感じています。生まれてはじめて認識した他者である母親と同じ性へと成長していくことは，ときとして自分と母親を混同してしまいそうな危険を伴い，女の子の自立へ向けての成長を複雑なものにしており，それが人間関係の困難さにも影響を与えているのではないかと思われてきます。

　女の子が，この世でたった1人の，独自の存在として成長していくことへの不安に教師として寄り添い，自立への試みを肯定し続けることを心がけていきたいと筆者は考えています。

母親との関係　［お母さんのお世話をする小さな看護師さんだったA子さん］

　A子さんは美しい瞳をもつやさしい少女でした。彼女が幼い頃から病気がちだったお母さんのために，薬学を学びたいと一心に願ってきました。高校3年生になり，進路を決定する時期におこなった三者面談は，本当にほのぼのとした雰囲気でした。一人娘のA子さんが，いかに自分の健康を気づかってくれてきたかを嬉しそうに語る母親と，かたわらでほほえむA子さん。2人の息はぴったりだと感じられました。希望する進路はもちろん薬学系でした。

　担任である筆者の不安は，A子さんの学力でした。「薬学系へ進みたい」というわりには勉学に集中できないA子さん……「本当に薬学へ行きたいと強く希望しているのだろうか？」という疑問がこころの中で浮かんでは消えました。そろそろ，進学のための願書

を提出する時期となり、A子さんは顔色のさえない日々が続きました。相変わらず大学の薬学系へ進むだけの学力がつかないまま、薬学の専門学校への進学を考え始めた頃、A子さんは食事ができなくなり、ついに入院という事態となりました。

この頃から退院後にかけて、筆者はA子さんとよく話をしました。「からだの弱いお母さんの希望に沿うことが、一人娘としての自分ができる親孝行だと思って育ってきた」ことをA子さんは話してくれました。筆者は、「親は、自分の希望と違う道であっても、子ども自身が希望する道へ進んで幸せになることを喜んでくれるはずだ」と話し、自立しようとしているA子さんの気持ちを、肯定して受け止め、勇気づけることを心がけました。

その後、A子さんは薬学とは縁のない進路を選び、何年かして結婚しました。結婚式場で再会したA子さんは立派に成長し、幸せに美しく輝く、大人の女性となっていました。

母親との関係、自分との関係

[お母さんの冷たい目と他人の目が気になるB子さん]

B子さんは、素直でよく努力する優等生であり、素晴らしい娘でした。

進学に向けて努力を続けていた高校3年生のある日、切羽詰まった表情で筆者の部屋へ駆け込んできたB子さんは、「うちのお母さんは、私のことをばかだと思っているんです！」と泣き出しました。ある教科の勉強方法について母親がしてくれたアドバイスがきっかけで、自分なりに努力してきたことを「あなたは間違っている」と批判されたと感じてしまったようでした。「もう勉強する気力がわかないし、まわりの人もみんな私のことをばかだと思っているようで、人の前に出ることがつらくて……」とB子さんは話を続けました。

B子さんの話の中に，母親が自分に対して話すときに視線が冷たいということが出てきました。筆者は，B子さんに冷たい視線を送っているのはB子さん自身でもあるのではないか，という不安を感じ，彼女の頑張りを認めてくれる"温かい母親"を自分自身の中に感じられるような援助を目指したいと考えました。そうすれば，B子さんはみずからの力で成長へと向かっていくだろうと考えたからです。

　そこで，「目の前に赤ちゃんのB子さんがいて，あなたがそのお母さんだとします。B子さんが，やっと歩き始めようとしているとすれば，どんなことを言ってあげたい？」と聞きました。B子さんは，考えているだけで，言葉を発しませんでした。けれど，筆者が「赤ちゃんが立ち上がろうとしたら，『B子ちゃん，もっと頑張らなきゃ』って叱るかなあ？　歩き始めたら，『だめだよ，やり方が違うよ』って，たたくかなあ？」と聞くと，「『頑張ってるねえ。そうだよ』って言ってあげると思う」と答えてくれました。筆者は，「お母さんも，同じように励ましてあげたいのかもしれないね。けれど，B子さんにとっては，お母さんの視線が冷たいって感じられているんだね。そして，B子さん自身も，頑張ってる自分に向かって冷たい視線で接しているように，私には感じられるなあ……。もし，間違っていたらごめんね」と，正直な感想を述べました。

　筆者と話すなかで，B子さんは，自分の努力を認められず，自分自身に冷たく接していることは理解してくれました。けれど，自分自身の頑張りを認めてあげること，つまり，B子さんが自分自身の母親であるかのように，自分自身を認めて温かい視線を送り，応援していくことができるようになるには，誰かからいまのままの状態を肯定的に認められて，エネルギーをためる時間が必要だと筆者には感じられました。そこで，筆者はB子さんに何かと話しかけ，

彼女の趣味のこと、頑張っている教科のこと、センスが光る文具選びのことなど、日常的な会話の中で、彼女の存在や努力を肯定する言葉選びを意識しました。

B子さんは以前通りの落ち着いた日々を送り、ときどき進路についての相談に担任である筆者を訪れていましたが、無事、希望する大学へ進み、笑顔で卒業していきました。

異性との関係

[「自分のすべてを無条件で受け入れてほしい」と望んだC子さん]

C子さんは高校1年生。勉強も部活動も頑張る、友人の多い女の子でした。

その彼女に、2年上級のボーイフレンドができました。彼は彼女をとても大切にしてくれました。その頃から、C子さんは、「友達や先生がやさしくない」と学校生活のグチをこぼすことが増え、母親が自分を理解してくれないという不満も聞かれるようになりました。彼の卒業が近づくと、彼女も学校をやめ、彼のもとへ行くと言い出しました。

相談係だった筆者は、C子さんだけでなくボーイフレンドにも働きかけ、成績の面では問題のない彼女が、ここで学校をやめる理由は何もないのではないかと説得しました。2人は筆者の考えを理解していました。けれど、言葉にはならない、C子さんの中の空虚感が、それを埋めてくれる（と彼女が期待する）彼へと彼女を強くひきつけていました。理詰めの説得では、事態をまったく改善できませんでした。

相談の中でC子さんの「空虚感」を探っていくと、「母親に受け入れてもらえない」という感覚であるということが理解されてきました。幼い頃から「いい子」として育ってきた彼女が、やはり「いい子」として厳しくしつけられて育った母親に、「自分のすべてを

無条件で受け入れてもらう」経験をしてこなかったと感じていることが明らかになってきました。彼女は彼にその代役を期待し，期待が裏切られたときには，彼に暴言も吐いていました。

しかし，C子さんの期待する役割は，10代の少年には果たせないのは明らかであるばかりか，彼女が乳児であればまだしも，高校生となったいまでは，母親当人にもとうてい果たせないものであると筆者には思われました。幼い状態に退行してしまったかのようなC子さんが学校をやめても，彼との人間関係をうまくやっていけるとも思われませんでした。

筆者は，C子さんの進路や恋愛の相談に乗りながら，幼い頃からのさびしさ，母親への怒りや不満も聴き続けました。やがて彼女はひどい落ち込みの状態を脱して，あるとき，ふと「お母さんはお母さんなりに一所懸命私を育ててくれたんだ」という言葉をもらしました。クラスの友人についても，彼女が理解できる面について話すことが多くなりました。同じ頃，ボーイフレンドとの交際が母親公認となり，進路について母娘で話しあう姿が見られ，C子さんは彼との人間関係の距離を適切にとれるようになったようでした。

> 友人との関係

[「裏切り者！」と言われたD子さん]

D子さんは高校1年生。やさしい口調で穏やかに話しながら涙がこぼれそうです。中学3年生の終わりに，親友だと思って信頼していた友人から「裏切り者！」と言われ，すっかり友人関係に自信をなくしてしまったということです。中学のクラスは，女の子がいくつかのグループに分かれていたのですが，誰とでも仲良くしたいと思っていたD子さんには，複数のグループに友人がいました。あるとき，親友から悩みを相談されたのですが，その悩みは他のグループの別の友人に関するものでした。D子さんは相手の友人からも話を聞いていました。双方から話を聞い

2　女の子の人間関係の悩み苦しみとカウンセリング

ているということをD子さんの親友が知ったとき、彼女は「裏切り者」とよばれてしまいました。親友と友人との仲をとりもちたいと願っていたD子さんは傷つき、すっかり落ち込んでしまい、友人をつくることが怖くなってしまいました。

筆者は、D子さんの傷つきや不安に寄り添いながらも、彼女の行動をはっきりと肯定して勇気づけることが必要だと感じました。そして「誰とでも仲良くしたい」気持ちは、対人関係では大切なものなのだから、それが間違っていたと思わないでほしいと伝えました。

その面談は時間にすれば短いものでした。けれど、筆者には、グループに分かれて反目しあうクラスの冷たさをよしとせず、グループからグループへと自由に動きまわる、明るく力強い、中学時代のD子さんの姿がはっきりと見えるようでした。そして、彼女がこれからもそのように動いてくれることを願っていると伝えました。

その後、D子さんと担任である筆者との間では、この話題は二度と話されませんでした。けれども、D子さんは、グループを超えた友人をもち、クラスの雰囲気を自由な居心地のよいものにする大切な役割を果たしてくれました。

教師との関係　［教師から外見に関して揶揄(やゆ)されたE子さん］

E子さんはおしゃれな高校2年生でした。髪型のことで男性の教師から漫画の主人公である少年のようであるとからかわれました。このことを、彼女は「セクハラ」であると相談係である筆者に訴えてきました。彼女にはリストカットの既往があり、人一倍気をつかっていた髪型に関して一度ならず揶揄されたことで、リストカットの回数が増えていました。

揶揄した教師に悪気はなかったと思われましたが、E子さんの安定を図るため、「セクハラ」事案として学校全体で対処することを

E子さんに約束し，管理職から当該の先生に注意をしてもらいました。そして，その経過を，ときをおかずにE子さんに伝えました。E子さんは，その報告を安心した表情で聞き，「これからも学校のことで気になることがあったら，すぐに対応するから言ってね」という筆者の言葉に，しっかりとうなずきました。

その後，実際にE子さんが教師や学校に関する相談をしてくることはありませんでしたが，彼女の表情は明るくなり，面談の中で，将来の希望についても話すようになりました。

教師との人間関係は，生徒にとっては学校生活の環境の1つと考えられます。それが，生徒の成長を阻害する方向に働いてしまったときには，その環境に働きかけることで安心感を与え，成長を援助できると，教師としての自戒も込めて，実感した事例でした。

3 男の子の人間関係の悩み苦しみとカウンセリング

男の子の悩みを「成長課題」としてとらえる

子どもの頃，どんな悩み苦しみがありましたか。どのように解決してきましたか。人生の各段階で，悩む内容も解決方法も違っているはずです。人間には，人生の各段階で発達課題があります。発達課題とは，人生のある時期に獲得し，乗り越えなければならない課題です。人間の悩みや苦しみを理解するとき，人間の各時期の発達段階や心理的・生態的特性の理解が必要です。

男の子の悩みには，友達，家族，勉強，進路，将来，性，異性，からだ，顔，性格など多々あります。「親や先生に，いつもキレる」「仲間に，タバコを勧められて断れない」「アニメの女の子しか，好きになれない」「アダルトサイトを見て，マスターベーションばか

りをしてしまう」などは，男の子に多い悩みです。児童期は，排他的な遊び仲間を求める「ギャング・エイジ」の時期です。発達課題としては，友達のつくり方を獲得し，助けたり，助けられたりしながら，人としての生きる土台をつくります。1人でゲームばかりしていては，この発達課題は達成できません。思春期は「性衝動」「攻撃衝動」の渦の中で，からだごと変容していく激しい時期です。親の価値観からの「心理的自立」が発達課題となります。これらを理解したうえで，男の子のカウンセリングをする必要があります。

悩みが，すべて悪いわけではありません。悩みや抱える問題が，人を成長させることもあります。その悩みや問題に対峙する，逃げない自分づくりが大切なのです。カウンセリングでは，悩み苦しみを，「成長課題」としてとらえ，目先の問題解決ばかりでなく，数年後を見通した対応が必要です。

ケンカが多く人間関係をうまく築けないA君の事例

中学2年生のA君は，学級ではいつもイライラしていて，ささいなことでケンカをし，学級の中で良好な人間関係を築くことができません。「ムシャクシャしていたから，友達とケンカした」と言います。両親は離婚し，母親と2人で生活しています。担任は，とても熱心な先生で，A君のことを心配していて，家庭訪問もしています。スクールカウンセラーと担任は，一所懸命に対応をしていましたが，なかなかうまくいきません。

思春期の真っ只中にいる，A君の事例をどのようにアセスメント（診断）し，カウンセリングしますか。A君への総合的なアプローチのストラテジー（作戦）を立案し，実践していく際のポイントは5つあります。

第1は的確な「アセスメント（診断・見立て）」の実施です。男の子の発達段階，心理的・生態的特性をふまえて，A君の状態分析

をします。

第2は,「折衷(せっちゅう)主義」を用います。「折衷主義」とは,1つの理論・技法ばかりにこだわらず,問題解決のためには,主要な理論の優れたところを取捨選択し,状況に応じてどの技法を適用したらよいかを適宜判断し,再構成して活用することです。

第3は,「チーム支援」のコーディネートです。カウンセラーの仕事は,カウンセリングばかりではありません。コンサルテーション(作戦会議)をして,チームでA君を支援する体制づくりをすることも重要です。

第4は,「集団の中で育てる」アプローチです。個は集団でこそ育まれます。学級集団の力を活用し,学級の中でA君を育てていくという取り組みが必要です。

第5は,「生き方をリードする」アプローチです。A君には,いつもケンカをしてしまう行動をコントロールすることを学ばせる必要があります。これまでの行動パターンの誤りに気づかせて,新しい生き方を促す「生き方のリード」をおこなうことが有効です。

思春期の男の子の「発達段階」を理解する

思春期のキーワードには,「反抗期」「自我の芽生え」「第二次性徴」「性的成熟」などがあります。最近は「傷つきやすい男の子」の増加が,気になります。思春期の発達課題は,その時期,独特の心理的・生態的特性と,個人と集団の葛藤が,複雑に絡みあいながら社会化していくことです。思春期は,自己とは何かを求めるために不適応を起こすといっても過言ではありません。つまり,適応の準備のための不適応なのです。不登校,引きこもり,非行などのあらゆる不適応も,親や教師,友達との関係性の悩みや葛藤も,本人の思い描く「理想と現実のズレ」と「自信のなさ」からくる不適応ともいえるのです。大人の視点からは自我の未熟と見受けられ

ますが、本人たちは自分が未熟だとは思ってはいません。内面的対処の仕方、葛藤の処理の仕方、悩み方がわかっていないのです。それらを彼らが受け止められるレベルでカウンセリングしていきます。
A君のイライラは、小学5年生ぐらいから始まっていました。A君自身が第二次性徴・反抗期の時期であり、これに両親の離婚の時期が重なっていました。本来なら、「こころの居場所」であるべきはずの家族が、不安定な状況でした。このような背景があり、いつも学校でイライラし、ささいなことでケンカをしていたのです。

男の子は「ディスプレー」しやすい

ディスプレーとは、チンパンジーが仲間に自分の力を見せつけるための行動で、走りまわったり、木を倒し、石を投げたり、大声を出したりすることです。リーダーとしての確固たる地位を築くための威嚇行動であり、ケンカをせずに力関係を決定する手段です。つまり、血を流さずにボス猿を決めるのです。

思春期の男の子たちは、必ずディスプレーをします。反抗的な子どもは、教師に対して暴言を吐いたり、机を蹴ったりすることがあります。彼らは、髪型、服装で目立とうとし、自分たちの存在を誇示しようとします。これもディスプレーです。教師に反抗することによって、非行グループの中での地位が上がるからです。暴走族も、街の中心部を爆音を立てて走ります。これもディスプレー。田んぼのあぜ道を走る暴走族はいません。人がいるからディスプレーするのです。A君の学級内でのトラブルは、じつは「オレは、強い！」というディスプレーなのです。彼らの行動をそうとらえると、対応にも余裕が生まれます。

男の子は「攻撃性」をもっている

男の子の中には、A君のように強い攻撃性をもつ子もいます。攻撃性は誰にでも存在するもので、暴力とは違うものです。攻

撃性は動物に生まれつきプログラムされた行動パターンであり、人間にも存在します。攻撃性は発達的にさまざまな形をとります。思春期の子どもは、親に反抗して親離れという発達課題を解決していきます。生得的な攻撃性を仮定しない理論は意味をなしません。「ストレス＝攻撃性の高まり」ではありません。心理学では「欲求不満＝攻撃学説」もありますが、この理論は現実の攻撃行動の一面しか説明できないことが認められています。ストレス悪玉説は意味がないのです。思春期の男の子は、攻撃性が高いことを前提にすべきなのです。攻撃性は抑圧するのは難しく抑圧すべきでもありません。A君のカウンセリングでは、攻撃性のコントロールの仕方を学ばせ、「暴力」として発動しないようにすることが必要です。

現実に対峙させる「選択理論」

選択理論では、子どもたちが現実から逃げずに、よい選択をする援助を教師やカウンセラーがおこないます。選択理論の哲学は、「人生はすべて選択の束」。結婚、離婚、就職、進学も、すべて選択。1日をどう過ごすのかも、みずからの選択。不登校も、非行も、引きこもりも、すべて、自分の選択。親に勧められて、非行に走っている子どもはいません。しかし、これらの選択は社会に対して認められないために、身体反応やストレス反応を引き起こしているのです。ですから、教師・カウンセラーは、子どもたちに変わりたい自分をイメージさせ、ゴールを設定し、社会的に承認できる、よりよい選択をするように援助することが重要なのです。選択理論では、子どもの過去や成育歴、無意識の葛藤などをそれほど重要視しません。そのことに言及していても、問題が改善されないからです。選択理論は、問題・課題から逃げずに、現実に対峙させるのです。

　A君にも、「親や友達のせい」という言い訳をさせないことが重要です。現在の自分の行動を評価し、よりよい行動を再選択するこ

とを求めます。

> 「気持ち」はわかるが「行動」は認めない

A君は「家が面白くないから，ムシャクシャしていたから，友達とケンカした」と言います。受容的・共感的に接しながらも，家で親に怒られムシャクシャしていたことと，友達とのケンカとは何の関係もないこと，ケンカの責任は，親や友達ではなくA君にあることを理解させます。「親のことで面白くないことがあったのはわかるよ。でも，A君の人生だよ。いつも，ケンカばかりしていていいのかな」と促していきます。

子どもたちは，家庭の問題を引きずる場合が多々あります。家庭にもアプローチをして，親に協力を求めることもあります。しかし，夫婦の不仲，離婚，リストラ，借金など，困難な問題を抱えている家庭もあります。そのような場合は，親の抱える問題と切り離して解決策を探ることも必要です。カウンセリングでは，生き方をリードし，今後の具体的な計画を一緒に考えていきます。人間は，夢や希望があると耐えていくことができます。A君には，自動車整備の資格取得という夢がありました。「A君の夢が実現できるように応援するよ」と夢へのプランニングを具現化していきました。A君の行動は，少しずつ改善していきました。

> 悩み苦しみを「発達課題」「成長課題」としてとらえる

子どもたちは，自己とは何かの答えを求めるために行動化（acting out）を起こすといっても過言ではありません。思春期の真っ只中にいる生徒は，失敗，挫折を繰り返しながら成長していくのです。こころが育つとは，人格的に成長するということです。いまいやな人がいやでなくなること，許すことを体験すること，いまという現実から逃げない自分になること，自己受容が深まることによってできるのです。挫折・失敗は成長のための人生への贈り物として

の「発達課題」，成長するための「成長課題」ととらえることができるのです。

4 友人関係の悩み苦しみとカウンセリング

　人間の生涯において，友人の存在はとても大きな意味をもちます。友人の支えによって，私たちは喜びを分かちあうことができます。また，孤独を癒し，苦労に耐えることも可能になります。

　その一方で，友人関係は非常に大きな悩みごとにもなりえます。とくに，中学生から高校生，大学生の時期，すなわちいわゆる思春期から青年期といわれる時期においては，その友人関係が大きな悩みごとになることが少なくありません。たとえば，いじめが心理的な健康を損なうことはよく知られています。また，いじめほど深刻な問題にはなっていなくても，友人関係の軋轢(あつれき)をストレスだと感じることは，けっして少なくはありません。

　このようなとき，カウンセリングは，クライアントがそれらの辛苦を乗り越えることを援助できる場合があります。ここでは，友人関係に悩む，ある青年のカウンセリング経過を紹介し，彼がどのように成長していったのかを概観しながら，友人関係の悩み苦しみと，そこからの自己成長について考えてみます。

　なお，事例の内容は，本質を損なわない範囲で改変してあります。

友人関係に悩む青年の事例

　以下に紹介する事例は，筆者がスクールカウンセラーとして勤めていた定時制高校で出会った男子との，約2年間の相談事例です。A男は，中学校卒業後，遠方の高校に進学しました。もともとはお調子者として同級生から人気のあった彼でしたが，高校に入

ってからは他校から進学してきた同級生にそうした言動を目の敵にされ，みんなの前でばかな行動をするように強いられたり，「パシリ」として使われたりしました。彼はそれがいやになり，高校を退学し，その翌年から筆者が勤務する定時制高校に入学してきました。

A男は1年生の5月初旬に，自発的に相談室にやってきました。来談当初の主訴（主に相談したいこと）は，外に出るのがおっくうで，登校がままならず，授業にも出られないということでした。そこでひとまず，登校を目的として一緒に考えていくことを提案し，同意を得ました。

まず心がけたことは，A男の面接室での緊張感を緩和していくということでした。当初，A男は，クーラーの効いている室内であるにもかかわらず，汗だくになっていました。また，吃音を交えた，たどたどしい話し方をしていました。これらのことから，スクールカウンセラーはA男が緊張していることを読み取りました。このような緊張が高い状態では，安心してこころの内を話すことはできません。そのため，A男に対しては，緊張感を和らげ，安心感を保障するということが，とても大切になると考えました。そこで，状況確認のための質問をしながらも，答えを急がず，穏やかなペースで面接を進めることを心がけました。

これと同時に，登校がおっくうであるという気持ちについて，くわしく話をしてもらうと，同級生とうまく関われないことが悩みだということでした。一緒にいるとき，何を話せばよくて，何を話してはいけないのかがわからない。何が正解なのかと考えているうちに，頭が真っ白になり，何も言えなくなってしまう。そして，友達と別れたあとで，何も言えない自分と一緒にいて，友達はつまらなかったのではないか，そのときのリアクションは面白かったのだろうか，あのツッコミはキツくなかったか，そもそも別の話題のほう

をふったほうがよかったのではないか、などといったことを、延々と繰り返し考え続け、落ち込んでしまう。そういうふうになることがつらくて、おっくうになっているのではないか……。このようなことが語られました。

　もちろん、これは1回のカウンセリングで明らかになったことではありません。何度か、数日から2週間程度の不登校期間がありました。また、偶然にも友人関係がうまくいき、ストレスが減少した時期には、カウンセリングを中断するということもありました。そのような時期を経ながらも、約1年をかけて、ゆっくりと明らかになってきたことでした。

　回数を重ねるにつれて、A男もカウンセリングに慣れてきたのか、しだいに自由で積極的に振る舞えるようになっていきました。たとえば、あるとき、A男から以下のような申し出がありました。「スクールカウンセラーに見られていると思うと緊張して言葉が出てこなくなるから、隣に座りたい」というのです。それまでのカウンセリングでは、対面で座っていたのですが、じつはずっとスクールカウンセラーの視線が気になって、落ち着かない気持ちで話をしていたということでした。スクールカウンセラーはいままでそのことに気がつかなかったことを謝りつつも、この申し出に感謝し、隣に座ってもらうことにしました。

　このように積極性が見られるようになるにつれて、しだいに話題は、いま自分の気持ちと友人関係をよりよいものにするために何ができるか、といった話題に移っていきました。そして2人で考えたことは、第1にからだを鍛えること、第2にA男が参加しやすい集団場面に少しずつ参加してみること、第3にそのときにおこなう反省会においてうまくできた点にもできなかった点と同じくらい、あるいはそれ以上に注目する、ということでした。

4　友人関係の悩み苦しみとカウンセリング

第1の，からだを鍛えるという課題は，A男が自発的に考案しました。A男には，もともとコツコツと何かをすることになじみがあったようで，毎日，腕立て伏せをしたり，腹筋をしたりといった課題は，取り組みやすかったようです。スクールカウンセラーは，早くよくなりたいという気持ちがA男を頑張らせてしまうのではないかと，気がかりに思っていましたが，やってみた感想を聞くと，おおむね，「やっていて気持ちがいい」「充実感が心地いい」と言っており，自分の行動をコントロールできるという自信につながっているようでした。そこで，スクールカウンセラーは無理のないペースで実施することを応援しました。

　また，第2，第3の課題においては，スクールカウンセラーはより積極的にA男の手伝いをしました。たとえば集団場面への参加については，どのような集団ならば加われるのか2人で一緒に検討しました。この高校の保健室には生徒が休息できるスペースがあり，そこにはA男のクラスメイトがたくさんいましたので，そこを練習先として活用することになりました。実際に集団に加わったときには，さまざまな感情がよび起こされる可能性があると思っていましたので，スクールカウンセラーはそのフォローをカウンセリングでおこなうことを約束しました。また，参加するにあたっては，大人のフォローがあったほうが安心できるということでしたので，養護教諭にも協力を依頼しました。また，1人反省会については認知行動療法的な方法を用いて，A男の非適応的な認知の修正をおこなうことにしました。

　このようなことを始めて半年ほど経つと，A男はしだいに面接室を必要としなくなりました。スクールカウンセラーは，A男が保健室でクラスメイトと話しているのを見て，ほっとしたのを覚えています。また，さらなる人間関係の練習の場として，サッカー部

に所属することにもしたそうです。そして，その後は登校を渋ることもなく，無事に卒業を果たしました。

現在，彼は教育系の4年制大学に進学し，元気に大学生活を送っているそうです。

> 事例の検討

◆事例の理解

友人関係の発達については，かつてはギャング・グループ（同一行動による一体感が特徴），チャム・グループ（同一言語による一体感の確認が特徴），ピア・グループ（個別性・異質性を認めることが特徴）という，3つの発達段階が仮定されていました。しかし，近年では，ギャング・グループ的特徴とチャム・グループ的特徴は明確に分かれるものではなく，混在して存在しており（ギャング・チャム），これに集団への同調を強いる圧力的雰囲気（同調圧力；peer pressure）を伴うことが，友人関係の特徴であると述べる研究者もいます。

A男のかつての高校における友人関係においても，ギャング・チャム的な特徴をもつグループの存在と，それに伴う同調圧力が見られました。A男はそれから逃れることで，自分の心身の安全を守りました。しかし，それによって社会場面に参加することに抵抗感が生じ，それが持続した結果，今回の悩みが顕在化したのではないかと考えられます。

彼の場合，今回の悩みは，不登校という形になって現れていました。しかし，不登校の形をとらなくても，このような悩みは，程度の差こそあれ，多くの青年が感じるものです。その意味で，友人関係の悩みは，青年期的な悩みであるということができると思います。

◆この悩みを経て，彼が成長したこと

この悩みを克服する過程でA男が獲得したものの中で，最も大きな意味をもつのは，他者に対する安心感や信頼感だと思います。

というのは,上述したように,A男の不登校のきっかけが,他者に対する恐怖や不信感を喚起するものであり,それが持続する限り,A男の対人緊張は,低下しにくいと思われるからです。

もちろん,日常生活においても,他者に対する恐怖や不信感を喚起するような出来事は,一般的に起こりえます。とくに思春期,青年期においては多いように思われます。たとえば,中学校のクラスは悪口や軽口にあふれています。また,この時期の女子の友人関係は,「さながら戦場」と表現されるほどに,気の抜けないものになっているようです。

それでも,その脅威や傷つきが小さい場合は,他者との関わりをもとうという気持ちが持続します。そして,その中で安心できる人間関係を得られれば,ほっと息がつけることでしょう。しかし,傷つきが大きかった場合,これは小さな傷が積み重なって大きな傷になった場合も含みますが,このような場合には,それ以上人間関係を求める気持ちを喪失してしまうことがあります。こうなると結果的に,他者に対する安心感や信頼感を回復する機会をも失ってしまいかねません。実際には,他者に対する恐怖や不信感を喚起するような出来事は,この時期を過ぎればそれほどは多くないにもかかわらず。

このようなとき,カウンセリングは,安心感や信頼感を回復するきっかけとなる機会を提供します。他者であるカウンセラーと一緒の空間に安心していることや,自分の体験についての話を肯定的に聴いてもらうという体験を通して,それらを回復していきます。また,この事例のように,A男のこころの準備が整ったならば,その目標を達成するための方法を一緒に考えたり,認知行動療法的な介入をおこなったりといった,より直接的な方法を用いて,その援助をすることもあります。

友人関係における自己成長とは，他者が脅威になるということを知りつつも，一方で，その温かみにも気づいていく過程だといえると思います。カウンセリングが，その一助になれれば嬉しく思います。

5 子どもの学校での悩み苦しみとカウンセリング

> 子どもの学校での悩みとは

子どもは，保育所や幼稚園を経て，小学校から中学校へ，中学校から高等学校などへと学校生活を体験していきます。また，進級に伴って，学級担任や友達，学習内容の変化も体験します。このような物理的・人的環境の変化は，子どもの気持ちやからだ，行動に大きな変化をもたらします。この気持ちやからだ，行動の変化が学校生活への不適応を引き起こしていく場合があります。子どもの学校での悩みや問題のカウンセリングのためには，子どもの発達状況や問題の理解が重要になります。

> 子どもと親のサポートセンターの教育相談から

子どもと親のサポートセンターには，子どものさまざまな相談が寄せられます。学校種ごとに相談内容を追っていくと，成長段階での子どもの悩みが見えてきます。

小学生では，1つめが，「友達をつくることが上手にできない」などの最初の学校生活で直面する友人との関係です。2つめには，「みんなと一緒に行動できない」「ぼくだけが先生に怒られる」などの学校・教師との関係が挙げられます。子どもの問題は，小学校入学から始まります。これは，小1プロブレム（小1になった児童が，集団行動がとれない，授業中に座っていられない，話を聞かないなどの問

題）として取り上げられます。

　中学生では、1つめに不登校の悩みが挙げられます。小学校から中学校への環境の変化は、中1ギャップ（中学1年生になった生徒が、学習や生活になじめずに不登校となったり、いじめが急増するなどの問題）として見ることができます。

　また、発達障害、親の離婚や親子関係が子どもの問題に影響している場合もあります。子どもの問題に、現代社会の大人が抱えている問題が絡みあっていることもあります。

子どもの状態像からの理解

　子どもの状態像は、自分の悩みや問題を言語化することができない子どものメッセージでもあります。とくに小学生では、「お腹が痛い」「頭が痛い」など身体症状として訴えることになります。思春期は、問題が複雑化して、状態像が混在します。そのため子どもの問題の見立て（判断）ができない状況があります。最近は、年齢が上がっても、自分のからだの状態、悩み、気持ちを表現できない子どもが増えている状況です。

子どもの悩みや問題への対応

　子どもの問題の背景に共通性を見つけることができても、1人ひとりの問題要因や状態像は違います。サポートセンターのカウンセリングでは、まずは1人ひとりの子ども理解のために、1対1の関係をつくることから始めます。カウンセリングでは、遊戯療法（言語化できない自分の内的な世界を遊びを通して表現すること）を取り入れます。子どもはカウンセリングを受ける意欲をもたないままに訪れることが多くあります。楽しい遊びを体験できたことで、「面白かった」「また来る」という思いにつながります。この積み重ねでできた人間関係の絆は、子どもが幼児期に形成する「この人といれば安心だ」という愛着に共通するものがあります。

1対1で十分にカウンセリングが進むと，グループ体験になります。グループ体験から，自己紹介スキルや話題提供スキルなどの対人関係スキルを学習します。そしてグループ体験で学習したことが般化（他の領域にも適用されること）され，学校でも使うことができます。子どもから，「今度の先生とは話ができる」とか，「友達ができた」などの話題が出てくれば，カウンセリングも終わりの時期です。

> 子どもの成長や発達を支援するカウンセリングの事例

[友人とのトラブルが多いAさん]

◆Aさんの状態像を知る

小学3年生になったばかりのAさんは，言葉が乱暴だったり，自分の気持ちを上手に伝えることができなかったりするため，友人とのトラブルが絶えません。新しい担任が注意をしても，教室から出て行ってしまいます。家でもわがままが多くなり，泣いたり叫んだりすることが増えてきました。

◆Aさんを理解する

来所したAさんは，学校の様子からは想像ができないくらい不安そうで，母親から離れることができませんでした。相談室に入ったAさんは，相談員が母親と話をしていても間に入って，相談員に「邪魔」「どいて」と言うことが何回かありました。何度かカウンセリングをおこなううちに，Aさんの次のようなことが推察されました。①はじめての場所（環境）では不安が強い，②人の気持ちを理解することが苦手である，③自分の気持ちを言葉にできない。

◆Aさんを支援する

そこでカウンセリングでは，子どもが安心して過ごせるように次のような援助方針を立てました。①母親と一緒の面接にする，②Aさんのよいところをほめる，③自分の気持ちを言葉で表現できるようにする。Aさんは，イラストを描くのが得意でした。相談員は，「上手だね！」「どうやったらうまく描けるの？」など，A

図 4-1　A さんの変化

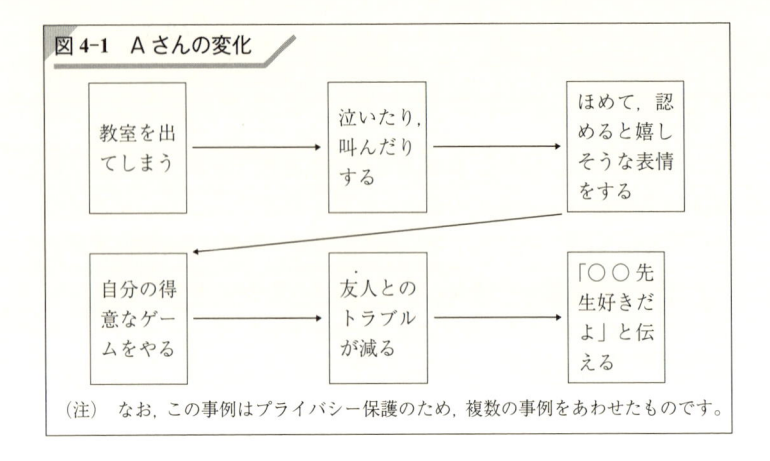

```
教室を出    →   泣いたり，  →   ほめて，認
てしまう         叫んだりする     めると嬉し
                                そうな表情
                                をする
                                    ↓
自分の得    ←   友人との     ←   「〇〇先
意なゲー         トラブル         生好きだ
ムをやる         が減る           よ」と伝
                                える
```

（注）　なお，この事例はプライバシー保護のため，複数の事例をあわせたものです。

さんをほめて，認める関わりをしました。徐々に A さんは，嬉しそうな表情を見せるようになりました。その後，気持ちを言語化するために，イラストに吹き出しをつけて，登場人物の気持ちを書いて読み上げるなどのスキル練習をしました。担任には，A さんの特性を理解することや，行事の変更があるときには見通しをもたせる工夫をしてもらいました。半年が経過した頃，A さんは，相談室で自分の得意なゲームをするようになりました。学校でも友人とのトラブルは減りつつあります。この頃，母親に，「〇〇先生のこと好きだよ」と伝えるようになりました。

◆A さんの変化を観察する

　A さんの変化を図にすると図 4-1 のようになります。

　「変化を観察する」ことは，A さんの理解や援助方針が的確であるかを確認することになります。また，A さんの成長を見守ることにつながります。

　子どもは，カウンセリングを通して，人と関わることの自信や面白さ，適切な距離感を学習します。そしてそれは，子どもの次の活

動へのエネルギー源にもなります。

6 仕事の悩み苦しみとカウンセリング

「仕事の悩み苦しみとカウンセリング」について，次の3つのポイントから進めていきます。
① 第二志望の人生（不本意な仕事観）
② 仕事の3つの判断基準（よい‐悪い，好き‐嫌い，建設的‐非建設的）
③ 傷つくこと，悩むこと，困ること

**第二志望の人生
（不本意な仕事観）**

　カウンセリングをしていてよく出合うのは，仕事に関して「こんなはずじゃなかった」というクライアントの思いです。たとえば，大学で簿記や会計をかなり勉強していたので，当然経理部に配属されると予想していたら，営業部に配属され，内気な性格と闘いながら訪問販売の日々が続くというような，不本意な配属で悩む人がいます。大会社のブランドに引かれて入社したものの，配属先が本人の希望と違い，本人のプライドが引き裂かれることがあります。

　このような不本意感は，大学の相談室でもかなりの割合を占めるようです。「自分の望んだ大学ではなかった」「思っていたのとはどうも違っていたようだ」……。

　本人に軌道修正の余地があるならば，企業ならば転職，大学ならば転部，中途退学などその可能性を模索するのも1つの方法かもしれませんが，このことにはかなりのリスクが伴います。また，人によっては，転職・転部をしてもなお，同じような不本意感をもつ人もいます。このような人は，どんな状況でも不本意感をもつのかも

しれません。

　筆者はカウンセラーとして，本人の中期・長期のキャリア形成に役立つならば，との前提で次の逸話を用いることがあります。

　ある製造業への入社前に，①経理，②企画，③人事の順で配属先の希望を書いた青年（Aさんとします）のケースです。その製造業への入社も，ある大メーカーの就職試験に失敗，第二志望の会社でした。

　Aさんは，営業の仕事が面白くなく，早ければ1年，遅くとも3年以内の転職の機会をうかがっていました。

　そのAさんが，父親の兄にあたるOさんの家に遊びに行ったときのことです。

　Oさんは，若い頃何かの本で読んだ某財界評論家の「第二志望の人生」の話をAさんにしてくれました。

　その話は，「優れた業績を残した経営者でも，多くは第一志望の夢破れ，第二志望，第三志望の人生を歩むことを余儀なくされ，それだからこそ劣等感をバネに成功を収めた。つまり，第二志望，第三志望の人生は，第一志望の人生をライバルと仮想し，自分を励ます発奮剤になっている」という内容でした。

　「不本意感を抱き続けながらビジネス人生を送り続けるのも人生，本来就職できたかもしれない会社，あるいは職種にいるとする自分をライバルと仮想しながら，それを努力目標とするのも人生」ととらえたAさんは，営業の仕事も全うしながら，税理士を志し試験に合格，そのことが会社に認められ，4年後には経理部に配属され，その後，税理士事務所に転職，現在は，自分で税理士事務所を開いています。

　Aさんの税理士事務所は，顧客管理が一味違います。そこには，Aさんが営業の仕事をしているときに学んだノウハウがいかされ

ているからで,「顧客満足の税理士事務所」がうたい文句になっています。

ここでのポイントは,挫折感を抱きながら第二志望の人生を生きるのもその人なりの生き方,第二志望の人生をありのまま認め,発奮材料にするのもその人なりの生き方だということです。

仕事の3つの判断基準

私たちが仕事に取り組むとき,だいたい2つの判断基準が思いつきます。

① よい仕事 – 悪い仕事
② 好きな仕事 – 嫌いな仕事

よい仕事 – 悪い仕事には,倫理的な価値観が伴います。都合のよい偽りの情報をもとにした商品をお客様に売りつけるような仕事は悪い仕事でしょう。また,社員を不幸にするような仕事も悪い仕事です。その逆がよい仕事ともいえます。ただ,そればかりでもありません。倫理的な価値観を満たし,会社や上司の期待を満たす仕事ぶりもよい仕事をしたと評価されるでしょう。

このようによい仕事 – 悪い仕事というのは,自分も周囲も客観的にわかりやすいところがあります。

ところが客観的にはよい仕事なのですが,本人が嫌いな仕事もあります。また,犯罪を伴うような悪い仕事を好む人もいます。仕事の好き – 嫌いは,本人の主観的な評価を伴います。

志望通りの会社に入り,自分の望んだ部署に配属されて仕事ができるならば問題はありません。ところが,望まなかった,嫌いな仕事をこなさなければならない人もいます。先の例で示したAさんがその例です。

Aさんは当初,仕事が嫌いでした。営業の仕事が面白くなく,早ければ1年,遅くとも3年以内の転職の機会をうかがっていたのです。しかし,伯父さんの話を聞いて,心を入れ替えました。結果

としては、同じ主観的な評価になるのですが、好き-嫌いではなく、建設的か非建設的かの軸を採用したのです。

私は、仕事に取り組む判断基準として、①よい仕事-悪い仕事、②好きな仕事-嫌いな仕事に加えて、

③ 建設的な仕事-非建設的な仕事

の軸も提唱したいと思います。

建設的な仕事というのは、次の要件を備えた仕事です。

(1) 客観的な評価だけでなく主観的な評価を満たす、意味のある仕事

(2) 長期的に、自分だけでなく、他者、より広い関係者にとって有益な仕事

(1)の「客観的な評価だけでなく主観的な評価を満たす、意味のある仕事」というのは、よい仕事であることはもとより、嫌いかもしれないけれども、「自分に課せられたことには何らかの意味があるかもしれない」と受け止められる仕事です。

(2)の「長期的に、自分だけでなく、他者、より広い関係者にとって有益な仕事」というのは、その仕事に取り組むことによって、短期的には、自分には嫌いで、自分に不利益を与えるように思えるかもしれないけれど、長期的には自分を成長させ、そのことが身近な他者だけでなく、こらから自分が貢献するかもしれない誰かの役に立つと信じられる仕事です。

ドラッカーという経営学者は、これに近い仕事のとらえ方として「自分を使って何をしたいか」という表現を用い、「自らの実存にかかわる問題である」としています。『断絶の時代』からそこの部分を引用します。

「選択肢を前にした若者が答えるべき問題は、正確には、何を

したらよいかではなく，自分を使って何をしたいかである。多元社会は一人ひとりの人間に対し，自分は何か，何をしたらよいか，自分を使って何をしたいかを問うことを求める。この問いは就職上の選択の問題に見えながら，実は自らの実存にかかわる問題である」（ドラッカー，2007）。

「自分を使って何をしたいか？」の問いに答える仕事が建設的な仕事だといっていいかもしれません。逆に，「自分を使って何をしたいか？」の問いにも答えられず，(1)(2)の要件を満たせない仕事が「非建設的な仕事」だといえましょう。

再びAさんに話を戻します。Aさんは当初，営業の仕事が嫌いでしたが，伯父さんの話を聞いて長期的な観点から仕事の意味をとらえ直し，営業の仕事も全うしながら，税理士を志し試験に合格しました。会社にも認められ，4年後には経理部に配属され，その後，税理士事務所に転職，税理士事務所を開設，営業の仕事をしていた際に獲得したノウハウが顧客管理に役立っているのです。

ここでのポイントは，仕事の判断基準は，①「よい仕事－悪い仕事」，②「好きな仕事－嫌いな仕事」で短期的にとらえるのではなく，長期的な観点から「自分を使って何をしたいか？」の問いに答えられる，意味のある仕事かどうか＝③「建設的な仕事－非建設的な仕事」の軸を加える必要があるということです。

傷つくこと，悩むこと，困ること

仕事をしていると，仕事そのものだけでなく仕事上の対人関係を含めて傷つくこと，悩むこと，困ることが多々あります。

ところで私は，傷つくこと，悩むこと，困ること，と書きましたが，この3つの意味あいは，それぞれ違います。1つのケースを取り上げましょう。

東京都内のある区の社会教育主事が17歳の男女それぞれ7人，計14名を集めて語りあいをしていた後日談です。

この社会教育主事は，次のように語っていました。

「同じ17歳でも男女差は歴然としていて，女性は元気，男性は活力がない。それに，彼らの多くは，いじめや対人関係によって傷ついてはいるが，悩んではいない」。

この社会教育主事のいうところの「傷ついてはいるが，悩んではいない」という表現を私なりに解釈すると，いじめや対人関係によって傷つけられた体験は豊富にあるが，そのこと自体，あるいはその他のことに自分で直面して悩んでいない，と理解します。

「傷つく」は，英語で表現すると"I was hurt……"と受け身形が使われます。誰か自分を傷つける存在があり，自分は受け身――もっといえば「被害者」――になります。傷つけられた体験が長い間残り，恨みをもち続けることもあれば，PTSD（心的外傷後ストレス障害）になることがあります。

「悩む」ことは，あるテーマに関してみずから問い，みずから答えを出そうとする，主体的なこころの営みです。簡単に答えを出せないこともあれば，予想外に早く結論が出せることもあります。ただし，どんなに悩みが続くとしても「傷つく」レベルまで長期化することはありません。

たとえば，Aさんが営業の仕事をしているときに，特定のお客様から人格を否定されるようなクレームを受けたとします。こんなとき，「傷つく」とすれば，そのお客様の言動によって傷つけられたのだし，「悩む」とすれば，「お客様にそんな思いをさせてしまったのは，自分のどこに問題があったのだろう？」と，みずからを省みる態度，仕事から学ぼうとする真摯さが存在します。

このように考えてみると，仕事で真摯さを伴って悩むことは，仕

事に建設的に取り組むためには欠かせない資質です。

　先のドラッカーは,『現代の経営』という本の中で「真摯さ」という資質を次のように語っています。

　「学ぶことのできない資質,習得することができず,もともと持っていなければならない資質がある。他から得ることができず,どうしても自ら身につけていなければならない資質がある。才能ではなく真摯さである」(ドラッカー,2006b)。

　真摯さは,仕事で悩み,自分を成長させる原動力になります。しかし,仕事で悩むことがあまりにも自分を苦しめるほどになると要注意です。過剰に悩むことは,「どうして自分はこんなふうなのだろう?」と,自己否定につながりかねないのです。

　仕事をしていて,もう1つ直面することがあります。「困る」ことです。「悩む」が自問自答の渦の中でときとして自己否定につながることに対して,「困る」は,自分のリソース(知識,経験,能力,体力,情報,お金など自分自身がもちあわせた資源)では対処困難になり,それでも何とかしなければならない状況です。

　Aさんが営業に従事しているときに,お客様からクレームをつけられ,何らかの対応を迫られたことがあったとします。

　Aさんが自分に問題があると受け止め,自分で何とかしようとする場合は,きっと悩むことでしょう。悩んだ末に,時間ばかり過ぎてお客様への対応が遅れると,もっと大きなクレームになることでしょう。ここでAさんに求められることは,知識や経験の豊富な先輩や上司に相談していち早く対処することです。真摯に,誠実に対応しなければなりません。

　困るということは,困難な状況に直面して,自分や他者のもつリ

ソースのプラス面——言い換えれば「強み」——を駆使して対処しようとすることです。このことが成果につながります。

ドラッカーは,『経営者の条件』で次のように述べています。

「成果をあげるには,人の強みを生かさなければならない。弱みを気にしてはならない。利用できるかぎりのあらゆる強み,すなわち同僚の強み,上司の強み,自らの強みを総動員しなければならない」(ドラッカー, 2006a)。

本節のポイントは,仕事をしていると,傷つくこと,悩むこと,困ることがあるが,傷つくことを最小限にして,ときに悩むことをしながら,自分や他者のもつリソースのプラス面である「強み」を生かしながら仕事に取り組もう,ということです。

困れば困るほど知恵のある人になれます。悩み苦しむほど深みのある人になれます。

7 恋愛の悩み苦しみとカウンセリング

相談活動をしていると,恋愛相談は意外と多く,また,非常に興味深い内容ともいえます。なぜなら,「いま,私は恋をしている!」「この恋の行方を誰かに聞いてほしくてたまらない」というようなある意味単純な(失礼)相談もありますが,その背景にはさまざまな深刻な問題や悩みを抱えている場合があるからです。恋愛相談から入っても,相談回数を重ねながら,家族の問題や身体的な問題,性格上の悩みなど,そこからクライアント自身が自分を見つめ直し,自己理解を深めていく機会になることも多いのです。

恋愛相談と自己成長

高校3年生のAさんの相談は、まさに入り口は恋愛相談でした。

Aさんはルックスもよく、運動もでき、成績は学年上位にあり、生徒の中でも中心的な存在です。そんな彼が「彼女を好きだが、ときどきこれでいいのかわからなくなる」ということで相談室に来たのです。つきあい始めて半年になる彼女は天真爛漫な明るい生徒ですが、見た目も成績も運動も「普通」の女の子です。そんなカップルは周囲から見ると不釣合いで、どうして2人がつきあうのかわからないとよく言われてしまうということでした。相談の中ではAさんがなぜこの交際にときどき違和感をもつのか、まず、Aさんの彼女への思いに耳を傾けながら回を重ねていきましたが、そのうち、Aさんにとって「普通」という言葉に深い意味があることがわかってきました。Aさんには3歳年上の兄がいますが、中学生のときにいじめにあいそれ以来長い年月を家に引きこもり、数年前から家族に暴力を振るうということを話してくれました。Aさんはこの現実を彼女にはもちろんのこと、これまでは誰にも話さずにいたということでした。この家族の問題をまずカウンセラーに吐き出すことで、Aさんの彼女に対する自分の気持ちが整理されていきました。彼女といると、そのときだけ自分も「普通」の高校生になれた気がすること、彼女が自分の話を聞いてくれるとホッとすること、そのことが自分を前向きにしてくれるということに気づいていきました。また、Aさんが感じていた彼女への違和感は、Aさん自身の姿勢にあったこと、模範生としての自分の態度を崩さないでつきあっているところから来ていたことを自覚します。

1つの恋愛相談から始まったカウンセリングでしたが、この相談を通して、相談者の自己内省や自己理解が深まり、彼の恋愛そのものが成長していきました。

昨今の恋愛事情

さて，恋愛に対する価値観やとらえ方やその形は千差万別です。そこにはクライアントの人となりや個性，その人の歩いてきた道のりやその人を取り囲む背景までも反映されます。

近年，インターネットや携帯電話で知りあい，一度も会っていない相手との恋愛相談も増えています。このような世界では，本来の自分とはまったく別の自分を演出することもできます。そして，メールや掲示板の世界を通して知りあった相手との擬似恋愛に一喜一憂し相談室に駆け込むクライアントもいます。また，お互いが承知のうえで，それぞれが演じるキャラクター（タレントやアニメの主人公）に・な・り・き・りつきあうという「なりきり掲示板」を通したネット恋愛も存在します。この世界では，お互い現実とは違う自分の好きな理想のキャラクターを演じ続けることになりますが，このような関係は長く続くものではありません。もともと仮想の自分，仮想の個性を演じるわけですから限界がきてしまいます。

でも，この擬似恋愛も一過性であっても1つの恋愛の形です。他人が見て，稚拙で中身のない危ういフェイクな恋愛と見えても，その世界にいる当事者は，そのとき，相手を恋しく思い，嫉妬し怒り苦しむことに変わりはありません。

しかし，その恋愛についてカウンセラーと向きあい，自分の感情について考えるようになることで，なぜ自分は身近な現実の世界ではなく，仮想空間の恋愛にのめり込でいるのか，目の前にいる友人の言葉にはどのような意味があるのか，そこから自分はどう動き出したいのかを考え始めるようになるのです。そして，現実の世界を避けていては自分の成長につながらないことや，目の前にいる異性との関係を見直し始めていくように思います。

また，このような恋愛には自己肯定感や自尊感情に深い関わりが

あるようにも思います。自分の思いに気づき，自分自身を少しずつでも認めて受け入れたとき，人は次の一歩を踏み始めるのではないでしょうか。

とはいえ，恋愛は，どのような形のものでも，どのような年齢の男女にもかなり影響を及ぼすものであることはいうまでもありません。恋愛がうまくいかない場合や道ならぬ恋に苦しんでいる場合，長くつきあっていた相手との別れなどがある場合など，その恋愛が与えたダメージは，その人のその後の人生に大きな影響を与えてしまうこともあります。

よくいわれるような「ときの流れとともにこころも癒される」とすぐには思えないものです。その恋愛に長い歴史があればなおさら恋人との思い出は長い時間その人のこころを縛りとらえてしまいます。

簡単に「気持ちを切り替えて」とか「忘れてしまえ」とか「次の恋を探せばよい」というわけにはいかないものです。当事者にとっては，別れのその瞬間から深いこころの闇に入り込み，苦しくて，苦しくて動くこともできない状態になる場合もあります。

そのような思いのクライアントが次のステップに進むために，カウンセラーはどのような姿勢で接していけばよいのでしょう。

カウンセラーの自己理解

そこで，カウンセリングを職業にしているとか，将来，相談業務に携わる希望のある方は，できればご自身の恋愛観や道徳観の傾向を，自分なりに把握しておくことをお勧めします。

恋愛相談では，ときとして，カウンセラーの知らない世界や経験したことのない内容も出てきます。その中には一般的には不適切な関係や反道徳的な恋愛もあるでしょう。ただ，恋のさなかにある当事者にそれはあまり重要なことではありません。それを承知のうえ

でカウンセラーのところに相談に来ているわけですから、道徳的なことや一般論はあまり意味がありません。

人は、自分の思考や道徳観に反するような恋愛を語るクライアントに対して、ついつい厳しい態度や言動が出てしまうことがあります。

もちろんこのようなことはプロのカウンセラーとしてあってはいけないことですが、自己理解（自己認知）ができていないと意識しないうちにクライアントを責める態度が出ていたということも起こりえます。とくに恋愛相談は誰にとっても身近な内容であり、その人の道徳観などがストレートに反映される内容です。

また、非言語的なところでも、視線や声のトーン、姿勢などには必ず相手への感情や態度がおのずと表れるものです。そのための予防策としても、カウンセラーは自身の自己理解を深めておく必要があるといえます。

共感的態度と傾聴

そのうえで、クライアントの話を共感的な態度で受け止めましょう。共感的な態度とは具体的にはどのような態度を示せばよいのでしょう。それは、真摯に話を聴くという姿勢に表れます。クライアントの話を最後まで聴き、その悩みや苦しみを一緒に考えていくという気持ちをもって場面に臨むことです。

さて、カウンセリングをしていて、つくづく感じるのですが「話を聴く」ということはけっこう難しいことです。

友人同士の恋愛相談では、相手を励まそうと思ってのことか、「転ばぬ先の杖」としての気づかいからか、叱咤激励をする、自分の意見を言うなど、クライアントよりおしゃべりをしてしまう人もいます。しかし、カウンセリングでは、クライアントが自分の思いを吐き出し、自分の気持ちを見つめていくことに取り組みます。

人の話というものは聴いているようで聴いていないことがよくあ

るものですが，カウンセリング場面では聴き取る力が重要です。

　クライアントができるだけ気負うことなく話せるように，ときには雰囲気づくりの工夫も必要になるかもしれません。たとえばアロマオイルを利用するとかカウンセリング・ルームの照明や家具の配置などの工夫です。

　ときには，正面に座って話をすることに緊張するクライアントもいますので，クライアントの様子を見ながら，適度な距離をとり，椅子をL字（横）になるように配置することもあります。

　よく，話をするときは相手の目を見て……といいますが，カウンセリングの中では，ときどき目を外したり，同じ方向に視線をおく（2人で同じ方向を向いている）場合もあります。不安が強く緊張の高いクライアントは，じっと見られることで，かえって話しづらいと感じたり，にらまれたと感じてしまう場合があります。相手の心理状態を洞察しながら臨機応変の対応が必要です。クライアントが何だか落ち着かずそわそわしている，手足がどこかしら動いている，視線があちこちとせわしない，反対に1点を見て沈んでいる，というような所作や，1人でどんどんしゃべり出すという場合も，不安の裏返しではないのか観察していきます。そして，カウンセラーのすべき支援は何か——クライアントの語る恋愛をとことん聞いていくことなのか，そこから発生する感情はクライアントの別の問題からきているのか，あるいは専門医との連携が必要な状況なのかを考察していくことが大切です。

＊　＊　＊

　恋愛は，当事者に，最高の幸せをもたらすときも不幸のどん底に蹴落とすときもあります。それでも，長い人生において，人が人として成長する一助となり，いろいろな体験や感情の幅と奥行きを広げてくれるのも恋愛です。そこから自分自身がたくさんのことを学

び教えられていることに年月が経って気づくことがあります。その恋が教えてくれたことは何であったか，クライアントがいつか振り返ることができるようなサポートに取り組めたらよいと思います。

8 結婚の悩み苦しみとカウンセリング

　結婚について「紙きれ1枚の重さ」という言い方を耳にすることがあります。まさに，その1枚の紙きれ（婚姻届）のもつ力は，結婚生活が長くなればなるほど，身にしみ，こころにもこたえる力をもっています。

　近年，結婚の形態は「事実婚」「通い婚」「夫婦別姓」「ディンクス」などいろいろあるようですが，結婚生活の中で離婚を考えたことのある夫婦は少なくないかと思いますし，昨今，熟年離婚が増えているという現実もあります。

　恋愛期間中は少しでも長い時間を一緒にいたいと思った相手と，あり余る時間を一緒に過ごしていくことになるのですが，結婚生活ではその時間の使い方が大切になります。これまでのお互いの成育環境や家庭生活が，よし悪しは関係なくストレートに影響し始めてきます。よくいわれるようにまったく違う環境で育ち性格の違う2人が一緒に生活をするのですから，そこからどのように共同して自分たちの生活史をつくっていけるかが円満な結婚生活の鍵になります。ところが，わかっていても，その簡単な（!?）ポイントを本当の意味で理解していくまでに，それぞれの時間とエピソード，そしてタイミングがあるように思います。

　　一緒に生活すること　　恋愛と違って，結婚は「一緒に生活」をしていくことが前提です。また，同じ相手と

楽しいときも気まずいときも同じ空間である「家」で過ごしていかなければなりません。

　また，夫婦だからといっていつも本音で語りあうわけではありませんし，日常生活を優先して本音を飲み込むときも多々あります。ただ，そうしながらどうにかやっていけるうちはまだまだよいのですが，2人とも，あるいはどちらかに不満や要求がたまっていくようになると悩みや苦しみの濃さが違ってきます。

　子どものいる夫婦では子育てをめぐって夫婦の考えが対立することもあるでしょう。育児方針，教育方針などは自分の成育環境の影響を受けることもあり，そのことが夫婦の歪みを生み意見を対立させる場合もあります。

　とくに子どものことは，子ども自身の成長や自立に伴い出てくる問題もあります。たとえば子どもの進路希望と親の希望が違う，子どもの友達関係が親として認められないとか気にかかるというようなことから始まったことが，夫と妻の教育観やしつけの問題として発展していくこともあります。

　また，生活ですから家族単位の毎日を過ごしていくのはあたり前ですが，このいつでも一緒という環境は親子のそれとは大きく違います。その中で，夫と妻のそれぞれの時間をどう確保していくかをめぐって悩み苦しみが発生します。

　恋愛中は理想の夫婦を思い描き，自分にとって最良のパートナーと家族を築こうとして歩き出した2人が，現実の生活の中で少しずつ想いがずれてしまい，時間の経過とともにその溝が深くなり，思い通りにいかない日常を思い悩むことになったとき，さて夫婦はどう向きあい考えていけばよいのでしょうか。そして，カウンセラーにはどのような支援ができるのでしょうか。

> 問題を乗り越えた
> Ａさん

　Ａさんと夫は友達の紹介で知りあい，出会って3カ月で結婚しました。1年後にははじめてのお子さんにも恵まれ，はた目にはとても素敵なご家族でした。

　Ａさんはこの結婚と同時に郷里を離れ，頼る人もいない東京に住むことになりましたが，夫はいろいろなことに前向きな人でもあり，頼りがいがあるように見え，自分を支えてくれるだろうと結婚に踏み切りました。ところが，結婚した時期に夫は中間管理職となり帰宅の遅い日々が続きます。それは子どもが生まれてからでも同じことで，そんな毎日の中でＡさんは家事や育児に少しずつ疲れを感じるようになっていきました。夫に話してみますがあまりとりあってくれません。それどころか，自分も仕事で疲れているし，女性は家事・育児に専念し男性が安心して仕事ができるようにしてほしい，自分の母親もそうして家庭を支えてきたと言われてしまいます。そこからＡさんはだんだん自分の夫との距離を感じるようになってしまい，結婚そのものに不安や疑問をもつようになりました。

　Ａさんは結婚3年目のご夫婦ですが，相談に来られたときにはすでに夫婦間に大きな溝がありました。

　はじめて来室し，相談室のソファーに座った2人の間には，もう1人，人が座れる空間があり，そのときの2人の関係を如実に表しているように思いました。

　このとき，夫はこの問題をさほど深刻な問題とはとらえておらず，妻のほうは切羽詰まった状態での来室でした。

　しかし，夫婦そろって相談に来たこと，夫婦としての歴史も浅く相互理解が深まっていないのではないかと推察できたこと，現状を変えたいと，ともに思っていることなどから，大きな目標として2人の結婚生活をどのように修復できるのかに取り組む方向でカウン

セリングをスタートさせました。まず，夫と妻それぞれのその思いをさらけ出してもらおうと，はじめは個別のカウンセリングにしました。そうすることで本音が出やすくなります。この個別カウンセリングを通して，2人の悩み苦しみの程度にはかなり差があることがわかりました。夫は妻の追い詰められた気持ちにまったく気づいておらず，それどころか自分の母親を基準に妻の考えや行動を見ており，その基準で見ると妻に対して物足りなさを感じ，もう少し努力してもよいのではないかとさえ思っていたのです。

　ところが，妻の側からすると家事も育児もいつも1人で抱え，夫が帰宅したあとにグチを言ったり相談をしたりしたくても夫の帰宅は遅く，また，話したときもあまり夫に相手にされず，「自分は1人ぼっちなんだ」と孤独感が増し，不安な気持ちがどんどん膨らんでいきました。

　しかし，この2人はカウンセリングを重ねながら，夫が妻の孤独感，そして家事や育児でストレスが溜まっていること，妻を自分の母親と比較し勝手な思い込みで見ていたことに気づき，自分にできる協力を考えてくれるようになりました。

　ここまでくると，2人一緒のカウンセリングにしても建設的なやりとりができます。夫は自分の仕事を削ることは現実的には難しいが，妻の話を少しでも聴いていきたいと思うこと，そして妻のストレスを軽減するために，妻が家事・育児から離れ自由にできる時間を確保したいと提案してくれました。

　このカウンセリング以降，Aさんは日曜日の3時間程度を使い買い物に出かけ，子どもや家事から離れて1人でのんびりできる時間を過ごせるようになり，そこから2人の関係もゆっくりと相互理解が進んでいきました。

　夫が妻のおかれた状況を理解し妻の話に耳を傾けようと気づいた

ことから，妻の夫への気持ちも，マイナス感情から大きく変化していくことができました。

長い結婚生活後の妻の決断

Bさん夫婦はその年結婚26年を迎えたばかりで，長い結婚生活の中でいろいろな家族の歴史をつくってきました。ただ，Bさんは毎日の生活や子育てを通し，夫とは考え方や子育ての仕方にかなり差があることを感じていました。これまでいくつかの問題を夫に話してきましたが，夫の考えは変わらないと，どこかであきらめていました。じつは何度か離婚を考えたこともありましたが，子どものことや経済力のなさから踏み出すことはありませんでした。ところが，Bさんは手術をしないと命に関わる病気があることがわかり，自分の人生はこのまま終わってよいのだろうか，自分は自分らしく生きてきたのだろうか，いまの生活は自分の気持ちを押し殺してばかりではないかと思い悩むようになり，カウンセリングに来られました。

まわりの人は，また再発するかもしれない彼女の病気のことやここまで連れ添った夫婦だからいまさら騒がないほうがよいと助言してくれますが，Bさん自身は限られた命かもしれないからこそ考えたいと思うようになりました。長く結婚生活を送っている夫婦は，お互いの性格や反応がある程度わかってしまいます。ただ，命の問題や自分の人生をどう生きるかという大切な問題に直面したときは別問題です。

そこで，話しあうのが苦手な夫のためにといまの自分の思いを手紙に書いて渡していくことにしました。しかし，同じ家で生活しているにもかかわらず，手紙を読んだ夫からは何のリアクションもありませんでした。ただ，Bさんは人生の大きな岐路であり長年一緒に暮らし，子どもたちの父親である夫への情から，また手紙を書く

ことにしました。

　Bさんはカウンセリングを通して自分の伝えたいことを確認しながら、その後2年をかけて手紙で気持ちを伝えていきましたが、夫からの返事は、Bさんが離婚届を机上に置いたそのときまでありませんでした。

　Bさんは身体的にも経済的にも不安もあったと思いますが、カウンセリングの中で、自分の気持ちを整理し、結婚生活を振り返り、そこから、残りの自分の人生を自分らしく生きたいと離婚を決心したそうです。夫が、妻の手紙をどのような思いで読んでいたのかわかりませんが、妻の手紙を真摯に受け止め、妻と向きあい、話すこと、返事を出すことができていれば結果は違っていたかもしれません。彼は妻の手紙のもつ思いに残念ながら気づけなかったのだと思います。

終わりに

　長い年月をともに暮らす相手とは、お互いの距離のとり方や関わり方の緩急がポイントだと思います。つねに相手を思いやり相手の話に耳を傾けその立場や状況を理解しようとすると疲れます。ときには相手の領域に立ち入らないことも大切です。ただ、相手の出すシグナルに気づくアンテナをもちましょう。そして、カウンセリングでは、そのシグナルは何か、どういう意味あいをもっているのか、そこにどのように向きあえばよいのかを一緒に考えていくことができればよいと思います。

9　子育ての悩み苦しみとカウンセリング
●「母親」として成長することの意味

　さまざまな現場で、母親たちの子育ての悩みと苦しみをうかがい

ます。最近の父親たちは,以前と比べて子育てに協力的になった（原田,2006）ようですが,子育てに主な責任をもっているのは,やはり母親のようです。

子どもとの生活とは

母親になると,どのような生活が始まるのでしょうか。母親としての生活は,産まれたばかりの小さなかわいい赤ちゃんを抱くことから始まります。特別に事情がない限り,ほとんどの母親は喜びと幸せを嚙み締めながら,「私は母親になった」「きちんと育てなくてはいけない」とこころの中で誓うのです。母親としての生活が始まったときから,「母親」つまり「子のある女」（新村,1998）としての責任感を抱き始めるのでしょう。

ところが,残念なことに子育ては楽しいことだけではありません。眠い目をこすりながらの深夜の授乳に始まり,夜泣き,急な発熱,人見知りなど,成長とともに一喜一憂する日々が続きます。ようやく言葉が出たとの喜びもつかの間,我を張る幼児との生活は大仕事です。丹精こめた離乳食をまき散らし,地団駄を踏んで泣き叫ぶ子どもを前に呆然とすることも珍しいことではありません。

母親たちは「母親」として,その出来事に何とか対応していかなければなりません。父親が相談には乗ってくれても,その場で責任をもって決断するのは「母親」である自分です。

「母親」失格だと感じる

母親の生活は,子どもの世話をしながら子どもをめぐる出来事に直面して,小さな決断を重ねていく日々となります。その経過が子どもの成長と重なります。そのため,子どものやることなすことすべてが,「母親」である自分の責任であるかのように感じてしまうようになります。「自分のせいで,こんな子どもになった」という嘆きをよく耳にします。「母親」として失格ではないか,と悩

み苦しんでいるのです。

「子どもがかわいいって思えない」「子どもを1日中どなってばかりいる。こんな親で子どもがかわいそう」「私の子育てがだめだから子どもがうまく育たない」「もっとよい母親になるにはどうしたらいいのか」と，相談に訪れる多くの母親が訴えます。

| 「母親」として悩む 2つの事例 |

子育てで悩みと苦しみを感じたお母さんたちは，カウンセリングでどのような「母親」になろうとするのでしょうか。2人の母親とのカウンセリングを紹介しながら，「母親」について考えてみたいと思います。

1人はA子さん32歳，息子は3歳です。「どなってばかりいる自分を何とかしたい」「息子を1日中どなってばかりいてつらい」との訴えです。A子さんの母親は，いつも穏やかだったそうです。「母と比べて，自分が人間としてできそこないみたいでつらい」と言います。

もう1人はB子さん28歳，娘は2歳半です。「やさしい言葉をかけられる母親になりたい」「生意気な娘の態度に腹が立って，酷い言葉を使ってしまう」とのことです。「私も母の言葉で傷ついてきたのに，母と同じことしかできないのかと思うとたまらない」と言います。

◆カウンセリングの過程

A子さん，B子さんとのカウンセリングを，段階を追って検討していきましょう。

① 悩み苦しみの原因——よい「母親」のイメージ通りにできなくてつらい

A子さんB子さんとも，自分を育てた母親について，具体的な話が続きました。

A子さんの話は、いつも「母のように、子どもが何をしても穏やかでいたいんです」と、締めくくられます。よい「母親」のイメージは、自分の母親そのものでした。
　ところがB子さんは、「あんたは性格が悪い。あんたなんて産まなきゃよかった」という母親の言葉がつらい思い出なのです。繰り返し「母のような親にはなりたくない」と訴えます。B子さんのよい「母親」のイメージは、自分の母親を、いわゆる反面教師としたものでした。
　2人とも、よい「母親」のイメージ通りに行動できないことが、悩み苦しみの原因となっているようでした。
　人間は、モデルを観察することによって、新しい行動を自分のものにします。これをバンデューラはモデリングと名づけました。母親としてのあり方も、身近な自分の母親がモデルになることが多いようです。
　ところが、モデル通りがよいと思っていても、同じ人間ではないので、何もかも同じにはできません。また、モデルとは違う行動をしようとしても、身についたものから逃れられない場合もあります。
　また、子育てには、親自身の受けた育児体験が影響するといわれます。自分が直面している子育ての状況に、自分自身の体験が重なって感じられるのです。そのため、子育てでの自分の行動に昔の自分の体験が影響することもあります。
② いままでの体験を見直してみる
　カウンセリングでは、安全な空間、そして受け止められる安心感の中で、あふれる言葉が紡がれます。そして、自分の体験を振り返り、見直しながら話が展開していきます。
●自分を育てた母はどういう人だったのか
　自分の母親を大好きだと繰り返すA子さんは、自分の兄が母親

のことをどう思っていたのか，たしかめてみたくなりました。そして兄から，母親に怒られた思い出しかない，と聞いて，大変衝撃を受けました。しかし，そこでA子さんは，あらためて自分の体験を考え直してみたのです。

「気がつきましたが，母は商家の嫁でとても大変だったのだと思います。私をかわいがるのは，面倒なことからの逃げ場だったのかもしれません」。自分が母親になったからこそ，理解できることもあるのです。「私はお気楽に自分に都合のいい母だけを見ていたみたいです」「母も私と同じにイライラする人だったし，それであたり前かな，って思えます」。A子さんは，自分の母親に新たな面を見出しました。

●私はどんな子どもだったのか

B子さんは，母親が，子どもであった自分に傷つくような言葉を言ったわけを，繰り返し考えました。どうしても，自分が生意気で態度が悪くてかわいくない子どもだったからだ，としか思えません。どうしてそう思うのかとたずねれば，「母がそう言ったから，そうなんでしょう」と答えます。

そしてB子さんは，母親の考えをなぞるように「娘も私と同じでかわいくないから，私がひどい言葉を言っても仕方がない」と言い始めたのです。「母の気持ちがよくわかります。かわいそうだと思っても，いやな言葉を止めるのは無理です」。

子どものこころを傷つけるような言動は，虐待といわれるものです。虐待を受けた子どもは，原因は自分にあると思います（西澤，1994）。子どもにとって，親は絶対的な存在です。ですから，その親に言われたことは真実だと思い込んでしまいます。

B子さんにとっては，子どもの頃の出来事を見直すことは，容易ではありませんでした。「こんな話は，誰にもしていません」。B子

さんは疲れた様子でしたが,「このままではやっぱりこの子がかわいそう。何とかしたい」と訴えるのでした。

堂々めぐりのように当時の出来事をたどっていたB子さんでしたが,あるとき「私は,ただ子どもらしい子だったんだ」と,はっとしたようにつぶやきました。「本当にかわいそうだった」。B子さんは,子どもの立場になって当時の出来事を見直すことができたのです。そして「私はかわいがってほしかったんだ」と泣き崩れました。

B子さんは,自分がかわいがってもらう価値のない子どもではなく,自然な気持ちを表現していただけの,子どもらしい子どもだったと気づくことができました。

③　新たに気がつくこと

A子さんは,今回のことで気がついたことがあると言いました。それは,自分の性格の傾向です。「いやなことから目をそらして,都合のよいことだけ思い込もうとするんです」。いままでは,それで済んできましたが,「私も母親になったのだから,いやな面もしっかり見て,考えて行動しなければいけないと思いました」。自分の母親に別の面があると気がついたと同時に,自分のことも見直すことができたようです。

B子さんは,「私は,母にやさしい言葉をかけてもらいたかったんですね。それが満たされていないから,娘にもやさしくできなかった。自分の気持ちに気づきました」。そして「忘れていましたが,母にもやさしいところもあったんです。ただ,子どもに酷い言葉を言ってもかまわないと思っていたのでしょう。でも私は,子どものこころが傷つくことを知っています。両方の立場から考えられる私は,母と同じではありません」と力強く語りました。「サングラスを外したみたいにまわりが明るく見えます」。B子さんの感想です。

B子さんも、新たな目線でいままでの体験を見直すことができました。

2人とも、ものの見方が広がり、考え方が柔軟になったようでした。

④ カウンセリングの終結

A子さんは、誰でもイライラすることはある、と思えるようになりました。イライラする自分を責めるのはやめて、イライラの原因を整理して、穏やかな気持ちで過ごせる工夫を考えるようになりました。

B子さんは、娘を素直にかわいいと思えるようになりました。「かわいいと思える自分が嬉しくて幸せです」と言っています。言葉かけも自然にやさしくなったようです。

子どもをかわいいと思う気持ちが、やさしい言葉かけの源です。いままでのB子さんは、昔の自分も、自分の娘もかわいいと思えなかったのですから、やさしい言葉かけは大変難しいことでした。いまは自分が、母親の愛情を求めていた子どもらしい子どもだったことに気がついています。ですから、娘の行動も子どもらしく、かわいいものだと感じられるようになったのです。

A子さんは「これからは、自分なりに母親をやっていけます」、B子さんは「母に関係なく、私のやり方で子育てができそうです」と異口同音に語り、カウンセリングは終了しました。

「母親」とは

◆私らしく「母親」する

A子さんB子さんも「私なりの、私らしいやり方でやっていける」と言ったのです。この2人のカウンセリングの成果は、自分が思っていた通りのよい「母親」になれたことではありません。「私らしさ」が答えだったのです。

「私らしさ」とはどのようなものでしょう。渡辺（2000）は「あ

またの未解決の葛藤を抱える己が見えてくるとき,子どものこころのひだに沿って理解する柔軟な感性が生まれ,問題解決の糸口が見つかってくる」と述べています。未解決の葛藤にも柔軟さにも,同じものはありません。自分の葛藤に自分で向きあい,自分なりに子どもにつき添っていくのが母親です。それが「私らしさ」です。

A子さん,B子さんは,「私らしさ」を見つけました。それは,体験を新たな目線で見直すことで,新しい世界が開ける体験ができたからです。その体験は,自分の柔軟さの発見でした。柔軟さとは,考え方,他人に対する寛容さ,多角的に物事を見る姿勢に表れます(柏木,2009)。この柔軟さは,育つものです。

子育てとは,子どもの要求に対しての日々の小さな決断の積み重ねです。それは,柔軟さを育てながら「私らしさ」を探し続ける過程ともいえます。その努力が人間的な成長をもたらすのです。「わが子の感情につき動かされ,親として成熟していく」(渡辺,2000)のです。

◆人間的に成長する「母親」の魅力と喜び

「親になること」による人間的成長は,調査研究によっても明らかです(柏木,2009)。成長は幸福感につながります。母親が幸せそうに過ごす姿は,身近な人をモデルとする子どもの目に,魅力に満ちたものとして映るでしょう。「母親」の成長は,子どもの成長の大きな力となるのです。

子育てに悩み苦しみ,カウンセリングを利用した母親たちは,「私らしく」「母親」をして今後も成長していくことでしょう。そしてさまざまな体験を通して,柔軟さに磨きをかけ,「母親」としての喜びを,あらためて嚙み締める日が来ることと考えています。

10 家族の悩み苦しみとカウンセリング

　カウンセリングの世界にあって，クライアントが悩みや苦しみと向きあうとき，具体的な悩みの内容が何であるかにかかわらず，家族と無縁に考えていくことはできないといっても過言ではありません。現在の状況において，家族は何らかの形で関わっていますし，苦しさから抜け出すときにも支えとなる力をもっているからです。

　一方，家族はその人の考え方や生き方に大きな影響を与えている存在でもあり，自分の現在や将来は育った家庭環境によって決められてしまったと，塗り替えられない定めのようなものを感じてしまうときがあるかもしれません。このようなときは，家族そのものが悩みのもととなってしまいます。

　ではどのような家族の中で育てられたら，人は悩んだり苦しんだりせずに生きられるのでしょうか。また，自分が家庭を築こうとするとき，どのようにしたら子どもにとって満足な環境をつくることができるのでしょうか。このように考えていくと，一番大事にしたい，一番支えとなるべき家族が，じつは一番やっかいなものであるようにも思えてきます。若い人たちが結婚に対して非常に慎重になっているのも，わからなくはありません。

　しかし，家族の悩みや苦しみに向きあい，自己成長を目指すことはとても意味のあることです。自己成長の過程で，他の人間関係にもよい影響が起きたり，自分の存在を大事に思えるようになったりします。そして，それぞれが成長することで，相手を支えることもできるようになります。ぶつかったり，ともに落ち込んだりしながら，家族も成長していくものなのです。

ここでは、家族の悩みや苦しみに向きあう人に寄り添うとき、助けとなる考え方をいくつか挙げたいと思います。

システムとして考える

　私たちは人との関係において、何か意見や感情のすれ違いが起きたとき、多くの場合はその問題を解決するために、原因を探すことにこころを動かしているように思います。そして、相手が自分をここまで追い込んだとか、自分がこの状況を招いてしまったとか、どちらかの問題として悩み、それを解決するにはどうしたらよいかを考えていきます。

　しかし、このように考えていくうちに煮詰まってしまい、にっちもさっちもいかなくなっている場合が多いのではないでしょうか。じつはこの原因探しでは、なかなか出口が見つからないというのが現実です。

　では、どのように解決へ向けていくかですが、クライアントの話しをよくお聴きしていると、相手に対して攻撃的な言葉を出し続けていた人が、ポロっと自分に対する自信のなさを漏らしたり、自分を責めてばかりいた人の口から、相手に対する怒りの言葉が出てきたりします。このようなところからカウンセリングは始まります。

　そして、どういう状況が起きているかを、少し離れて見るようにします。人間関係、とくに家族間の動きというのは、けっして一方的なものではなく、意識していなくても、お互いに影響しあっていることがわかります。しかも、どんな形であれバランスを保ち、その家族のスタイルに収まろうと動いてしまうものなのです。

　「いままでの関係は、互いに必要があって築いてきたものであり、それなりにバランスがとれていた。しかし、何らかの影響で動きが起こったために、均衡が崩れ始めた」ととらえます。つまりよい循環でまわっているときは、とてもよい影響を与えあいますが、ちょっと気になる出来事や重苦しい流れになってくると、ぎくしゃくし

た感じが循環することになり、まさに悪循環が起きてしまいます。

家族の誰かに問題が起きたとき、それはその個人の問題というより、家族が機能不全を起こしていることを知らせるためのサインであると考えていきます。

そこで問題を解決するためには、その悪循環をどこかで絶つための方法を考えていくことになります。ここでのポイントは、その悪循環を切れる人と切りやすいところを、クライアントと一緒に探していく作業です。

家族は、2人であっても、小さな社会といえます。起こっている問題を、その社会のシステム全体の課題として見ていく見方。これは家族だけではなく、あらゆる社会の問題を見ていくときにも、使える大事な視点です。

コミュニケーションの二重性

コミュニケーションがうまくとれない、という悩みは、現代の社会全体の大きな課題でもあるようです。「相手の気持ちを理解する」というテーマは、比較的取り組みやすいようですが、「自分の気持ちを伝える」ことは、対決を招くのではないかと、難しく考えてしまいがちです。

互いが感じていること、考えていることを伝えあい、より安心した関係を築いていくという文化が、まだ根づいていないと感じています。どちらかが我慢をすることで関係が保たれるとか、本音を語らないのが大人であるとか。あるいは「空気のような存在」「言わなくてもわかる」のが理想的な関係であると。

しかし、真に安心した関係をつくろうとするのであれば、「私はこう感じている」と伝えるのが、相手に対する本当の思いやりです。実際、家族間に起きる問題は、きちんと伝えあわないことによるものが多いのです。

コミュニケーションの手段は、言葉だけではありません。あるときはお母さんのしぐさから、あるときはお父さんの表情から、あるときは子どもの行動から、家族の他の誰かが何かを感じ取り、行動や言葉や表情に変化が生じます。そして、それを感じ取った他の家族に、また影響を与えていきます。

　このように、家族におけるコミュニケーションは、意識をしていないところでやりとりをしている場合が少なくないのです。

　とくに家族は相手に期待するところが強くありますから、実際に話した言葉とは違ったメッセージを、意識せずに伝えてしまいます。受け取る側は、相手の真意はどこあるのかとまどい、二重のメッセージを感じ、動けなくなったり精神が不安定になったりします。このような状況が長く続くと、苦しさを伝えることも、言葉ではなくからだの症状として、表現するようになってしまいます。

　ここでのサポートで一番大事にすることは、クライアントの内面に隠されている言葉と、それを表現するときの安全の保障です。どの場面で、どう感じ、どういう行動をとったかを、ていねいに聴いていきます。それを肯定しながら、パターン化した考え方の枠を少しずつ広げたり、違った角度から眺めたりします。気をつけなければいけないのは、クライアントが納得できる変換であることです。カウンセラーの仕事は、クライアントに気づきが起きやすい環境をつくるだけであって、けっしてある方向へ誘導するものではありません。

家族を方向づけしている物語

　家族は歴史を刻みながら、その家族の風合いを織り上げていきます。何を大事にしていくか、優先順位をどのように考えるか、選択を繰り返すうちに、価値観は家族の間で了解されるようになっていきます。

システムを維持するためのルールができたり，コミュニケーションのパターンができたり。それが安心感や居心地のよさになっていくのですが，変化させる必要性が起きたときには，大変なエネルギーを消費しなければならないため，逆に不自由さを感じることにもなります。

　いままでの流れを変えようとするのが難しいのは，家族は過去の歴史や現在の状況から，自分たちのシナリオをつくり上げているからです。「これから先もきっとこうなる」と予想がつき，いままでにない展開は，なかなか考えられないものなのです。

　しかし，第三者がそこに加わり，別の視点から過去や現在の状況を見ることを体験すると，忘れられているエピソードや，価値を感じられていなかった大事な出来事があったことに気がつきます。回復に向かうためのヒントが，すでに起こっている出来事の中に存在していることへの気づきは，「肯定的意味づけ」となっていきます。

　人は自分の過去の体験を語るとき，自分のフィルターを通して話題を選んでいます。またその話題のどの部分をどのように語るか，それはその人にとっての意味あいを反映しているものです。同じ家庭で育ったきょうだいでも，過去の出来事のとらえ方が同じではないことがよくあります。

　これを家族レベルで考えても同様で，そのメンバーが拾いたい出来事をつなぎあわせていくと，1つのストーリーができあがります。それはその家族の文化であり，苦しみのもとになっていることでもありますが，カウンセラーは，家族がいままで築いてきたものを否定せず，その特異性を生かした解決の手段を考えていくことが重要です。

　カウンセラーがお手伝いをできるところは，ある方向に偏りがちな物事のとらえ方の視野を広げるところにあります。新しいシナリ

オがつくり出されるまで,カウンセラーはそのシステムに入れさせていただくわけです。

家族の悩み苦しみと向きあうとき

一番大事なはずの家族が傷つけあってしまう,あるいは傷つけないために,自分を押し殺してしまうのは,とても残念なことです。しかし,この難しい家族内に起きる課題を,少しずつでも解いていけたら,他の人間関係にもきっと自信がついてくることでしょう。

私たちは,「家族」というのは理解しあって当然とか,理解しあうべきだとか,愛しあうべきだとかいう考えに,縛られてはいないでしょうか。まったく違う過去を過ごしてきた2人が出会い,新しい社会をつくり出していくのですから,わかりあえないのが当然です。相手のこころを解かしていくのは,わかろうとする姿勢ではないかと思っています。

たしかに家族は,一番安心できる関係であるにこしたことはありませんが,自己成長がなければ「もたれあい」になってしまいます。自分の過去を大事にしながら,未来に対する可能性をもち続け,自分の意思は自分で守ることです。

自立することは,さびしい気がするかもしれません。「もっと愛されたかった」という思いを,なかなか捨てることができないかもしれません。ですからカウンセラーは,自立した者同士だからこそ支えあえることを,信じていたいものです。

家族のことで悩み苦しみながら,自己成長を目指すことはとても大変なことです。本来支えとなるべき家族で悩み苦しむとき,支える役割をするのがカウンセラーです。対面している人を支えながら,一時的に家族に加わって,その人とともにある家族との関係を整え,他の家族の成長も見守っていきます。

家族には話せないことをカウンセラーに打ち明ける。家族には見せられない姿を，カウンセラーの前ではのぞかせる。このようなとき，カウンセラーに必要なことは，人生の切なさや，人を愛おしく思う気持ち，そしてどんなときもわずかな希望を捨てない忍耐強さです。出会った家族のいままでを肯定し，いたわりのこころをもって寄り添うことです。

　カウンセラー自身も，自分のシナリオをもっています。家族の悩み苦しみに関わるときは，自分のこころの動きもとらえながら，客観的な判断を誤ることがないよう，トレーニングを積む必要があるのです。

11 進路・就職の悩み苦しみとカウンセリング

キャリア開発とキャリア・カウンセリング

　世界経済がグローバル化し，技術革新や経済競争が激化するなかで，誰もが自分の将来を描くことが難しい社会になってきました。学校教育を終え社会人になろうとする人たちが就職難であったり，これまで働いてきた会社が倒産をしたり会社からリストラされたりして転職を余儀なくされる人たちが増えてきています。

　人は，いつの時代でも，自分の生活の糧は，自分で働いて獲得しなくてはなりません。「人生を生きること」「生活すること」は，「仕事をすること」によって成り立つといえます。また，仕事を通じて社会と関わり，社会の役に立つことで「働きがい」や「生きがい」を得ることができます。個人の全人生の中で重要な位置を占める「仕事人生（働く人生）」を「キャリア」と考えることができます。この自分の「仕事人生（キャリア）」をどのように形づくっていくの

か，仕事を通じてどのように自己成長をしていくのかを「キャリア開発（キャリア発達）」とよびます。キャリア開発は，自分の人生をどのように生きるかということであり，仕事を通じて自分の生涯をどう納得のいくものにするかということです。

この「キャリア開発」を促進するためのカウンセリングは「キャリア・カウンセリング」とよばれます（横山，2004）。

外的キャリアと内的キャリア

仕事を考えるときに，私たちは，業界（金融業，アパレル業等）や会社，職種（営業職，技術職等），地位（部長，課長，主任等），収入（年収，月給等）あるいは，その仕事についてのイメージでとらえています。この外から見えるキャリアの姿を「外的キャリア」とよびます。この「外的キャリア」とは異なる仕事のとらえ方に「内的キャリア」があります（図4-2）。

「内的キャリア」は，個人がもっている「自分の仕事に対する概念」を意味しています。「内的キャリア」は「どのような仕事が価値あると思うのか？」といった「仕事に対する価値観」や「仕事に対する自分の興味や関心のあり方」「自分の能力や才能についての認識」などからなり，人によって異なり，外から見えるものではありません。

たとえば，同じ営業所で同じように営業をしている2名の同期入社の社員がいたとします。この2人の外的キャリアは同じですが，その働き方は大きく異なることがあります。1人は，営業の仕事は，自分の努力が成績となり，その評価が報酬の形で還元されます。これは努力が報われるだけでなく，成長の意欲も高まるので，将来は日本一のセールスマンになりたいと考えて頑張っています。他の1人は，営業の仕事は，お客さんのニーズを理解し，それに応えることであり，お客さんから感謝されることが嬉しいし，やりがいであ

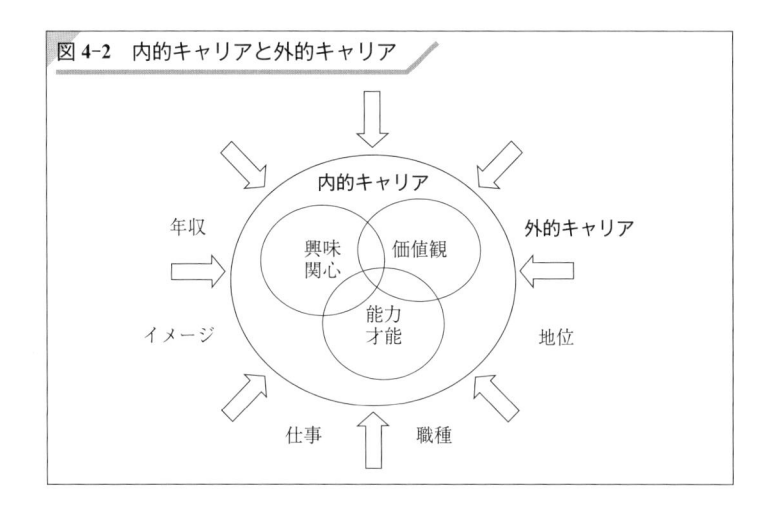

図 4-2　内的キャリアと外的キャリア

（図：中央に「内的キャリア」の円があり、その中に「興味関心」「価値観」「能力才能」の3つの重なり合う円。外側から「年収」「イメージ」「仕事」「職種」「地位」「外的キャリア」の矢印が内側に向かっている）

ると考えています。この2人の仕事のとらえ方は,「内的キャリア」の差ということができます。

「外的キャリア」は申し分ないが「内的キャリア」が満たされない場合には, やりがいが感じられない, 意欲がわかない, この仕事を続けていていいのだろうかという葛藤が生じてきます。

逆に,「内的キャリア」が満たされる仕事であれば,「外的キャリア」が十分満たされていなくても, 働きがいをもって頑張ることができます。

> **キャリア開発は自己決定・自己責任**

自分の人生を, 自分の将来を, 他人に任せよう, 他人に決めてもらいたいという人はいないでしょう。誰もが一度きりの自分の人生, 自分の将来は自分で決めたいと思っています。

自分の人生（キャリア）に関することは, 自分で選択し（自己選択）, 自分で決定し（自己決定）, その責任は自分で引き受け（自己責任）なければなりません。これが人生の大原則です。しかし, 自分

11　進路・就職の悩み苦しみとカウンセリング

のキャリア開発を自己決定・自己責任でおこなっている人と他人（親，先生，会社）任せにしている人がいます。また，自己決定したくても，自分の将来をどのように描けばよいのか，どのようにキャリア開発すればよいのか，わからないことがあります。

3つの質問

キャリア開発をするうえで，必ず考えなければならない重要な問いが3つあります。

その3つの問いは，「Who am I ?」「Where am I going ?」「How can I get there ?」です。

1つめの問いは「Who am I ?」で，自己理解を深めることです。自分のキャリアを自分で責任をもって決めるためには，自分について理解していなければなりません。自分は，どのような人生を送りたいのか，何を望んでいるのか，何を大切に思っているのか，どんな興味があるのか，どんなときに充実感を感じるのか，何を得意とするのか，どのような性格なのか，自分についてよく理解していなければ，自分にとって望ましい選択や決定をすることができません。自己理解ができていない人は，「他の人はどうするのだろう？ みんなと同じ選択や決定をしておけば間違いないであろう」というように他人の基準で決定をします。あとでその結果が満足できない場合，後悔し，その責任を他人に求めることになります。本当の意味で自己理解ができなければ，キャリアに関して，自己選択，自己決定はできません。

2つめの問いは「Where am I going ?」です。内的キャリアが理解できたら，自分のキャリア・ゴールを定めることになります。あるいは，内的キャリアを満たせる外的キャリアやキャリア開発目標を決めることになります。ゴールや目標を決めないと，どこに向かっていけばいいのか行きあたりばったりの選択をすることになります。

そして3つめの問いは「How can I get there?」です。自分の立てた目標を実現するための戦略や方法を見つけ，実行していかなければなりません。現在の自分の知識や能力スキルが不足しているなら，具体的にその能力やスキル訓練もしなければなりません。新たな挑戦は当然のことですが失敗するリスクもあります。予想されるリスクや困難な事態も想定して乗り越えることが必要となります。

キャリア・カウンセリングの実際

　次の事例は，内的キャリアを検討し，新たな分野へ転職した事例です。
　Aさんは20代の男性で，土木会社に営業職として勤務しています。

　Aさんは大学の4年生のとき，人に関わる仕事がしたいと営業職を希望し，就職活動をおこないました。就職難でなかなか内定がもらえませんでしたが，大学にきた求人の中から選んだ現在の会社に就職しました。入社後，営業職として地方の営業所に配属されました。上司にも恵まれ，3年間で営業の仕事も覚え，顧客との関係もまずまずであり，安定した営業成績を上げていました。しかし，会社全体の業績が落ち込み，経営再建のため営業所の統廃合がおこなわれ，Aさんの所属する営業所は隣接する営業所と合併し，人員の再配置によりAさんは本社勤務となりました。栄転と喜んでいましたが，本社の営業部は，優秀な技術系社員がすでに重要な顧客を担当していました。地方での営業と異なり契約高も高く，専門技術をもった営業マンが求められていました。Aさんは，新しい上司の期待に応えきれず，しだいに関係が悪化し，自分の居場所ではないと感じ，カウンセリングを受けることにしました。

　カウンセリングの主訴は，職場の人間関係の改善と職業の適性についてでした。Aさんは，職場の人間関係がうまくいかないことは，自分の性格によるものと考え，改善したいと思っていました。

また，営業職への自己の適性に疑問を感じていましたが，代わりにどのような仕事に就けばよいかわからないとのことでした。カウンセリングでは，人間関係の改善については，性格の問題としてとらえるのではなく，うまくいっている場面とうまくいっていない場面を比較し，その違いを検討しました。自分とタイプが異なる人とコミュニケーションがうまくとれないことに気がついたので，自分と他者の考えや感じ方が異なることや相手の気持ちや言わんとしていることを理解することに課題として取り組むこととしました。また，仕事の適性については，内的キャリアについて理解を深めるために，キャリア・アンカーについて検討しました。また，自分が熱中できることや楽しいと感じること，得意とすることを分析し，内的キャリアの理解を深めていきました。その結果，人に教えることが好きであり，教えることに自信があることがわかりました。

　自分の可能性を試すために，休日を使って塾の非常勤講師を半年やってみた結果，自分に向いていることから，将来の仕事として，教育関係の仕事を目指すことを決めました。現在の職場の中では仕事として取り組める可能性がなく，高等学校教員や塾の経営を目標として転職の準備を進めることになりました。家族や周囲の人たちにも相談した結果，理解と応援があり，退職を決断しました。しばらく塾の講師をしながら，経験と人脈を形成し，将来は独立した塾経営を目指すことで，カウンセリングが終結しました。

　このケースでは，大学生の就職活動の際に，人に関わることが好きで営業職を選択し，無事就職し入社後3年間までは問題がありませんでした。会社の業績悪化に伴い営業所の統廃合がおこなわれ，より専門性の高い仕事を求められる部署に配置転換になりました。新しい職場で仕事がうまくいかず，自分の仕事の適性や人間関係について悩みが生じました。

キャリア・カウンセリングでは，この2つの問題についてそれぞれの解決法を検討しました。とくに，仕事の適性については，この職場へ適応することが，Aさんの人生にとって望ましいことなのかを，キャリア開発の視点から，内的キャリアを確認する作業をおこないました。そして，自分のやりたい仕事として教育に関する仕事が浮かび上がりましたが，本当にそうなのかを確認するために，実際に職場体験をしたうえで，新たなキャリア・プランを検討しました。そして，家族や周囲の理解と応援を得て，転職の決断をしました。しかし，新たな領域で生涯にわたり生活できる収入を得るためには，必要とされる知識やスキル，ネットワークを築いていかなければなりません。思いついたからすぐに達成できるものではありません。しっかりしたキャリア開発プランを立て，必要な学習や自己投資をおこない，あきらめず頑張り続けることが求められます。キャリア・カウンセリングはその支援をするカウンセリングです。

12　中年期の悩み苦しみとカウンセリング

中年期とは

　人生を80年と考える場合，中年期とは40歳前後に始まる10年間ほどといえるでしょう。中年期にはきわめて特徴的な心理的課題があり，ユングはそれを「人生の午後の始まり」と名づけました（Jung, 1948）。

　ユングは生涯を太陽の動きにたとえています。太陽は正午に向かってしだいに力と輝きを増していきます。しかし，午後になると，太陽が前へ進むことは力と輝きの減退を意味します。同じように，人生も中年期を挟んで色合いがだいぶ異なります。若い頃は「外的な価値」の獲得が成長の課題となりますが，中年期になると「以前

に価値ありと考えていたものの値踏みのし直し」を通して，自己の内面に人生の意味を見出すことが必要となるのです。

ユングに言わせると，中年期＝「人生の午後の始まり」に起こる数々の問題は，「人生の午前の処方」では解決されません。価値観や生き方の根本的な「変容」が求められているからです。この時期には，これまで自分を支えてきた行動基準が通用しなくなり，人生は一時的に行き詰まってしまいます。この挫折は「中年期の危機」(Stein, 1983) としてよく知られています。

> 中年期の危機

たとえば，若い頃は剛速球で勝負してきた投手が，年齢とともに速い球を投げることができなくなり，簡単にヒットを打たれるようになってきた状況を想像してください。この状況が「中年期の危機」によく似ています。これまでのやり方が通用しないのです。ここで速い球にこだわり，それまで以上にもっと速い球を投げようとしても，体力の衰えを考えると所詮（しょせん）無理な話です。むしろ，変化球を織り交ぜた投球を工夫する技巧派投手に「変容」していくべきでしょう。すると，もともとのもち味である速球も，球威が落ちたとはいえ，変化球に紛れてそれまでと遜色のない効力を発揮するはずです。

個人の生き方の相違により，「中年期の危機」を経験する年齢は大きく異なっています。50歳に近いのにまだ「中年期の危機」を通り抜けていない人もいれば，30代前半なのにもう「中年期の危機」の真っ只中といえる人もいます。ごく少数でしょうが，「中年期の危機」を感じることなく老年期を迎える人もいるかもしれません。

また，個人によって「中年期の危機」の長さもまったく違います。軽やかに「中年期の危機」を通り抜ける人もいれば，長いこと「中年期の危機」で人生が停滞して前進できなくなる人もいるでしょう。

「中年期の危機」の様相はじつに多様です。

けれども,「中年期の危機」には,個人の生き方の相違を超えて,明らかな共通点が見られます。それは「人生の来し方を振り返り,行く末を憂う」という抑うつ状態に特徴づけられます。その憂いは,すべての人が経験する中年期の身体的問題,社会的問題,人間関係の問題を通して忍び寄ってきます。ここでその憂いに脅かされて,魔が差したようにそれまでの生き方をすべて投げ捨て,まったく別の方向に活路を見出そうとむやみに動き,さらに事態を悪化させる落とし穴に落ちてしまうことがあります。先ほどの例でいえば,たとえば「変容」の努力をせずにいきなり野球選手を引退して,思いつきで飲食業に転向するような無謀な動きがそうした行動化にあたります。こうした安易な行動化の危険性が高まることもあって「中年期の危機」という言葉が使われるのです。

| 中年期の身体的問題 |

中年期になると誰もが身体の衰えを感じ,老いを意識し始めます。肌のしわやたるみ,老眼,記憶力や想起力の低下,筋力の弱下,性的能力の減退など,からだのあらゆる部位のさまざまな機能に不安を抱くようになります。力と輝きの減退が始まるのです。

そうした老化の予兆に愕然として,中年期になって突然エステティック・サロンやスポーツ・ジムに通いつめる人もいます。それ自体はからだのケアとして悪いことではないでしょう。いままでケアされてこなかったからだに活力がよみがえり,一時的には若返った幻想にひたれる場合もあるはずです。しかし,老化はけっして止めることができません。遅かれ早かれからだの衰えを受け入れることが必要になります。老化の予兆に駆り立てられた過剰なからだのケアとその失敗が,中年期の扉を開くといえるかもしれません。

また,各種の生活習慣病(成人病)が問題になってくるのも中年

期です。定期的に病院に通い，毎食後にいくつもの錠剤を飲まなければならない生活は，否応なしにからだの衰えを強く意識させるはずです。ましてや入院や手術となると，日常生活の中断も避けられません。それを契機として，これまでの生き方を振り返る内省が始まることもよく見られます。

中年期の社会的問題

中年期になると，自分が努力してこれまで築き上げてきた（あるいは不本意に押しつけられてきた）社会的な「仮面」や「役割」によって，自分の人生が束縛されて不自由を感じるようになってきます。そのとき，「本当はこういう生き方がしたかった」「なんでこんな人生になっているのだろうか」と，現在の自分が生きていない別の人生の可能性がこころを揺さぶり始めます。「中年期の危機」の背景には，社会的な「仮面」や「役割」への適応過剰（あるいは不適応）という問題が必ず潜んでいます。

社会で働く職業人は，中年期になると所属する組織の中心的役割を担って職責が増大し，大変な仕事を背負うようになります。一方で，「余剰人員」のレッテルを貼られて仕事から干され，最悪の場合リストラの憂き目にあうのも中年期です。いずれにせよ，外から求められる働き方が，内面の満足感と不調和を起こしやすくなります。若い頃の願望や夢が現実と合致しないことに失望しつつ，もうやり直しのきかない限界点に来て，将来の方向性（社会の中での立ち位置）を現実的に修正せざるをえなくなるのです。

そんな中，一家の大黒柱は家族を養う収入を得るために，身を粉にして働き続けなければいけません。しかし，一所懸命頑張っているのに思ったほど報われないとき，ついに緊張の糸が切れてしまうのです。

中年期の人間関係の問題

中年期になると人間関係（とくに家族関係）が変化して、内面的な孤独感が強まる傾向があると考えられています。ここで周囲の人たちと豊かな人間関係を結べるかどうか、それがその後の人生の充実感を大きく左右します。この時期に、新たな人間関係を求めて、地域や趣味の集まりに参加することは有意義な試みでしょう。

家族では、子どもが親離れの時期に入るため、親子関係が微妙な時期に突入します。一方で、老親の介護という問題も浮上します。親が亡くなり、深い喪失感に沈むかもしれません。自分の子どもや親との関係が変わりゆくなかで、夫婦は自分たちの夫婦関係を見つめ直すことになります。しかし残念ながら、夫婦の距離が離れ、夫婦関係が冷えてしまったり、不倫や離婚に至ることもよくあります。

専業主婦にとっては、夫が仕事で猛烈に忙しく、自分は子育てがひと段落して空っぽの時間をもて余すときが中年期と重なります。職業人は、仕事の悩みやグチを周囲に漏らせない責任ある立場になり、上司と部下の板挟み的状況におかれて相当なストレスを1人で胸の内に抱えなければなりません。多忙な生活に追われ、友人と会って息抜きすることもままならない場合もあります。独身の人は、内面的な孤独感がもっと深刻になりやすい傾向が見られます。

「中年期の危機」に遭遇した女性の事例

Aさん（40代女性）は非常に優秀な成績で一流大学を卒業したあと、女性総合職として一流企業に就職しました。女性総合職ということでつらい思いをすることもありましたが、真面目に人の何倍も働くAさんの勤務態度や責任感のある仕事ぶりはしだいに周囲から高く評価されるようになり、いつしか部署のみんなから一目おかれ、将来を嘱望されるようになりました。また、明るくて愛嬌のあったAさんは、人間関係能力が非常に高く、取引先との接待

の場を華やかに盛り上げるうえで欠かせない存在として，経営陣や上司から特別に寵(ちょうあい)愛されました。そして，同期入社の男性たちを差し置いてとんとん拍子で出世していったのです。

ところが，異例の出世スピードで女性初の課長という肩書きを得た頃から，気持ちがふさぐようになり，言いようのないさびしさや憂うつな気分にさいなまれるようになりました。これまでどんなプレッシャーの中でもけっして弱音を吐かずに頑張ってきたAさんでしたが，どうにも踏ん張りがきかなくなってしまったのです。そして，とうとう仕事がまったく手につかなくなり，休職して精神科クリニックでカウンセリングを開始することになりました。いったいAさんに何が起こったのでしょうか？

Aさんは4人きょうだいの末っ子（待望の女の子）として家族や親戚みんなから愛されて育ちました。両親はどちらも中学校の先生で，しつけが厳しく要求水準も高かったのですが，Aさんはその期待を裏切ることなく，ずっと優等生を続けてきました。また，小柄でかわいらしい容姿やまさに「末っ子」を感じさせる愛嬌もあって，小さい頃からいつでも「妹のような存在」としてみんなにかわいがられてきました。会社勤めを始めてからも，そうした彼女の特質が出世を後押ししてきたことは間違いありません。取引先との接待をもち前の愛嬌で盛り上げ，与えられた仕事を上司の指示通りにこつこつと真面目にこなすことで出世街道を歩んできたのです。

しかし，昇進して課長になると，「妹のような存在」ではすまされなくなってしまいました。経営の全体を見据えて判断を下したり，部下を厳しく指導しなければならない場面が増え，いつの間にか接待では自分よりもずっと若い女性社員が重宝がられるようになっていました。また，同期入社の仲間たちは，みんな結婚して幸せそうな家庭を築いているのに，仕事一筋だったAさんには，恋人どこ

ろか，自分の悩みを打ち明ける親友もいなかったのです。Aさんは大の子ども好きでしたが，いつの間にか自分の子どもをあきらめなければならない年齢にもなっていました。その痛切なさびしさから抑うつ状態に迷い込んだのでした。

　Aさんは，「妹のような存在」としてみんなにかわいがられ，その期待や指示に応える努力をするときは，自分の能力を存分に発揮できていました。しかし，自分で主体的に判断して部下を統率しなければならなくなったときに，いろいろなことがうまくいかなくなり，心身の調子が崩れたといえます。いってみれば，それまでAさんの生き方を支えていた行動基準が通用しなくなったのです。それはまさに「中年期の危機」でした。

　カウンセリングでは，それまでの人生が時間をかけて少しずつ語られていきました。そして，Aさんは，このつまずきの背景に厳しい父親の影がある，と考えました。Aさんは父親に認められたい一心で，いつも父親の指示通りに生きてきたのです。そんな中，父親が病いに倒れました。Aさんは自分の体調を押して弱った父親の介護を全面的に引き受け，父親の最期を看取りました。それはAさんにとって人生を仕切り直す「変容の儀式」の意味あいをもったようです。厳しい父親の言いなりになってかわいがられるだけの役割を脱して，弱った父親を叱咤しながら世話する役割をやり抜いたのです。

　その後，Aさんは惜しまれながら退職し，入念な準備期間を経て，夢であった小さなカフェを始めました。若い頃に父親に反対されてあきらめていたのですが，本当は小さなカフェを経営したかったのです。Aさんの能力と魅力は，カフェの経営にぴったりでした。いまでは地域に欠かせない，たくさんの人が集う大人気のカフェになっています。

カウンセリングの終結にあたって，Ａさんはこんな言葉を残しています。「頑張って働いて女性初の課長になった自分はたくさんほめてあげたいと思います。でも，会社時代の自分を振り返ると魂のない人形だったみたいに思えます。いまになってようやく本当の幸せをつかんだ気がします。もうさびしくありません。たくさんの人に囲まれて毎日が充実しています」。

> 終わりに

Ａさんの事例でもわかるように，「中年期の危機」とは，人生の起承転結における「転」にあたります。つまり，老いに向けて舵を切る「人生の折り返し期間」となるのです。それは「これまで生きてきた人生の道のりやその意味が根本から問い直される期間」といえるでしょう。ここで自分の生き方を再検討して，自己の内面に根ざした人生の意味を大切にできると，残りの人生が充実したものになるのです。

13 老いの悩み苦しみとカウンセリング

> 自己像の喪失──容貌や体型が変わる悩み苦しみ

年とともに体型が変わり，しわ，しみ，白髪や薄毛が出始め，視力が落ち，耳が遠くなります。老いは外見からやってきます。カウリーは著書『八十路から眺めれば』でこう述べています。「私たちの老いのきっかけとなるのは他人のまなざしであり，そのあとで私たちはゆっくりと他人の判断に調子を合わせるのである」(カウリー，1999) と。

気になる程度には個人差がありますが，総じて自分が若いときと比べて，徐々に変化していく自分の外見に気づいたとき，あせったり落胆したりします。

老いは容貌・体型などのからだの劣化にとどまらず、やがて首・肩・手足・腰などの運動機能から、血圧・肝臓・腎臓・心臓などの臓器に広がり、さらには、物忘れ、計算力、興味・関心・理解力が薄らぎ、涙もろくなり、抑制が効かなくなり、せん妄、幻覚、幻聴から、性格の変化にまで及びます。

老いをうたった古い狂歌があります。

「しわがよる、黒子(ほくろ)が出来る、背がかがむ、頭ははげる、毛は白くなる。手はふるう、足はひょろつく、歯はめげる、耳はきこえず、目はうとくなる。身に添うは、頭巾(ずきん)襟巻き杖めがね、湯婆(たんぽ)、温石(おんじゃく)、尿瓶(じびん)、孫の手」。

ここまでは肉体の衰えをうたい、続いて性格の変化をうたいます。

「くどくなる、気短になる、愚痴になる、思いつくことみな古くなる。聞きたがる、死にともながる、寂しがる、出しゃばりたがる、世話やきたがる。またしても同じ話に孫ほめる、達者(たっしゃ)自慢に人はいやがる」。

ちなみに湯婆は湯たんぽ、温石は石を熱して懐炉(かいろ)の代わりにしたもの、尿瓶は排尿のための瓶で、いずれも昔の老人が使ったものです。

好奇心・記憶力の喪失——知覚能力が衰える悩み苦しみ

肉体の衰えは本人にとって明瞭ですが、性格の変化については本人が気がつかなかったり、認めようとしなかったり、認めることがつらかったりする場合が多いものです。

このことに関連して堀秀彦はその著『石の座席』の中で、老人に

対するまわりの人の配慮の大切さをこう述べています。「昔の人は、石を懐に抱いて、ほのかなあたたかみを感じた。あたためられた石を、温石(おんじゃく)といった。(中略) それは熱くもなく、冷たくもなく、ほのかなあたたかさをおびてくる。懐石という言葉もあるが、石は決して自らあたたかくなることはない。老人の心が少しでもあたためられるには、温石の石のようにまわりの人のあたたかな心が必要だ」(堀, 1987) と。

人間関係の喪失——価値観を共有する仲間がいなくなる

親しい友人が亡くなることも老いの悩み苦しみの1つでしょう。老年になると活動範囲が狭まり、若いときに比べて新しい友達ができにくくなります。しだいに友人が減って自分が取り残されたように感じます。

子どもや孫と同居していても、子ども世代は仕事に、孫世代は学校や塾の勉強に忙しく、話をしようにもなかなか話し相手になる時間のゆとりがもてません。

かりに話し相手になれても、若い人と考え方や価値観が違う場合、老人は自分の考え方や体験がなかなか若い人に理解されず、孤独感・孤立感を味わいます。老いは独り暮らしのときも家族に囲まれているときも、このように「社会的孤立」に悩み苦しんでいる場合が少なくありません。

居場所の喪失——肩身が狭く、居心地が悪くなる

居場所とは、物理的な場所ではなく、老いるに従って職業や家事の役割が果たせなくなり、肩身が狭く、居心地が悪いと感じる主観的な感覚です。

体力・気力の減退により、かつてできたことができなくなってゆく不甲斐なさと、今後さらにできなくなる不安です。本人の意思と関係なく、役職引退など社会的な制度や慣行によってこれまでの役

割・地位を失うこと（社会的存在の喪失）が追い打ちをかけます。

　子どもが成人して自分のもとを離れ，大きくなった孫が寄って来なくなったときや老親介護の役割が終わったときなど，さびしさや空しさ（家庭の役割喪失）を感じます。

　そのとき，人はこころの張りを失い，意気消沈し孤独を味わいます。そのためやる気を失って無為に過ごす時間が増え，時間をもて余すことが多くなります。

　ルソーはその著『孤独な散歩者の夢想』の中でこう書いています。「なにもしないでいることがわたしの唯一の義務となっている。だからわたしは，自分にできるかぎりは，その義務をはたす。（中略）肉体はわたしにとってはもう邪魔ものにすぎず，障害となるばかりである。だからわたしはもういまから，できるかぎり肉体から離れていく」（ルソー，1983）と。

　思索の達人ルソーは，思うように活動できなくなったことを前向きに受け止め，その時間を無為に過ごすのではなく，自分のこころの声に耳を傾け，内省を深めようと考えたのでしょうか。

精神的資産の喪失ほか――大切な記憶が薄れていく

　老年期には精神的資産の喪失を体験します。長期にわたる入院・施設入所で自宅を離れたとき，子どもと同居するために永年住み慣れた家を去ったとき，家の改築・改造で家の間取りが変わったとき，地域開発で懐かしい景色や風景が変わったときなど，人は新しい間取りや手順・道順をなかなか覚えられない一方で，大切な思い出や懐かしい記憶を失うことになります。

　このように，覚えているはずの言葉や風景がなかなか思い出せず，新しい住まいになじめないため，若い人には老人の言動が緩慢で冗長に見えます。その反面，老人からは周囲の動きや時間の経過が速すぎるように感じるのです。

また多くの老人は，収入の喪失・貯蓄の減少について少なからず不安を抱えています。当面の生活に困っている人はもちろんですが，さしあたり困らないだけの貯蓄がある人でも，徐々に貯蓄が目減りする不安を抱えていることも忘れてはなりません。

老いと接するカウンセリングの心構え

　老いの悩み苦しみを訴える人に対しては次の点に留意しましょう。

◆画一的な老いの姿はない——老人という特別な人はいない

　老いの悩み苦しみを聴くときは，ひたすら耳を傾けることが大切です。口数の少ない老人に対しては，ご本人にとって得意だった過去の事柄に焦点をあて，そこを糸口にお話をうかがいましょう。老人は多かれ少なかれ得意のときと失意のときを繰り返して生きてきました。話されている内容の理解よりも，表情・態度・しぐさに焦点をあてて，話しているご本人の悩み苦しみを十分に感じ取りながら聴きましょう。

　望ましい老いの姿に気づいていただくことがカウンセリングのねらいではありません。黒井千次が著書『老いるということ』の中で「老いはある日突然に訪れるものではなく，そこまで生きて来た結果として人の前に徐々に姿を現すのです」（黒井，2006）と書き，「老いは過去とは切断された時間ではないと同時に，また現在進行形の時間でもある」と書いているように，老いの価値観や人生観には1人ひとり歴史的な背景があり，それぞれに異なっているものです。かくあるべしという画一的な老いの姿はありません。

◆カウンセラーは謙虚に——老いを実感していない私たち

　老いの悩み苦しみを訴える人は，おおむねみなさんより年長者です。敬意をもって過去の全盛時代と同じように接し，本人のプライドを傷つけない配慮が大切です。たとえ認知症などで子どもっぽく

見えてしまう人に対しても,「おじいちゃん」「おばあちゃん」とよばず,名前でよびかけるよう心がけましょう。老いを自覚させられる言葉は本人にとって不快です。いわんや「おねんね」「あんよ」など幼児語を使うことは禁物です。絶えず視線の高さに気を配り,水平の視線で話しかけること,とくに車椅子の人やベッドに寝ている人を見下ろして話さないよう心がけましょう。

◆老いがわかるはずがない——半ばあきらめて話そうとしない

　老いてはじめてわかることがたくさんあります。しかしカウンセラーを含め若い人は,まだ老いの気持ちを実感していません。老いの体験記を探しても,中高年が老いを想像して書いた本はありますが,80歳代,90歳代の人がみずからの老いの悩み苦しみをつづった本はほとんど見つかりません。その中でアカデミー賞受賞映画『黄昏(たそがれ)』のDVDは,老いの悩み苦しみを理解するうえで参考になります。娘にこころを閉ざした偏屈な老人が,魚釣りを通して孫のビリーと打ち解けたことを契機に,娘との和解を果たした物語です。

　老人にしてみれば,自分より年下の人に話してみても,所詮(しょせん)よくわかってもらえないだろうと,半ばあきらめながら話すときや,あまり話そうとしたがらないときがあります。だから老人にとって若い人の助言や提案は,無意味で無力なだけでなく,「やっぱりわかってくれなかった」と,かえって反発を招きかねません。

　「子ども叱るな来た道じゃもの,老人笑うな行く道じゃもの,来た道行く道2人旅,これから通る今日の道」という古謡(こよう)があります。老いは私たちにとって「行く道」です。ご本人に安心して自由に話していただけるよう,老いの悩み苦しみをともにする（そばにいる,共有する）気持ちで,ひたすら傾聴に徹し,逆にご本人からいろいろ教えていただくという謙虚な姿勢で臨みましょう。

　老いは人生の「実りの秋」「収穫の秋」「豊穣の秋」でもあります。

こころおきなくご自身のために歌い上げる人生の「第4楽章」「最終楽章」であってほしいものです。

　老いは人生の「黄昏」といわれますが、それで終わりません。「黄昏」の後に「夕暮れ」が迫り、やがて「夕闇」が包み「灯火」をもたらします。ひときわ明るい「灯火」もあれば、かすかに点る「灯火」も、点滅を繰り返す「灯火」もあります。老いの悩み苦しみに向きあうことは、その「灯火」が消えるまで、温かく耳を傾け、学び・やさしく見守っていく態度に尽きるでしょう。

　若い人に読んでいただきたい本・DVDを巻末の文献に挙げておきました。

14　病の悩み苦しみとカウンセリング

病の悩み苦しみとは

　病気になった、あるいは病を告知された瞬間、現実はガラリと音を立てて変わります。見慣れた風景が色を失い、「病気になる前のあの頃に戻りたい」と幾度となく願っても、もとに返ることはない……。ひとたび病を患ったときから、私たちはそんな言い知れぬ悲嘆や苦悩の谷底に落とし込まれてしまいます。

　カウンセリングで扱われる「病」というと、多くはいわゆる「こころの病」ですが、最近では、がんなどからだの病気を患う方々へのこころのケアが求められています。そのため、精神科や心療内科だけでなく、がん専門病院をはじめとするさまざまな医療の現場に、カウンセラーが配置されることも増えました。臓器移植、遺伝子治療といった最先端医療、あるいは不妊治療など、病に苦しむ本人だけでなく、家族への支援が求められる機会も多くなっています。

筆者が開設する面接室にも，がんや難病のご本人および家族が，カウンセリングの必要を感じてお見えになります。また現在，がんの当事者により設立された団体でも，患者や家族のためのカウンセリングをおこなっています。これら臨床での実際に基づきながら，病の悩み苦しみについて理解を深め，そこに寄り添うカウンセリングについて考えていきたいと思います。

病の苦悩とこころのプロセス

　筆者が日々お会いする，病に悩み苦しむ方の多くは，退院後，治療や検査を継続しながら日常生活を送られています。定期的な受診や検査のたびに，味わう恐怖やダメージ。痛みや違和感が少しでもあれば，病の再発や進行の不安におびえる日々。とはいえ，家族など周囲の人には距離や遠慮を覚え，自分の思いを分かちあう機会は得られにくいものです。一番頼りたい相手（親や配偶者など）にだけは「迷惑をかけたくない」と甘えられず，人知れず葛藤を抱えることが多いのです。ときには，仲間の死に動揺することもあります。

　こうした複雑な心理状況や回復過程に寄り添い，支援することがまずはカウンセラーの主な役割でしょう。最近では欧米にならい，こころのストレスが免疫力を損なわないように，さらには心理的ケアによって自然治癒力を養えるように，など代替療法的な目的でカウンセリングを利用する方も出てきました。

　ここでは，がんの告知の瞬間から始まる苦悩を例にとりながら，病の悩み苦しみとその回復プロセス（図4-3）について，見ていきましょう（岸原，2009）。

◆告知・病気になる──ショックと混乱

　「目の前が真っ白になる」「自分が自分でなくなったような」茫然自失の状態。「どうしたらいいかわからない」「自分で決められな

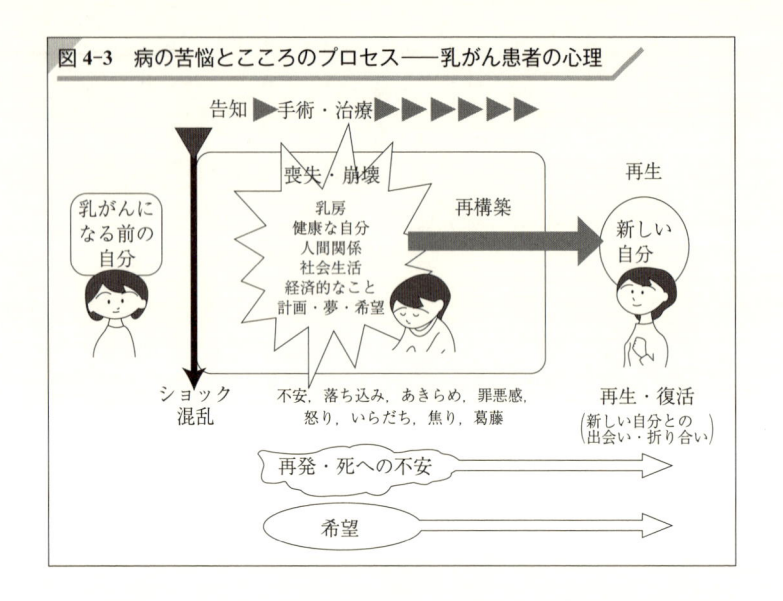

図 4-3　病の苦悩とこころのプロセス──乳がん患者の心理

告知 ▶ 手術・治療 ▶▶▶▶▶▶

乳がんになる前の自分

喪失・崩壊
乳房
健康な自分
人間関係
社会生活
経済的なこと
計画・夢・希望

再構築

再生

新しい自分

ショック
混乱

不安，落ち込み，あきらめ，罪悪感，
怒り，いらだち，焦り，葛藤

再生・復活
（新しい自分との
出会い・折り合い）

再発・死への不安

希望

い」主体性やコントロール感を奪われる感覚。「いままでできていたことができない」「無力で子どものような」自信の喪失。ショックからこころに傷を負うトラウマ体験につながったり，強い混乱から恐怖に襲われ，パニック状態に陥るケースも少なくありません。衝撃からこころを守るあまり，「何事もなかったように振る舞う」という否認の反応が生じることもあります。その結果，こころのダメージが長引くことになります。

ただし当然ながら，こころの体験はそれぞれに違い，けっして普遍化されるものではありません。こんな訴えにハッとさせられることはたびたびです。

「がんが告知されてじつはホッとした。これで人生がリセットされると思ったから。しかし現実には治療が終わって変わらない日常に戻っただけ。そのギャップになじめないし，誰にもこの気持ちは

わかってもらえない」(Aさん・37歳女性)。

「自覚症状がないまま手術・治療を受け、何を頼りによくなったとか、再発しないと思えばいいのか。自覚のなかった自分には判断や自信の拠りどころがない。いつまた発覚するかと、何年経っても検査のたびに恐怖が絶えない」(Bさん・44歳女性)。

◆手術・治療──変化と喪失の体験

「健康」だと信じていた自分から、入院・手術・治療が必要な自分へ。簡単には受け入れがたい変化です。変化は肉体にはもちろん、人間関係にも訪れます。病気をきっかけに、それまでふれないようにしてきたひずみが表面化し、離婚や別居など、家族との別れを経験する方もいます。仕事や家事にも制限が生じ、治療費の問題など経済的な影響も重大です。さらに、将来の計画や展望に対して軌道修正を余儀なくされ、挫折感、絶望感を味わうことも少なくありません。

心理療法では、「喪の仕事(モーニング・ワーク)」といって、もう取り戻せない、失ってしまった対象への思いやその過程を大切にたどり、こころの整理をしていく作業を重要視しています。失ったものへの固執や拒絶、運命への怒りや抗議の段階があり、やがて現実を受け入れる絶望・抑うつの体験を経て、こころの再構築・再生へ、というのが主な流れと考えられていますが、病の体験にも同様の悲痛なプロセスがあります。

失われ、色あせ、取り戻せなくなるものはたくさんあります。「健康な自分」「気がねなく動けていた肉体」「安寧な暮らし」「かつての人間関係や家族、仕事」「描いていた未来像や夢」などなど。こうした大きな喪失体験のプロセスにていねいに寄り添い、たどることは、こころの回復・再生にとって欠かせません。

◆再構築,そして再生へ

　回復・再生の段階では,「死と再生」ともいうべき,こころの質的な変容が起こります。これはちょうど,青虫がさなぎから蝶へと変容する過程にもなぞらえられます(岸原,2010)。青虫はさなぎの中で,いったんもとの形を失い,流動的などろどろの状態となって,さなぎの中でときを待ちます。青虫にとっては「死」です。ここでは子宮の中のように安全・安心が守られなければなりません。やがて時機が来て,蝶の形をとって大空へと羽ばたくのです。

　古い自分を脱ぎ棄て,「新しい自分」へ。古い自分を手放すことは,絶望やあきらめを伴いますが,同時に力が抜け,どこかラクにもなる体験です。「世間や他者のための人生」から,「自分のための人生」へ。「甘えたり頼ってはいけない」という縛りから「助けられたり甘える」喜びへ。家族への見方が変わり,それによって関係そのものが修復・再発見されることもあります。

　「親に決められた相手と結婚し,自分が家族を何とかしないといけない,とずっと思ってきた。病気になってはじめて,夫に弱音を吐き,夫の言葉に救われたり助けられて,生まれてはじめてこの人と結婚してよかったと思った」(Cさん・51歳女性)。

　「再生」すなわち,生まれ変わるような体験です。しかし繰り返しになりますが,そこには古い自分を失う「喪失」の痛みへの配慮が不可欠といえます。

◆「不確実さ」と「希望」と

　こうした流れには一貫して,「不確実さ」がつきまといます。「この治療法,この病院,この医者でいいのか」「私の肉体は,社会生活は,どうなってしまうのか」「子どもや家族の未来は?」などなど。中でも,再発や死に対する不安や恐怖は,誰もが避けがたく抱えます。言葉にできないまま1人おびえている場合も少なくありま

せん。予測できない不安と向きあう,そのつらさから逃れるために,「どうせ治らない」「死ぬ運命にある」と人知れず決めつけてしまうケースすらあります。

こうした中で毎日を生き継いでいくために,「希望」は欠かせません。カウンセリングは,不確実さの中で,その不安や恐怖を大切にしながら,明日へとつなぐ「希望」を一緒に見出していく作業でもあります。「こんな病気になってしまって,いったいどうすればいいのか」という嘆き。「なぜ私だけがこんな目にあわなければならないのか」といった怒り。「これからどうなってしまうのだろう」と途方に暮れる思い。「苦しみを本当に理解してくれる人などいない」という孤独感。「このまま治らないのではないか」といった焦り。「死んでしまうのではないか」という恐怖や絶望。

そのときの気持ちを言葉にし,表出することによってラクになったり,誰にも話せないこころの内を語ることで胸のつかえがとれ,肩の荷が下りることでしょう。また自分が口にした言葉を「耳で聴く」ことによって,思いがけない隠された思いにあらためて気づき,いまの自分に対する深い洞察が得られる,ということもあります。さらに他者に受け止めてもらう安心感によって,人生に新たな希望や意味を見出せることもあります。

病の苦悩と自己実現

病気になる前の自分。それが「光」の状態だったとすると,ひとたび病を患ったあとの自分は,真っ暗な「闇」に放り込まれたようです。やりたいことがたくさんある,光り輝く未来を夢見ていたのに,すべてが打ち砕かれてしまったのですから。ユングは,光(陽)だけでも闇(陰)だけでもない「陰陽あわせもつ自分」(図4-4)を再発見していくこころの作業を,「個性化」「自己実現」とよびました。自分は「まったき光」のような完全な存在ではない。病の体験とその苦悩により,

図 4-4 病の苦悩から自己実現へ——ホリスティックなこころ

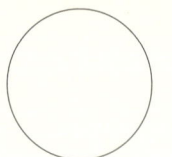

病の前——人生を「まったき光」のように思っていた

病のあと——真っ暗な闇に放り込まれてしまった

人生には光もあれば闇もある。陰陽あわせもつ，あるがままの自分

私たちはみずからが不完全な存在であることを思い知らされます。世間や親から望まれる理想の姿ではなく，欠けたところのある自分。その痛みを知るからこそ，あるがまま自分ならではの個性を発揮し，深く納得感をもって自分らしい人生を実現していくことができる。これは，病の苦悩を体験したからこそ，人生には光もあれば闇もあり，生とは死に裏打ちされたものであると知っているからこそ，手にすることができるものなのです。

終わりに

筆者が乳がん体験者のサポートに関して調査した際，こころの回復に最も関係があったのが，医師およびパートナー（配偶者や恋人）との関係でした。患者や家族にとって，医師との意思疎通がうまくいかないことは，大きなストレスです。不安や恐怖の直接原因になることもあります。逆に良好なサポートが得られると，病気自体への不安も大きく軽減します。このため，医師や病院とのコミュニケーションについては，多くの時間を使って一緒に考えます。家族との関係も同様で，必要に応じ配偶者や両親，お子さんに実際に来てもらい，やりとりを支援することもあります。

最後に，ときとして病の苦悩やストレスがあまりに強く，うつや

適応障害のような心理トラブルへとつながることもあり，そのケアとして精神科や心療内科への受診，薬の服用が必要なケースもあります。必要以上に苦しみが増したり，こころの回復過程が遅れたりすることを避けるためにも，病に対するこころのケアを志す場合には，精神疾患に対する理解や薬の知識が必要であることも，つけ加えたいと思います。

15 死の悩み苦しみとカウンセリング

死の悩み苦しみとは　死を迎える際の悩みや苦しみは，多くの場合，「無力感」と結びついていると考えられます。自分の力では「どうにもできない」ということを，目前に近づく死によって思い知らされて苦悩するのです。その苦悩＝無力感は大きく分けて，①過去に起こった出来事に対する後悔，②未来に起こるであろう出来事に対する心配，という形で浮上するようです。いずれの場合も「どうにかしたい」という気持ちが苦悩の源といえます。死の悩み苦しみについて，事例を通してみていきましょう。

夫婦関係の修復を望んだ男性の事例　Aさん（60代・男性）は，多角的に事業を展開し，社会的には大成功を収めていました。しかし，夫婦関係は数年前から深い亀裂が修復できないままになっていました。原因はAさんの不倫でした。不倫が発覚したときは大変な修羅場になったのですが，奥さんが会社の経理を担当していたこともあって2人は離婚せず，表向きは夫婦で協力して会社経営を続けてきました。けれども，家に帰ると夫婦の会話は一切なく，文字通り家庭内別居の状態でした。数

年経つと家庭内別居状態もあたり前になり，ただ関係が冷え切っているだけでした。

やがて，Ａさんは体調がすぐれなくなり，急激にやせていきました。いくつかの病院で検査をしても身体的な異常が見つからず，うつ症状も認められたので，カウンセリングを勧められて私のオフィスにやってきました。

Ａさんは「どうもだるくて，疲れやすいし，何かが変だ」と訴えました。「重いおもりつきの足かせがはめられているような感じで，歩くときに片足を前に出すのもおっくう」と言うのです。そのイメージをふくらませていくと，「砂漠のさらさらとした砂の上を，重いおもりつきの足かせをはめて歩かされているようだ。まったく前に進めない。へたりこみたい……」と肩を落としました。

「砂漠でへたりこむというのはどんな感じでしょうね」と問うと，Ａさんは「私だったら，こんなところで死ぬのはいやだという思いでやりきれないでしょうね……。人生に対する後悔が走馬灯のように頭の中をかけめぐるんじゃないですか」と答えました。そこで「Ａさんには人生でどんな後悔がありますか？」とたずねると，Ａさんはしばらく思案して，言いにくそうに「妻のことですかね……」とつぶやきました。

そこからＡさんは，数年前の不倫発覚以降，夫婦関係が冷え切ってしまったことが後悔されてならないと語り始めました。ずっと奥さんとの関係を修復したいと思っていたと言うのです。じつは，そのときもまだ不倫相手との関係は続いていました。Ａさんは都心の一等地に不倫相手用のマンションを購入し，週に 2, 3 回はそこに帰宅していたのです。Ａさんは，「どうしてこんなことをしているのか，自分でもさっぱりわからない。身勝手な振る舞いだと思う。本当は妻と関係を修復したいのに……」と苦しそうに語りまし

た。

　ちょうどカウンセリングでその話をした週に，とうとう大腸がんの疑いという検査結果が出ました。入院後の精密検査では，それまで見落とされていたのが致命的なミスといえるほど，状態はよくなかったそうです。ただし，入院前のAさんは「この結果が出て逆に安心した。ずっとこころの底で気になっていた夫婦関係に対する後悔が，ここにきてがんの形をとったように思う。このがんがよくなれば，夫婦関係も修復できるのではないか」と明るく前向きに述べています。そして，「夫婦関係についての気持ちを整理したい」と，がん治療のために入院するまで週2,3回の集中的なカウンセリングを希望されました。

　Aさんは，奥さんとのなれそめや恋人時代の逸話に始まり，夫婦で事業を立ち上げたときの苦労，しだいに会社が大きくなっていく過程，不倫発覚時の修羅場，現在の冷え切った関係について語り続けました。まるで，奥さんと歩んできた人生を走馬灯で眺めているみたいでした。そして数回の面接をかけてひと通り語り終えたのち，ついに思い切って奥さんに関係を修復したいと伝えたのです。

　しかし，奥さんには「何をいまさら……」とあっさり拒否されてしまいました。それどころか，冷たく「入院中の面倒はみない」と宣言されてしまったのです。その晩，Aさんは夢を見ました。

> 夢：きれいな異国の草原で棺桶を引っ張っている。ふと気づくとあたりが暗くなり，棺桶がとても重くなってきた。「おかしい。誰か入っている」と思って棺桶の中を見てみると，死人が寝かされている。死人は苦しそうな表情で死んでいる……はっ！ とする。その死人が自分だとわかる。

この夢はAさんに衝撃を与えました。Aさんによると，奥さんの言葉よりもこの夢に胸が引き裂かれそうになったということでした。自分が苦しそうな表情で死んでいる姿を「はっきりと見てしまったから」です。Aさんはこの夢を語ったあと，声を詰まらせてしばらく嗚咽（おえつ）されています。いろんな思いがあふれてきたのでしょう。夢の情景を語ることで，ようやく自分の深い苦しみに気づけたようでもありました。

　その後は，喪失の大きさを嘆く面接になりました。また，「身勝手な振る舞い」を悔み続け，本当に苦しそうでした。Aさんは「たぶん大腸がんで死ぬのだと思う」「死ぬまでになんとか妻とやり直せないだろうか」と何度も繰り返し述べています。けれども，どうにもならないことでした。入院前の最終回の面接では，「どうにもできなかったですね。でも面接に来てよかった。もっとつらくなったけど，かなり楽にもなれた」とやわらかい笑顔を見せました。

　Aさんは入院してすぐに手術しましたが，それほど回復せず，1年後にお亡くなりになりました。結局，最後まで奥さんとの関係修復はできませんでした。唯一の救いは，お亡くなりになったときに，奥さんから私にわざわざ電話連絡をいただけたことでしょうか。奥さんも深く苦しんでいました。奥さんは，Aさんが不倫相手との関係を清算し，夫婦関係の修復を望む遺言を残されていたことを涙声で語ってくださいました。

> **障害のある子どもを残して逝くことを嘆く女性の事例**

　Bさん（50代・女性）とは，私が教育相談所に心理相談員として勤めていたときに出会いました。Bさんの上のお子さんが重度の肢体不自由/知的障害児で，就学相談にやってきたのです。そのとき，たまたまお子さんが私になついたため，養護学校（現在の特別支援学校）に入学するまでに少しでも身体機能やコミュニケーシ

ョン能力を向上させることを目的として，私が継続面接を担当することになりました。

　お子さんは容姿がキューピーにそっくりで，純真な天使のような雰囲気があり，教育相談所の職員に大人気でした。しかし，6歳の時点で言葉は話せず，ベビーカーやおむつを使い，よちよち歩きでした。それが面接を始めると急に成長して，かなり元気に歩けるようになり，また「ぐるぐる描き」もできるようになりました。そのため，こちらが恐縮するほど，Bさんにたくさん感謝されました。また，他の場所で身体機能訓練をおこなっていなかったため，教育相談所に来る日は疲労もあったのでしょう，「ぐっすり寝てくれる」と喜ばれました。こうして半年ほど面接を続け，養護学校入学と同時に終結しました。

　教育相談所での面接はBさんに好印象を残したようでした。自宅の玄関には，私とお子さんで一緒に撮った写真がずっと飾ってあったそうです。面接終了後も，年賀状や暑中見舞いのやりとりが途切れずに続いていました。そして月日が流れ，10年以上経ったある日，驚いたことに突然Bさんから私の新しい職場に連絡が入りました。私を指名して「大至急面接を予約したい。お話ししたいことがたくさんあります」とカウンセリングの申し込みがあったのです。

　久しぶりにお会いしたBさんに以前の面影はまったくなく，げっそりとやつれていました。それもそのはず，Bさんが歩んできた人生はとても壮絶で痛々しく，話を聴いているだけでつらくなってくるほどでした。

　Bさんの家族は小さな町工場を経営していました。けれども，バブル崩壊後に仕事が入ってこなくなり，資金繰りがうまくいかず，人にだまされ，億単位の借金を抱えて倒産しています。それどころ

か，借金の筋が悪かったので，いやがらせのようなひどい取り立てが昼夜を問わず続きました。そのため，家族みんなが精神的に追い詰められ，ご主人はうつ病になって入退院を繰り返し，下のお子さんは長期間不登校になってしまい，何度も本気で一家心中を考えたそうです。結局，ご主人が自己破産して，生活保護や障害者年金を受給し，住まいを変え，ようやく事態が落ち着いたと思った矢先に，今度はなんとBさんが肺がんになってしまったのです。

Bさんはすぐに手術して治療を続けたものの，たった数カ月で多数の脳転移と骨転移が見つかってしまいました。それで「いてもたってもいられなくて面接を予約した」ということでした。Bさんは「もう私の余命は長くないと思います……」と号泣されました。けれども，涙は自分に向けられたものではありませんでした。自分の余命より，お子さんの将来が心配で涙が止まらなかったのです。Bさんは「私がいなくなったらあの子はどうなるのか不憫でならないです……」「先生なんとかならないでしょうか……」と慟哭されています。

お子さんはとても評判のよい施設に入所することがすでに決まっていました。しかし，Bさんにとっては，それまでの人生のどんな苦労よりも，重い障害のある子どもを残して逝かなければならない運命のほうがきつかったのです。お子さんが評判のよい施設に入所できることはまったく慰めになっていませんでした。自分がお子さんの世話をできなくなることは耐えがたい悲しみだったのです。

「死ぬことなんか怖くないです。でも，私がいなくなるとあの子がこれから苦労するだろうと思うと死にたくありません……。あの子よりも1日だけでいいから長く生きていたいんです。あの子と別れたくありません……」。悲痛な叫びでした。

面接でひたすら泣き続けたBさんは，最後に少し晴れやかな表

情になって「聴いてくださってありがとうございました」と深々と頭を下げられました。「どうにもできないことはわかっています。でも，ここで話せてスッキリしました」。Bさんはこの面接の数カ月後にお亡くなりになりました。

終わりに

2つの事例に共通していることは，「どうにかしたい」「どうにもできない」という苦悩でしょう。結局，どちらの事例でも「どうにかしたい」という願いはかなっていません。AさんとBさんは，その願いがかなわないことを自分に言い聞かせるために，必死で語り続けたようにさえ思えます。2人とも本当に悩み苦しんでいましたが，しかし語ることでほんの少しだけ表情が晴れました。そして，「面接に来て楽になれた」「話せてスッキリした」という言葉を残しています。おそらくそれは社交的なお世辞だけでなく，本心からの言葉だったのではないでしょうか。

あらためていうまでもなく，カウンセラーの仕事の基本は「聴く」ことです。その真価が発揮されるのは，誰にも話せない苦悩や，具体的な好転変化の望みを手放さなければならないような深い苦悩を前にしたときでしょう。カウンセラーが「聴く」とき，それは苦悩の解消を目的にしているのではなく，むしろ苦悩の中に入っていき，苦悩をとことん語り尽くしてもらうことを目指しています。

カウンセラーが「どうにかしてあげたい」という上から目線の「治療的野心」に取り憑かれてしまうと，クライアントは苦悩を語ることができなくなってしまいます。クライアントの苦悩を本当の意味で「理解（understand）」するためには，下に立つ（under-stand）ことが必要です。カウンセラー自身が無力になって「聴く」ことに専心するとき，クライアントの重い「無力感」はささやかに軽くなるのです。

死を迎える際の悩みや苦しみを「聴く」ことは，そうしたカウンセリングの基本を再認識させられる経験となるでしょう。

第5章 生活にすぐに役立つカウンセリング技法

1 内側の自分とつきあう

●フォーカシング

フォーカシング的なカウンセリング

クライアント中心療法は、ロジャーズによって開発されました。

フォーカシングは、ロジャーズの学生かつ共同研究者だったジェンドリンによって開発されました。

フォーカシングとは、自分の本音をからだの知恵を借りて聴き取る、すなわち、フェルトセンスとよばれる、意味を含んだ独特の身体感覚を傾聴する過程(プロセス)です。

具体的には、話しながら、「うーん」とか「えーと」と言葉に詰まって、言葉にならない何かをからだの内側で感じている。この漠とした何か意味のある感じ（フェルトセンス）に焦点をあてている間、独特の沈黙があり、「あ、そうそう」と言語化する。

ジェンドリンらは、成功するクライアントはこれを繰り返していることを発見して、からだの内側の感じに焦点をあてて言葉を探しながら気づきに至るプロセスを、フォーカシングと名づけたのです。

フォーカシング的なカウンセリングでは、クライアント（フォーカサー）が「自分の内なるクライアント（フェルトセンス）」とつきあいながら問題を解決するプロセスを、カウンセラーが援助します。

自分が自分の相談相手、カウンセラーになるというイメージです。

内側の自分（フェルトセンス）

たとえば、朝起きて「胃が詰まった感じ」がするとき、次の2つを比べてみましょう。

① 「昨日の食べすぎ飲みすぎのせいかな」→身体的な症状です。

それに注意を向けて、気にかけてあげるように、「胃が詰まった感じなんだね」と声をかけると、うれしいみたいで、少しその詰まりがやわらいだりします。これは身体的な症状で、フェルトセンスではありません。

② 「からだの内側の胃の詰まった感じにゆっくり注意を向けてみると、落ち着かない、急かされているような、いっぱいいっぱいの感じが胸いっぱいに広がってきます」→「目の前にやることがたくさんあるからかな」→心理的な意味を含んだ身体感覚、これがフェルトセンスです。

フェルトセンスとは、たとえば、明日試験だと思うと心臓がドキドキする、好きな人のことを思うと胸がキューッとなる、腹が立つと怒りがお腹からガーッと突き上げてくる、その「ドキドキ」「キューッ」「ガーッ」のような身体感覚のことです。

フォーカシングでは、そのことを頭で考えないで、ただ「ドキドキ」や「キューッ」という感じに注意を向けて、そのメッセージを聴いたり、それと対話したりします。

内側の自分とつきあう

図5-1のように、自分の内側にもう1人の自分（内なるクライアント）がいて、悩んでいるとしましょう。

自分はカウンセラーのように、その内側の問題さん（フェルトセンス）に注意を向け（焦点をあて）、問題さんの話を聴きながら、解決の方向を見つけていきます。

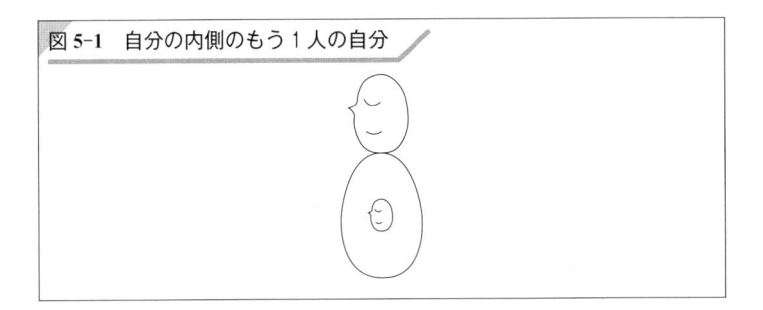

図 5-1　自分の内側のもう1人の自分

自分とのつきあい方

自分の気持ちや問題が，自分の内側，からだの中心部分にあると想像しましょう。

たくさんの問題がごちゃごちゃとからまっていると，内側が詰まった感じがするでしょう。これらを1つずつ，ちょっと片づけて，内側にすっきりした空間をつくってからフォーカシングを始めることを，ジェンドリンは提案しました。

図5-2は「こころの整理」（クリアリング・ア・スペース）というワークです。

左の例にならって，右の空欄に描いてみましょう。

図 5-2　こころの整理

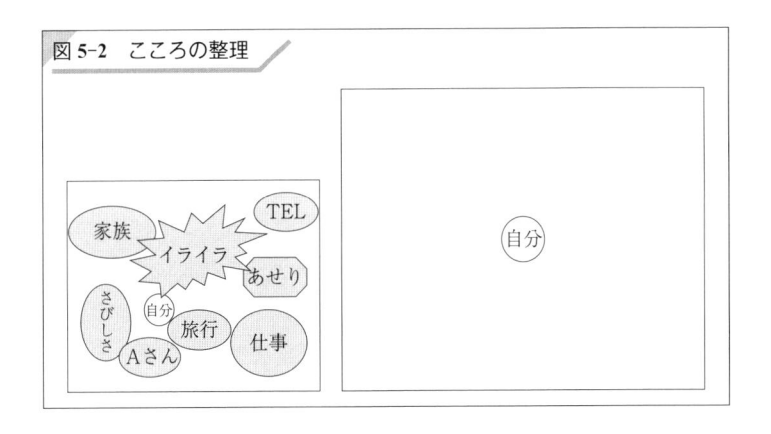

1　内側の自分とつきあう

ゆっくり大きな呼吸をして、からだ全体をゆったりと楽に感じながら、からだの内側に注意を向けて、気になっていること、浮かんでくることを、1つずつ、ひとくくりにして、自分のまわりにおくように描いていきます。

フォーカシングのプロセス

どれか1つを選んで、その問題さん（フェルトセンス）とつきあってみましょう。

・目を閉じて、内側にある問題さん全部をゆっくり眺めて、
・からだの内側に、すっきりした空間があるのを確かめましょう。
・選んだ問題さんのことを思い浮かべて、内側の感じを見てみましょう。誰かの顔とか、何かの場面とか……、
・そのことについて感じる内側の感じを、言葉にしていきましょう。

◆1人でプロセスを進める例

　F（フォーカサー）：消えかかっている不思議な気持ちに焦点をあててみると、どぎまぎした。どぎまぎの感じを見てみると、（間）うーーん、彼女のよそよそしさに会っちゃって、どぎまぎしたんだけれども、そのよそよそしさの原因と私が勝手に考えていることに対し、後ろめたい気持ちがしてたのかな、といま思った。

聴き手がガイドするフォーカシング

フォーカシングは、慣れると1人でもできますが、最初はフォーカシングの専門家にちゃんとガイドしてもらうことをお勧めします。フォーカシングでは、聴き手をリスナーまたはガイドといいます。リスナーは、やさしく興味をもって、半歩下がって寄り添う態度で、場の安全を守り、鏡のようにフォーカサーの言葉をそのまま伝え返したり、ときどき提案や質問をしながら聴いていきます。

ガイドされたフォーカシングの例をいくつか見てみましょう。

◆対人関係の問題を具体的に話しながら進める例

F：後ろめたさ、後ろめたさというよりは、違う言い方をすると、うーん、振り切って飛び出してもいいのに、まだ引きずられている自分がいるという感じなのかな？

L（リスナー）：まだ、引きずられている。

F：引きずられているか、恐れている。彼女を恐れている感じ。

L：彼女を恐れている。

F：恐れている。何か言われるのがいやだし。言わないのに。

（略）

F：私は私でいいし、彼女は彼女でいいんじゃない？　っていう（うん）、彼女が何を言ってきても、全部認められるような気がしてきて（うん）、こんな気持ちってはじめて（うん）。彼女のいろんなことにこだわってたんだけれども（うん）。

L：私は私、彼女は彼女。

F：（間）すごく、気持ちが楽になった。

◆イメージ体験を伝える例

F：「たらい」って言い方が貧弱ですけど、気分としてはわりと豪華な気分（うーん）ですね。

L：うーん、豪華な気分。

F：さっきは花びらがささっていて、そこからこう、何か集まってくる感じだったんですけど、いま、その「たらい」って言った縁からこう、流れてくる感じがするんです、いろんな方向から（ふーん）。360度、ばぁーって、こう、何か液体っていうか（うんうん）、「たらい」の縁で滝のようにちょっと段差ができて、いろんなところから、ふわぁーと集まってきているんで、それは気持ちがいい感じがしています。

L：それぞれのところから,何か滝のように,その「たらい」の中にばぁーって集まってきている,そんな感じが気持ちがいい。

◆からだの感じをたどっていく例

F：どうもいま,バランスの悪いからだの状態が（うん）,何か言いたそうなので（はい）,からだの状態をちょっと確かめます。

L：からだの状態のこと。じゃ,ちょっとしばらく,からだの様子と一緒にいてみましょうか。

F：（間）右側が,すごく引っ張ってる感じがします。

L：右側が,すごく引っ張ってる感じがする。

F：左側が,それについていけない。

L：左側が,それについていけない。しばらくそのままでいてみましょうか。

(略)

F：（間8秒）アクセルを踏んでいるのと,ブレーキをかけているのと（はい）,同時にやっているような感じ。

L：アクセルを踏んでいるのと,ブレーキをかけているのと,同時にやっている感じ。そんなふうにしていると,からだはいまどんな感じでしょうか。

F：まっすぐ座っている感じ,しないんですよね。（うーん）えっと,すごく,斜めになっていて,右側がすごく前に出てる感じ。左側は,後ろになっている感じ。

(略)

| フォーカシングを
日常生活にいかす | フォーカシングを学ぶ場で何よりも大切にされることは,「安全」と「信頼」と「やさしさ」です。日常生活の中で,何事にも |

自然にありのままを認める態度が身につきます。ここまでに強調してきた「自分で」という基本を,自分のためにも相手のためにも大

切にできるでしょう。

たとえばフォーカシング日記をつけるとか，毎日「こころの整理」ワークをするとか，日常生活にフォーカシングを取り入れることをお勧めします。

フォーカシングについてさらにくわしく知りたい方は，日本フォーカシング協会（JFA）のホームページをご覧ください。

2 勇気づけて自信を育てる
●アドラー心理学の立場から

あなたは，アドラーという心理学者（精神科医でもある）とアドラー心理学についてご存じでしょうか？

西洋では，アドラーは「心理学の3大巨頭」としてフロイト，アドラー，ユングと並び称されますが，日本ではアドラーがすっぽり抜け落ちています。心理学の授業でも，フロイトとユングのことは教科書にも出ているし，しっかり教えてくれる先生もいます。しかし，アドラーのことは，教科書にもほとんど出ていません。アドラー心理学にふれる先生がいても，アドラーの原著を読みこなして教えている方はまれです。

ところが，このアドラー心理学の周辺には，「隠れアドラー派」といわれる人たちがかなりいます。アドラー，あるいはアドラー心理学の影響を直接・間接に受けながらも，「アドラー」の名前を出そうとしない人たちです。

最近の臨床心理学者の代表例は，エリス（論理療法の創始者）です。彼は，ニューヨークでアドラーの長男のクルト・アドラーからアドラー心理学を学び，ずっと北米アドラー心理学会の会員だったことはあまり知られていません。

ここでは、読者にやがて「隠れアドラー派」になってでもいただければ上出来で、アドラーの原著を読むまでにならなくとも、「そうか、アドラー心理学の理論と、その実践としての勇気づけとはこういうことなんだ」と思ってもらえるくらいのレベルの知識を簡潔にお伝えします。

カウンセリングにおけるアドラー心理学の立場

カウンセリングに役立つアドラー心理学の理論をかいつまんで述べると、以下の通りです（半分近く大胆にカットしています）。

① 人間は、自分の行動を自分で決められる（自己決定性）
② 人間の行動には目的がある（目的論）
③ 人間のあらゆる行動は、対人関係である（対人関係論）

次のような青年（Yさん）がカウンセリングにやって来たとしましょう。彼の主訴は、こうです。

◆ある青年の事例

サラリーマンだった父親は、酒飲みでした。子ども時代、長男の彼に対して成績を上げさせようとしていろいろ教えるのですが、物覚えが悪いと説教が始まり、その挙句ゲンコツを食らわせることが頻繁にありました。そのくせ3歳年下の弟には甘く、体罰を与えたのを見たことがありませんでした。Yさんを溺愛する母親は、父親の前では何も言わず、陰で彼のことを「かわいそう、かわいそう」と言ってくれていました。

高校2年生のとき、進路問題で父親と意見が分かれ、それ以来、父親とはあまり口を聞かない関係になりました。

大学は、私立大学の理学部に進み、物理学を専攻しました。

大学2年生の頃、人間関係に悩み、「アダルト・チルドレン」の本を読みまくり、自分のことをアダルト・チルドレンだと判断しました。その関係の会合に出るたびに、アダルト・チルドレンだとい

う思いが募っていました。人間関係がうまく築けないのもアダルト・チルドレンのせいだと思っていました。

就職しても，上司を父親とダブって見てしまう自分がいて，反発するか無視するかのどちらかの態度しかとれず，1つの会社に2年と勤めることができず，27歳で2回の転職を重ね，現在の会社も退職しようとしていました。

そんなYさんがカウンセリングにやってきたのです。

◆アドラー心理学によるカウンセリングのスタンス

話題を少し変えて，ここで，アドラー心理学によるカウンセリングのスタンスを3つ明確にしておきます。

まず，アドラー心理学によるカウンセリングは，クライアントのことを「勇気づけ」の反対の「勇気をくじかれた人」と見なします。クライアントは，何かしらの外部要因によって，あるいは自分自身のものの見方・考え方によって勇気をくじかれているのです。だからこそ，「カウンセリングには勇気づけが必要」ととらえているのです。

第2に，アドラー心理学によるカウンセリングは，「治療モデル」でなく，徹頭徹尾「教育モデル」で接します。クライアントに対して，カウンセラー/セラピストが治療をおこなうのではなく，クライアントのことを，①そもそも状況に対処する教育を受けていないか，あるいは，②他者/自分自身によって間違った教育を受けている，と考えるのです。

第3に，カウンセリングにおける情報収集は必要最小限で十分で，必ずしもクライアントの語る話をすべて聴くことをしません。上で述べた「教育モデル」に基づいて，本人が直面する課題に対してよりよく，勇気をもって対応できるようになるレベルの情報が収拾できればいいのです。カウンセラーは，クライアントの話に耳を傾け

すぎると、クライアントは、話をすればするほど、勇気をくじかれた従来の物語を発展させるか、または、新たな物語をつくり上げることさえありえます。アドラー心理学の立場では、アドラーの「人は記憶をつくる」(実際にあったかなかったかわからない話が、語ることによってつくり上げられるという意味)という言葉を大事にしています。

◆Yさんの事例の続き

私は、初回面接でYさんの話をお聴きしましたが、じつに見事でした。「アダルト・チルドレン」の物語について相当語り慣れている印象でした。

初回面接では、情報収集と関係構築に留意し、最後は、今後のカウンセリングの進め方について説明し、このカウンセリングの目安は、全部で6回程度であることを告げました。

2回目の面接では、カウンセリングの目標を上司との対人関係として取り扱うことに合意し、アダルト・チルドレンを癒すことを目標にすることをせず、アダルト・チルドレンにまつわる誤解を解きました。

そもそもアダルト・チルドレンというのは、アメリカのアルコール依存症の治療現場から生まれた概念で、本来の意味は「アルコール依存の親のもとで育ち、大人になった人 (adult children of alcoholic)」だったのですが、この概念を日本で普及させた斎藤学 (精神科医) は、アダルト・チルドレンを拡大解釈し、"adult children of abusive parents" (虐待する親)、"adult children of disfunctional family" (機能不全家族) のもとで育った「親との関係で何らかのトラウマを負ったと考えている成人」にまで発展させてしまったため「あの人もこの人もアダルト・チルドレン」であるような現象が起きていること、そして現実に、批判が集中した斎藤学は、ある時期からアダルト・チルドレンという言葉は使わなくなっているとのこ

とです。

　Yさんはこの段階で,「いままで自分が信じてきたことは何だったのか」と語りました。

　さらには, 2回にわたりアドラー心理学に基づく「ライフ・スタイル調査」(アドラー心理学特有の性格検査法)をおこない, その内容に沿ってカウンセリングを進めました。

　Yさんの困った傾向は, 父親によって培われた「上長者(年齢や地位が上の人)は自分を非難する」という信念(これをアドラー心理学では「世界像」といいます)がくせ者で, 上司をどうしても敵対的な存在と見てしまい, 上司に反発してしまう自分自身が存在することを認めました。

　Yさんの, 父親をモデルとした上長者に対する敵対心がすべての人に及ぶかというと, そうではなく, Yさんは, 中学時代の部活の先生, 大学時代の指導教授には尊敬の念を抱いており, そればかりか, 上司の中でもいい関係を構築できている人がいました。とりわけカウンセリング当時の職場の課長(上司の上司)のことは「よき理解者」とよんでいました。

　ここでは, 症例報告でないためこれ以降の詳細を省略しますが, 上長者に対する認識を変えたYさんは, その後, アドラー心理学の講座を受講し, いまではブログを立ち上げ, 読者を「アダルト・チルドレン」から目覚めさせる活動をしています。

　アドラー心理学の理論に戻ってYさんの旧来のパターンの行動を解明すると, Yさんは自分のことを被害者的なアダルト・チルドレンだと決めてかかり(自己決定性), 上司に対して自分をひとかどの人間だと認めてもらえるよう(目的論), 敵対的な対人関係をとっていた(対人関係論)のです。

2　勇気づけて自信を育てる

> **勇気づけて自信を育てる**

アドラー心理学のカウンセリングは，クライアントを他者の役に立つように勇気づけることを目標にしています。Yさんのケースでいえば，Yさん自身がアダルト・チルドレンの呪縛を解いて，上司との人間関係の改善を可能にし，それだけでなく，Yさんがいままで悩んできたことそのことが自分の大切なリソースの1つとして，やがて他者の役に立つように勇気づけるカウンセリングをおこなってきたのです。

さて，ここでのポイントは，次の2つです。

① 勇気づけは，困難を克服する活力を与えること
② 勇気づけることは，ほめることとは違うこと

①に関して私は，「勇気」に相当する英語の"courage"の語源はラテン語の"cor"で，英語の"heart"の意味だということを指摘しておきたいと思います。そのことから私は，「勇気とは，困難を克服する活力」「勇気づけとは，困難を克服する活力を与えること」と定義しています。

次に，「勇気」と「勇敢」とは違うということを『心の雨の日の過ごし方』（岩井，2013）で表5-1のように対比して書いています。

表5-1では，「勇気」を「『尊敬』『共感』『信頼』とも切っても切れない関係」と書いていますが，このことはどういうことでしょうか？　このことは，対人関係において尊敬，共感，信頼で接するだけでなく，自分自身に対して強い信頼感——つまり自信——をもてなければならないことを意味します。

ここで私は「自信」と書きましたが，自信がある人は，自分自身に不満足なところがあるとしても，基本的に自分にOKを言える人です。

②の「勇気づけることは，ほめることとは違うこと」に入ります。

表 5-1　勇気と勇敢

勇気	勇敢
英語は "courage"	英語は "bravery"
人生の課題を克服するのに使われる	「むこうみずの勇ましさ」も含まれる大胆さ
"I am OK. You are OK." の対人関係	"I am OK. You are not OK." の対人関係
「尊敬」「共感」「信頼」とも切っても切れない関係	「尊敬」「共感」「信頼」と関わりなし

　最近は「ほめる」ことがブームになって,「ほめ検定」をやっている組織もあります。相手をけなして動かそうとすることが効果的でないので,相手がいい気持ちになるようほめる対応をするのです。私は,けなすにしてもほめるにしても,どちらも相手に対して操作的な印象をもってしまいます。

　もし私がYさんに対するカウンセリングでほめるとしたら「すごいですね」「それは素晴らしいです」と,Yさんが喜びそうな言葉を連発したことでしょう。

　「勇気づけ」をほめることと対比して次の3つにまとめておきましょう。

(1)　「ほめる」が評価的な態度であるのに対して,「勇気づける」は共感的態度

(2)　勇気づけの成果は,相手が自分自身を自分で勇気づけられるようになること

(3)　勇気づけの目標は,勇気づけられた人が他者の役に立つように勇気づけること

　相手がいい気持ちになるようほめることは,一種の評価で,操作的な下心が見え見えです。それに対して,勇気づけしようと思った

ら，自分の立場でなく相手の立場に立って──つまり，相手への共感──からスタートしなければなりません。

また，ほめられる側からすると，またほめられようと行動しますが，ほめられなくなると行動しなくなります。このように相手が依存的になる弊害があります。そして，何よりも「自分はどうすればほめられるか？」という自己中心的な態度から抜けきれなくなります。

「勇気づけ」は，ほめることとは大きく違います。相手が自分自身を自分で勇気づけられるようになるように自信を与えることが勇気づけの成果，そして，勇気づけられた人が他者の役に立つよう勇気づけることが勇気づけの目標なのです。

3 リソース（自分のもち味）をいかして解決を手に入れる

●解決志向アプローチ

「問題志向」から「解決志向」へ

◆「問題」のモンスター化

私たちは，何かに悩んでいるとき，物事がうまくいっていないとき，「問題」について考えます。何が「問題」なんだろう？ そして，これが「問題」だな，あれも「問題」だな，と自分のことや周囲の人のことで，たくさんの「問題」を見つけます。そして，「原因」も考えます。どうしてそうなってしまったのだろう？ 何がいけなかったのだろう？

これは，私たちが悩みや問題に取り組むときに，従来から慣れ親しんでいるやり方です。でも，どうでしょう？ 問題や原因について，真剣に悩んだり，考えたりすればするほど，この「問題」と

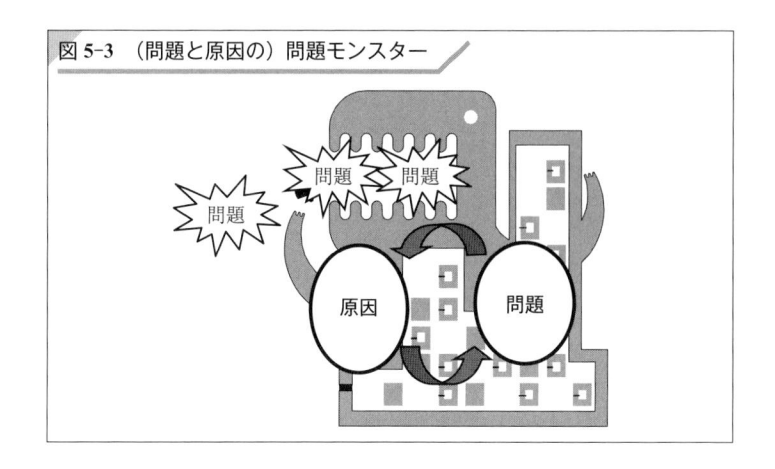

図 5-3 （問題と原因の）問題モンスター

「原因」の堂々めぐりの迷路から抜け出せなくなり，「解決」から遠ざかっていっていませんか？ 問題にばかり注目していると，問題はモンスターと化します。問題モンスターは，問題が大好物ですから，問題を見つけては餌にして，みるみる肥大化していきます（図5-3）。私たちはモンスター化した問題に立ち向かうどころか，飲み込まれてしまいます。気がつけば，悩みの蟻地獄に落とされていて，もがけばもがくほどそこから這い上がれなくなる。それでは元も子もありません。

◆「リソース（資源・資質）」からの出発

ところで，私たちはなぜ悩んでいるのでしょうか？ 自分のだめさ加減を思い知って，立ち直るすべを見失うためでしょうか？ そうではなく，よりよい状態の自分になりたいから，解決に向けて踏み出したいから，自分を肯定し希望をもてるようになりたいからであるはずです。

私たちが，注目し，大事にすべきは，「問題」（だめなところ，うまくいっていないこと，自分に足りないもの，できないこと）ではなく，

「リソース（資源・資質）」（やれていること，うまくいっていること，自分のもち味，すでにもっているもの，できること）です。問題ではなくリソースに注目することは，そこに「ないもの」ではなく，「あるもの」に焦点をあてるということです。「無」からは何も生み出せません。ですから，問題ではなく，リソース（あるもの）が出発点です。「あるもの」こそが，これから何かを成就していくための材料になります。

そして，これからどうなっていったらいいのかについて，つまり，未来や「解決」の姿について考えます。いま悩んでいる「問題」がまったく問題でなくなっている状態が，いったいどんな状態なのか，具体的に考えたことがありますか？　未来はこれからつくられるわけですから，未来のよりよい状態（解決像）について，まず考えてみることがとても大切です。でも，不思議なことに，私たちは問題を解決したいと思っているのに，解決像については，ほとんど考えることがありません。

このように，問題や欠点はよく見えるのに，リソースや解決の姿は目をこらさないと見えにくいというのは，図5-4のような「悩みの視力検査表」に私たちが慣らされているからかもしれません。

◆「解決志向」への発想転換

「問題」モンスターを相手にする従来の考え方が「問題志向」であるのに対して，「リソース」に注目し，「解決」の状態に焦点をあてる考え方は「解決志向」です。

「問題志向」では，問題に注目し，何が誤っていて，どのようにそれを治すかを探ります。それに対し，「解決志向」は，（その人の内外に）どんな「リソース（資源）」があるかに注目し，それらをうまく用いて（アクション；実際に行為することによって），よりよい解決や未来をつくっていくカウンセリングの方法（モデル）です（図5-5）。

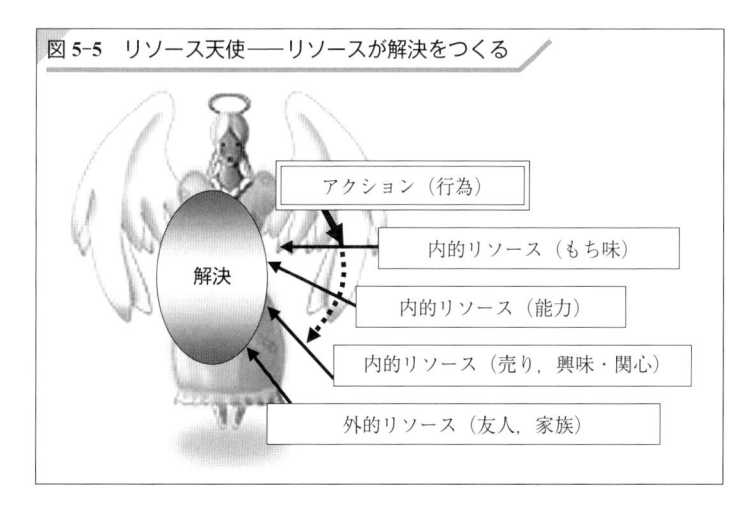

図 5-4　悩みの視力検査表

問題

原因

限界　欠点

可能性

リソース　例外

解決　未来

（出典）　デービスとオズボーン，2001 を改変。

図 5-5　リソース天使——リソースが解決をつくる

解決

アクション（行為）

内的リソース（もち味）

内的リソース（能力）

内的リソース（売り，興味・関心）

外的リソース（友人，家族）

3　リソース（自分のもち味）をいかして解決を手に入れる

問題モンスターを相手にせず，リソース天使と仲良くすることです。

このモデルは，解決志向アプローチ（solution-focused approach；SFA；バーグ，1997；ディヤングとバーグ，2008），あるいは解決志向ブリーフセラピー（solution-focused brief therapy；SFBT）とよばれています（森・黒沢，2002）。

「解決志向」は，役に立つこと，よい結果がより早く出せることを大事にする，徹底したプラグマティズム（実践主義）から生み出された新たなカウンセリングの潮流です。従来のあらゆる流派のカウンセリングや心理療法の考え方に対して，大きな発想の転換をもたらしました。

不可能なことや手に負えないことではなく，可能なことや変わりうること，肯定的な側面に焦点をあてるため，クライアントの自己効力感やモチベーションが高まりやすく，「希望のカウンセリング」とよばれることもあります（デービスとオズボーン，2001）。

◆解決像とリソース

たとえば，過食症に悩んでいる方がいるとすれば，通常は，どうやったら過食をしないですむようになるかについて，その方法論を知りたいと考えます。その前に，過食に関連する問題や，過食をしてしまう原因についてもよく考えることでしょう。これは「問題志向」の考え方です。

一方，「解決志向」では，それらを考える代わりに，もしかりに，過食がまったくなくなってしまったとしたら，いったいどんな1日になるのかについて，具体的に考えることになります。大切なことは，単に過食をしないようになることではなく（過食をしなくなっても，何をしていいかわからず無気力に過ごしたり，別の問題行動が始まったりするのでは困ります），過食をする代わりに何をしていて（何ができていて），どんな1日が過ごせるといいのか，それを本人に考えて

もらい、本人が望む生活を手に入れられるようにするのです。これが解決像を描くということです。何をして過ごすのかには、その人の内外のリソース、もち味が重要になります。趣味、興味・関心、進路に向けての準備、勉強、仕事、友人、家族、学校、職場、周囲の協力など、その人の内外のリソースが材料となって、充実した1日を形づくることになります。

　問題（悪いもの）を取り除くことよりも、リソース（材料）を使って、新たにその解決の状態をつくっていく作業が、解決を実現させる道なのです。

> ［解決に向けた質問の例］
> 　　○○（問題な行動）をする代わりに、何をしますか？
> 　具体例　・喧嘩をする代わりに何をしますか？
> 　　　　　・タバコを吸う代わりに、何ができればいいですか？

「リソース」を見つけ、いかそう！

◆すでにあるものを見直す

　いま、あなたはこの本を読んでいます。ということは、あなたは生きていて、目が見えて、本を持ったりページをめくったり、手も動かせるはずです。字が読めて、いろいろなことを考えたり感じたりする力や、この本を買ったり借りたりする力ももっています。ここまで途中で投げ出さずに読み進められた力もあるし、飛ばし読みしているなら、そのような臨機応変な対応をする力もある。また、カウンセリングにも興味をもっていて、やさしいこころや繊細な気持ち、人間のこころへの興味をもっている可能性も高いでしょう。

3　リソース（自分のもち味）をいかして解決を手に入れる

これらは，あなたができること，もっているものであり，あなたにとっては，まだごく一部のものでしょう。あたり前のことのようですが，これはとても重要なことです。これらも含めて，あなたが内外にもっているもの，すでにある力，できること，もち味，これらすべてがまず「リソース」です。リソースを問うときに，「売り」という言葉でたずねることもあります。

　「あなたの売りは何でしょうか？」「相手の売りにはどんなものがありますか？」。

◆「問題」は「リソース」へのヒント

　リソースについては，「『問題』の周辺に『能力』がある」と発想すると，見えてきやすくなります。たとえば，気が散りやすいことが問題に思えたとしても，その周辺を探ると，興味の幅が広く臨機応変な対応能力があることが，見出されるかもしれません。

　あるいは，「○○が問題」と思うなら，「○○できる能力」と置き換えて考え直し，そこから連想される能力をリソースとして考えていくこともできます。たとえば，「引っ込み思案が問題」と考えるのであれば，「引っ込み思案できる能力」と考えてみます。ちょっとユーモラスですね。発想を変えれば，熟慮できる，周囲をよく観察できる，慎重である，やさしい，人を傷つけない，思いやりが深い，弱いものを守れる……といったリソース，もち味が見えてくるでしょう。

◆「例外」は宝の山

　「解決志向」の大きな貢献は，「例外」の重要性を明らかにしたことです。いつも生じる問題がたまたま起こらないですんだとき，それはまさに例外ですが，「解決志向」では，「例外」をとるに足らないことではなく，注目に値する価値のあるものとしてとらえます。「例外」は，少しでもやれたこと，うまくいったこと，ましだった

ことであり，いまでは「すでに起こっている解決の一部」と定義されています。例外こそ，リソースです。

解決している状況とは，問題が起こらないでうまくやれている状況のはずです。かりに例外的であっても，そのようなときがすでに少しでも生じているのであれば，それは，そのよりよい解決の状態が，部分的であれ，すでに起こっていることになります。

「例外」に関連する質問の例をいくつか挙げてみます。解決に向けて役に立つヒントが得られるはずです。

[「例外」の質問の例]
・どんなときにその問題は起きないのでしょうか？
・自分（その人）が，ほんの少しでもましなのはどんなときでしょうか？
・自分（その人）は，どんなときに一番うまくやっているでしょうか？
・自分（その人）も捨てたものじゃないなと感じられるのは，どんな瞬間でしょうか？
・自分（その人）に関係して，これからも続いてほしいことはどんなことでしょうか？

◆成功の責任追及をしよう

「例外」が見つかったら，そのままにせず，そこには，解決の状態をつくり出す重要なヒントが含まれているのですから，それを探求し分析します。名づけて「成功の責任追及」（例外の原因追及）です。「失敗の責任追及」は，自分自身でも，家庭や学校，職場などでも，日常的におこなわれていますが，それとは逆の方向のもので

す。

　問題の分析や原因探しをする代わりに,「例外」の分析や原因探しを,以下のような質問を用いて十分におこなうことが大切です。

> [「成功の責任追及」の質問の例]
> ・どうやってうまくやったのですか？
> ・どうしてそれ（例外的にましなことや，やれたこと）は起こったのでしょうか？
> ・問題が起きているときと，うまくやれているときは何が違っているのでしょうか？
> ・少しでもうまくいっていることに，何が役に立っているのでしょうか？
> ・そのとき，周囲の人たちは何か違うことをしたのでしょうか？

◆肯定的なフィードバックを惜しみなく

　「成功の責任追及」によって，何らかの対処法，本人なりの工夫・努力，役に立つ信念・考え方・経験，周囲からの協力などが見出されたら，これらは本人にとって何より重要な，ときには独自なリソースです。ほめる，ねぎらう，賞賛するといった形で，それらを肯定的に評価して伝えます。そして，それをまた繰り返してやれるように，励ましねぎらうわけです。こうして，解決のために役に立つことがみずからおこなえるようになっていくのです。

＊　＊　＊

　ここでは,「リソース」という考え方を中心に,「解決志向」の最も基礎となるエッセンスをお伝えしました。「解決志向」の視点が

図5-6 「解決志向」の視力検査表

リソース

例外　解決

目標　可能性

問題　欠点

原因

限界　過去

（出典）　デービスとオズボーン，2001を参考に筆者が作成。

身につくと，図5-6のように「視力検査表」が普通のものになってきます。

　解決志向アプローチには，解決像を描くためのさまざまな質問（たとえば，ミラクル・クエスチョンやタイムマシン・クエスチョンなど。黒沢，2008）や，スモール・ステップの目標をつくるための条件など，ほかにも学んでいただくべき重要なものがたくさんあります。「解決志向」の学びをさらに深めていただくことが，素敵な自分とまわりの人々に出会い，人生の解決上手になるために役立つことと思います。

4 さわやかに自分を伝える

● アサーション

時代が求める新しいコミュニケーション——アサーション

今日、人々の考え方や価値観、生き方などが多様化し、それに伴って昔のようにみなが同じことを考え、同じような生き方をするなどということはまずありえないという社会になってきました。このことは、現代社会が、人々がお互いの違いを理解しあい、そして尊重しあうということが積極的に求められる社会になってきたともいえます。

私たちは、誰もが家庭で、職場で、地域社会でよい人間関係をつくり、気持ちよくコミュニケーションを交わし、そしてできる限り快適に生活したいと望んでいます。しかし、自分の言いたいことがうまく言えなかったり、理解してもらえなかったとき、人は自分を責めたり、落ち込んだりするでしょう。ときには相手に恨みがましい気持ちをもったりするかもしれません。また逆に、相手に一方的に自分の意見を押しつけたり、言い負かしたりしたときは、たとえ自分の主張が通ったとしても、満足感だけでなく、なんとなく後味が悪かったり、どこかに後ろめたさを感じたりすることもあるでしょう。

相手のことはきちんと配慮しながらも、自分の考えや気持ちを率直に、しかも正直に伝えることを「アサーション（assertion）」（形容詞ではアサーティブ〔assertive〕）といいます。簡単にいえば、「自分も相手も大切にした自己表現」ともいえます。近年、このアサーションが注目され始め、人間関係やコミュニケーションの考え方や方法として広く取り入れられるようになってきました。

> **アサーションとは——
> 3つの自己表現の中で**

たとえばこういう場面を考えてみましょう。「あなたが急いで外出しようと身支度をしているときに、友人から電話がかかってきたとします。その友人はいきなり別な友人のことでグチを言い始めました。あなたは時間に遅れないために早く出かけたいと思っています」。

こんなとき、内心は早く終わってほしいなと思ってイライラしながらも「あ、そう、ふーん。でも、それは考え過ぎじゃないかな……。うん……」などと、自分が出かけることはあとまわしにして、話を聞いてあげてしまう人がいるでしょう。こうしたタイプの自己表現のことを「非主張的（ノン・アサーティブ）な自己表現」といいます。

非主張的な自己表現とは「相手のことは大切にするが、自分を大切にしない自己表現」のことを指します。英語で言うと「I am not OK. You are OK.」の状態です。自分の気持ちや考えをきちんと表現しなかったり、表現するときも曖昧に言ったり、遠まわしに言ったりするために、自分の気持ちや考えが相手にうまく伝わりません。

この傾向が強い人は、自分の言いたいことを我慢し、その場を丸く収めるために、相手の思いに合わせて動くことが多くなります。日本文化は元来、相手を立て、察することを期待しあう文化なので、日本人はもともと、非主張的な傾向の強い人が多いのですが、この傾向が強くなると、言えない自分を責めたり、落ち込んだりして、ストレスがたまりますし、相手を恨んだりすることも起こってきます。

また逆に、相手の話を聞こうともせずに「ちょっと待てよ。おれは忙しいんだからそんな話を聞いている暇なんかないんだよ」と一方的に電話を切ってしまう人もいるかもしれません。こうしたタイ

プの自己表現のことを「攻撃的（アグレッシブ）な自己表現」といいます。

攻撃的な自己表現とは「自分のことは大切にするが，相手を大切にしない自己表現」のことを指します。英語で言うと「I am OK. You are not OK.」の状態です。相手の意見や気持ちを無視したり，軽視して，自分の考えや気持ちを一方的に押しつけようとしたり，相手を否定したような言い方になります。相手を支配し，相手に勝とうと思ったり，相手より優位に立とうとする態度をとっている人に多い表現です。自分はすっきりするかもしれませんが，相手は不愉快になったり，傷ついたりすることが多くなります。

攻撃的という言葉から，大声でどなったり，暴力的に言うことを聞かせようとするようなイメージが浮かびますが，無視することや，自分勝手な行動をとること，皮肉を言うこと，相手を操作して自分の思い通りに動かそうとしたりすることなども含まれます。

では，アサーティブな表現だとどうなるでしょうか。たとえば，「ごめんね。いまちょうど出かけようと思って支度をしているところだから，聞いてあげたいけど無理なんだ。また，今晩にでも電話してくれないかな」というのがその一例です。この例のように，いまは聞けないという自分の状態をきちんと伝えながら，しかも相手にも配慮しているようなタイプの自己表現を「アサーティブな自己表現」といいます。

アサーティブな自己表現とは最初に述べたように，「自分も相手も大切にした自己表現」のことです。「I am OK. You are OK.」という相互尊重の精神の表れです。ただ，相手には相手の都合や気持ちがありますから，アサーティブな表現が最も望ましいのは確かですが，それだけで自分の欲求や言い分が通るとは限りません。先ほどの例でいえば相手から「今晩は時間がないから，いま，少しだけ

でも聞いてほしい」などと言われるような場合です。こうした状況を「葛藤」とよびます。葛藤というとちょっと堅いのですが、日常的には相手と自分の欲求との間に食い違いが起こり、ちょっとした波風が立つといった状態です。つまり、アサーティブな表現をすると葛藤が起きるかもしれないのです。しかし、葛藤が起きてもそれを引き受け、相手の話もよく聞きながら、うまく歩み寄ったり、折りあいをつけようとすることによって、それぞれに納得のいく結論を出そうとすることがアサーションの特徴です。ですから、逆にいえば、それがうまくできそうもない、時間やエネルギーがかなり必要だと思ったら、アサーティブに表現しないことをみずから選んでもよいのです。アサーションは自分が選択するものであり、いつもアサーティブに表現しなくてはならないというものではありません。

なお、アサーションというと「ノー」がきちんと言えることがよく強調されますが、「できない」「困った」「つらい」「助けてほしい」などが言えることや、相手のいい点を「ほめる」ことなども含まれますので、アサーションはかなり広範囲の言動を含むものと考えてください。

アサーションを支えるもの

次にアサーティブな表現をするために必要なことを挙げてみます。まず、1つめに「自己理解と自尊感情」です。アサーティブに自分を表現するためには、いま自分がどんな考えをもっているのか、あるいはどんな気持ちでいるのかということを自分で認識できることが必要です。もちろん、わからなければ「わからない」、あるいは「もう少し待ってほしい」と言うこともアサーティブです。また、そうした考えや気持ちを自分のものとして大事にしようという意識をもつことが大切です。これが自分に対する自信の表れであり、最初に述べた「自分を大切にする」という精神につながります。

2つめに「アサーション権」を確信することです。アサーティブに自分を表現することは、われわれの誰もがもっている基本的な権利の1つです。この権利のことをアサーション権といいます。「誰もが自分の考えたことや感じたことを表現してよい」というのがアサーション権の基本です。この「表現してよい」という権利を確信できると、アサーティブに表現しやすくなります。ほかに「人と違ってよい」や「失敗してよい」なども大事なアサーション権です。

アサーションのスキル

こうした2つの個人の認知的な側面を基礎として、3つめに表現の「スキル」を身につけることです。アサーションの代表的なスキルに「DESC(デスク)」という方法があります。これは、人に頼みごとをしたり交渉をしたりするときの言い方の方法で、DESCというのはセリフの順番をそれぞれの頭文字で表したものです。事実(D;describe)と自分の気持ち(E;express, explain, empathize)とをきちんと区別しながら、自分が頼みたいことを明確に相手に伝え(S;specify)、Noと言われてもきちんと代案が出せるようにしておく(C;choose)、というセリフの流れになります。

先に挙げた外出前の電話の例に似ていますが、たとえば就寝前にかかってきた長電話を切りたいときを例にして、DESCに基づいたセリフを考えてみます。

D：Aさん、もう1時間お話ししていますよね。(相手と事実の確認をしあいます)

E：私は疲れてきたし、もう寝たいと思います。(自分の気持ちを相手にわかってもらえるように伝えます)

S：もうこのお話は終わりにしませんか。(相手にしてほしいことを提案します)

C：(相手がYesのとき)ありがとう。お休みなさい。(お礼を言っ

て終わりにします)

(相手が No のとき)それではあと5分で終わりにしていただけませんか。(相手との歩み寄りを図り,自分のほうから次の提案をします)

以上が,DESC でのセリフのつくり方の簡単な例ですが,こうしたセリフをつくるときに注意すべきことを2点挙げておきます。1つはDとEの区別をきちんとすることです。つまり何が事実(客観的な事柄)で,何が気持ち(主観的な事柄)なのかをきちんと区別するということです。日常ではこの2つが混同されやすく,誤解や行き違いの原因になります。もう1つは相手にも断る権利があるわけですから,そのときにどのように歩み寄って次の提案をするかをあらかじめ考えておくことです。セリフを前もって用意しておくといってもよいでしょう。これがCの部分です。この2点に注意しながらセリフをつくることを日頃から練習してみるとよいでしょう。

終わりに

アサーションは自己表現のスキルだけでなく,それと同時に,自分の自尊感情を高めること,主体的に自分の生き方を選択すること,自分の行動の責任は自分で引き受けることなど,われわれ自身の生き方に深く関わるものです。スキルもこうしたその人の生きる姿勢が背景にあって,はじめて生きてくるものです。

また,アサーションは決まったセリフを言えるようになるためのものでもなく,相手に自分の言い分を認めさせるためのものでもありません。自分でアサーティブになることを選択し,そして,アサーティブになろうと思ったときには,少しの勇気と少しの努力をもって試みてみましょう。

5 自分を幸せにする思考法

●論 理 療 法

　人はなぜ悩むのでしょうか。どんなことが起きても幸せに暮らしている人もいます。しかしちょっとしたことでも，落ち込む人がいます。どこが違うのでしょうか。自分を幸せにするには考え方が重要なのです。さてどんな考え方をすればいいのでしょうか

論理療法とは

　論理療法とは，1995年にアルバート・エリスによって創始されました。私たちが落ち込んだり，腹が立ったりする問題や，そこから生じるイライラには，不合理で役に立たない考え方に原因があると，エリスは言います。問題の原因は，出来事ではなく，それに対する考え方にあると述べています。エリスは，役に立たない考えのことを「不合理な信念」とよび，多くの情緒障害にはこの考え方があるとしました。一方，「合理的な信念」は弾力的で，役に立つ考えで，私たちを心理的に健康に導くと言ってます。

◆人には目標がある

　論理療法は，人間を基本的に快楽主義ととらえ，誰でも一所懸命働けば幸福を実現できるという考え方をもっています。努力目標に向かって活動的に行動することが最高に幸福であり，目標を達成するために，考え，感じ，行動するとき，論理的に生きていると考えるのです。まず自分を一番大切に思い，しかし幸せを自分だけの利益とは思わず，意識化された（わきまえた）ものであると考えます。社会の中で，責任のある行動をすれば，よりよい世界につながっていくと考えるのです。

◆論理療法の基本的な考え方

　この理論は ABCDE モデルで説明ができます。

　A（出来事）とは，その後の反応を起こす刺激的なこと，その後の反応を起こす原因となる出来事のことです。

　B（信念）とは，結果として現れた感情が，もたらした考えをいいます。信念（ビリーフ）には2つあります。

① ラショナル・ビリーフとは，健康的で合理的な信念のことをいいます。願望，欲望，好みとして表され，事実に即して論理的で，そのことが本人の目標に近づくことになる考えです。

② イラショナル・ビリーフとは，不健康で不合理な信念のことをいいます。頑固で独断的であり，「……すべき」と表され事実に即していない非論理的で，それらは，本人の目標を妨げるものとなる考えです。

　C（結果）とは，出来事が起こってどのような感情がわいたのか，どのような行動をしたのかです。

　感情には2つあります。

① 健康な感情で，幸福感などのプラスの感情です。マイナスの感情でも，健康な感情があります。たとえば，大切にしていたペットがいなくなってしまって，泣いてしまうことは，適切な感情であると考えられます。

② 不健康な感情で，怒り，抑うつ，罪責感，羞恥感などです。不健康な感情は，変えようがない事柄を受け止める気持ちを妨げます。幸せになるという目標に対して，拒否的になると考えられます。

　次に行動とは何でしょうか。人間の行動は，自分，他者，および世界に対する信念によって決定されます。役に立つ行動は，ラショナル・ビリーフ（合理的な信念）の結果であり，役に立たない行動

5　自分を幸せにする思考法

は、イラショナル・ビリーフ（不合理な信念）の結果と考えられます。

D（論駁）とは、イラショナル・ビリーフをラショナル・ビリーフに積極的に変えていくことです。

E（効果）とは、効果的で合理的な信念（ラショナル・ビリーフ）に変えたことを確認することです。

◆人はなぜ悩むのでしょうか

人は、自分に起こった出来事に対して悩むのではなく、その出来事をどのように受け取り、考えるのかで悩むのです。自分からパニックに陥るのです。

何か出来事が起こると、こころの中でB（信念）が語りかけをしてきます。そしてC（結果）として感情や行動が起こります。それは3つのねばならない主義が関係しているのです。

① 自分に対する「ねばならない」

「自分は家族に愛されなければならない」「おいしい料理をつくるべきである」と信念をもつことで、これを続けると、不安、抑うつ、恥、罪悪感をもちやすくなります。

② 他者に対する「ねばならない」

「子どもは親の言うことを聞かなければならない」「夫は私に親切にし、家庭を一番に考えるべき」と信念をもつことで、私に親切にしないあなたは悪い人であると考え、怒りや攻撃性をもつようになります。

③ 生活環境に対する「ねばならない」

「明日は遠足だから、雨は降るべきではない」「電車は遅れてはならない」と信念をもつことで、私が望むのだから、こうなるべき、もしならなかったら、私はなんて不幸なのだろうと考え、自己憐憫と攻撃性に感情が導かれやすくなります。

人は入ってくる情報を,歪んでとらえてしまいます。そのことが不合理な考えであるイラショナル・ビリーフになってしまいます。

◆不合理な信念が続くのはなぜでしょうか

　いつまでも,問題を引きずり落ち込んでしまう理由には,次の3つが考えられます。

① うまくいかない原因を外からの影響と考え,自分の信念を変えないで,外からの事柄を変えようとすることが落ち込みを続けさせます。

② うまくいかないのは,過去にそのように両親や学校で教育されたと考えてしまうからです。実際は,過去にどのように教わったかではなく,自分がいまその信念に固執して自分で選択しているのです。過去の経験でつらかったことや,現在の生活でつらいことは影響を及ばすかもしれませんが,いまの落ち込みの原因とは考えられないのです。

③ 不合理な信念に対して,どうすればこの信念が変わるのかを一所懸命考え,感じ,行動する必要があります。いままでの習慣や信念を変えるには,強い意志と努力が必要なのです。

| 論理療法を使うにはどうしたらいいのでしょうか(実践) |

　ここに,実際の面接場面の例を示します。

① この話の中で,どんな気持ち*が表現されているのかを注意して聞く必要があります。

　＊[気持ちを表す言葉とは]
　怒り,混乱,不安,心配,みじめ,恥ずかしい,自責感,絶望感,焦り,緊張,疲労,圧倒,悲しい,がっかり,孤独,無価値感,傷つき,びくびく,憂うつ,恐怖,後悔,

5　自分を幸せにする思考法

> 驚き，罪悪感，不公平感，不満，くやしい，見捨てられた，
> 空虚，落ち込み

カウンセラー：今日のご相談はどんなことでしょうか。

クライアント：子どもが言うことを聞かないのです。いままではとてもいい子だったのです。最近子どもの反抗的な態度に，イライラして腹が立ちます。いままで育ててあげたのに，と悲しくなり，落ち込んでしまいます。

② 出来事（A）を明らかにします。

カウンセラー：いま，お話をお聞きしてお子さんが言うことを聞いてくれないという出来事があり，イライラして，悲しくなって落ち込んでしまうのですね。それでよろしいですか。

クライアント：はい，そうです　腹が立ったり，落ち込んだりします。

③ 信念（B）を明らかにします。

カウンセラー：そのとき，頭の中でどんなことを考えましたか。たとえば，子どもは親の言うことを聞くべきだ，子どもはいつまでも素直にすべきなどですが。

クライアント：はい。やっぱり親の言うことは聞くべきだと考えています。親はいろんな経験をしていますし，間違いがないと思うのです。

④ その信念（B）が正しいかどうかたしかめてみます。

カウンセラー：この考えは正しいと思いますか。その理由はありますか。

クライアント：正しいに決まっています。私自身もそうでしたし，理由といわれると困りますが，親を尊敬して従うのは，あたり

前だと思います。

⑤ 自分の信念を少し変えてみます（D）。

カウンセラー：子どもは言うことを聞かないので，あなたはイライラして落ち込むことになります。この信念を少し変えてみるのは，いかがでしょうか。たとえば，子どもが言うことを聞いてくれたらいいが，大きくなり自分の考えも出てきた。聞いてくれるときと聞いてくれないときがあるかもしれない。聞くべきではなく，聞いてくれたらいい，くらいの願望にしてみるのはいかがですか。

クライアント：願望ですね。このままではけんかになってもっとつらいかもしれません。子どもは自分の考えをもつようになってきたので，聞いてくれないときもありますが，それは成長した証拠だと考えてみます。

⑥ 信念を変えた効果を聞いてみる（E）。

カウンセラー：いまのように信念を変えたら，最初に相談に来たときと，気持ちはどう変わりましたか。

クライアント：自分の考えが柔軟になった気がします。落ち込んだ気持ちが，少し考え方を変えてみようと思いました。気持ちが軽くなりました。

ここでのポイントは，ABCを見立てたあとに，子どもに対する不合理な信念に反論する論駁（D）をおこない，新しい考えが効果的（E）であるかを確認することです。

> 不合理な信念を論駁するにはどうしたらいいのでしょうか

◆論駁の方法

不合理な信念は，誰かがつくり出したものではなく，本人がつくり出したものです。イラショナル・ビリーフをラショナル・ビリーフに変えることはできます。

5 自分を幸せにする思考法

① 現実的な論駁：そう思う理由はどこにあるのか、根拠に気づかせます。
② 論理的な論駁：誤った信念に気づかせます。
③ 実利的な論駁：その信念を続けることが、本人にとって得なことかを考えさせます。

◆**好ましくない論駁とは**
① 超楽観主義的な論駁：すべてうまくいくと考えることです。

自分にはよいところや、悪いところがある。そのいけなかったことを認めて、しかしそのことで自分をだめな人間と思わないことが大切です。超楽観主義では、だめな部分もよいことだと考えてしまう可能性があります。事実を歪んでとらえることになりかねない論駁はやめたほうがいいと考えます。

② リラックス集中法で論駁：気分は落ち着くのですが長続きしません。

自律訓練法、呼吸法など気分を落ち着かせる方法があります。不安、緊張、パニックが生じたとき、これらの方法はとても効果的です。しかし本人が抱えている問題の解決にはつながりにくいと考えられます。いま自分が何で悩んでいるのかを考えずに、リラックスしても、それは一時的な効果しか得られません。気分は落ち着くかもしれないですが、だめな人間だという思いは募るばかりです。

③ 自己効力感で論駁：本当に「できる」でしょうか。

自己効力感とは、ある事柄をうまくできると確信する期待をいいます。うまくできると強く思っている（自己効力感が高い）とよい結果を生むというのです。このことは素晴らしいことです。しかし、実際うまくできないのにできると思ってしまうことは、本当にできなかったとき、さらなる落ち込みをつくると考えられます。「今回はうまくいかなかったが、次回はきっとうまくできる」という論駁

をしても，次回うまくいくという根拠はどこにもないのです。このような論駁では，次回に落ち込む可能性が十分あります。

◆合理的な信念にするためのポイントとは

① 気晴らしでごまかさない：悩んでいるので遊びに行く，音楽を聴くなどをしても気分を紛らわすだけで，より深い悩みを生むのです。

② 自分の問題には必ず代わりの解決策がある：いまの状況の中で解決策を探ることは可能です。もし困難であっても，その中に喜びや，楽しさはあるのです。

③ 深く考えすぎない：必ず次の日はくるもので，たとえ不運に見舞われても，それはけっして世の終わりではないのです。

④ 自分を完全な人間と思わない：自分を理想化して，絶対にできると信じたり，完璧にできると考えるとき，自己嫌悪に陥ります。完全な人間なんて存在しないのです。

⑤ 人に期待しすぎない：自分も問題を抱えているように，他の人も問題を抱えているものです。自分のことで手一杯になり，人のことまで考えられない状況はありうると思います。

自分を幸せにするためには

論理療法は幅広く問題を解決できるといわれています。多くの実践家によりそれが証明されています。論理療法は一度学ぶと自分で問題を解決できます。論理療法シート（図5-7）を使い，理解しながら，論駁していくことが効果的であると考えられます。凝り固まった信念にならないで，柔軟に楽しくシートを書いていくと，いろんな考え方が出てくるのではないでしょうか。ぜひ少し考え方を変えて，幸せな毎日を送ってほしいです。

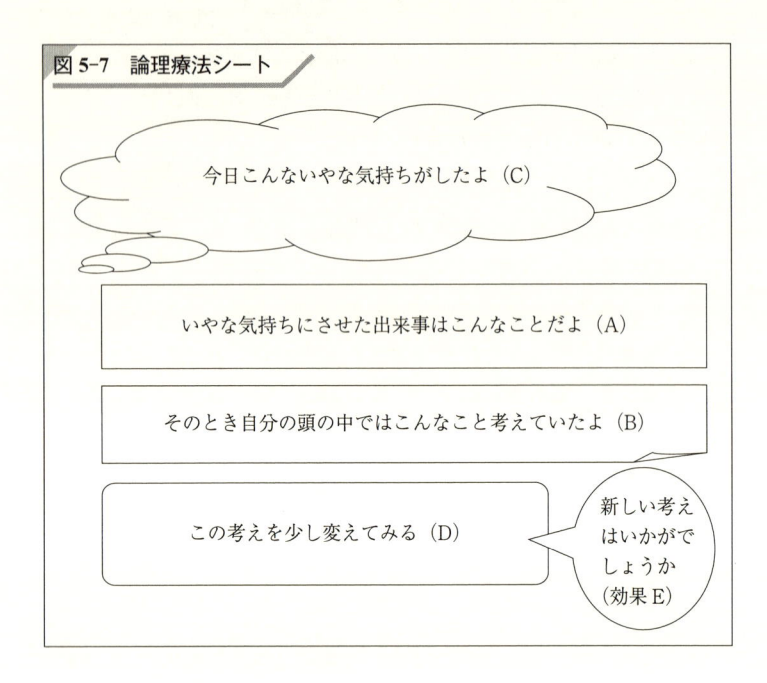

図 5-7　論理療法シート

今日こんないやな気持ちがしたよ（C）

いやな気持ちにさせた出来事はこんなことだよ（A）

そのとき自分の頭の中ではこんなこと考えていたよ（B）

この考えを少し変えてみる（D）

新しい考えはいかがでしょうか（効果E）

付　　録

　カウンセラーの資格，臨床心理士指定大学院，カウンセリングに関する団体，カウンセリングを学べるところについて，それぞれに関係する機関の情報を参考にして，簡単に紹介します。

1　カウンセラーの資格

① 臨床心理士

　臨床心理士は，文部科学省の認可する日本臨床心理士資格認定協会によって認定される資格です。臨床心理学に基づく知識や技術を用いながら，相談者の精神疾患や心理的な問題や行動にアプローチする"こころの専門家"です。

　こころの問題に取り組む職種として，心理士，カウンセラー，サイコセラピスト，心理相談員などのさまざまな名称を耳にしますが，それぞれに明確な資格があるわけではありません。それどころか，日本は心理に関する国家資格は存在していない現状にあります。臨床心理士の資格は，日本臨床心理士資格認定協会が定めた受験資格基準を満たし，実施される試験に合格し，認定を受けることで取得できます。国家資格ではありませんが，"心理専門職の証"となる資格です。その代表的な例として，文部科学省の実施する全国公立中学校や小学校におけるスクールカウンセラーとして臨床心理士が約5000名任用され，活躍していることが挙げられます。活動領域は，スクールカウンセラーや教育相談，学生相談等の教育分野，病院やクリニック，保健所等の医療・保健分野，児童養護施設や子ども家庭支援センター等の福祉分野，企業内相談室や障害者職業センター等の労

働・産業分野，そして研究者としてさらに専門性を高める大学院や研究分野等，多岐にわたっています。

臨床心理士に求められる専門行為として協会が掲げているのは，
① 種々の心理テスト等を用いての心理査定技法や面接査定に精通していること
② 一定の水準で臨床心理学的に関わる面接援助技法を適用して，その的確な対応・処置能力をもっていること
③ 地域のこころの健康活動に関わる人的援助システムのコーディネーティングやコンサルテーションに関わる能力を保持していること
④ みずからの援助技法や査定技法を含めた多様な心理臨床実践に関する研究・調査とその発表等についての資質の涵養が要請されること

などです。

また，こうした4種の業務について，さらなるみずからの心理臨床能力の向上と，高邁な人格性の維持，研鑽に精進するために，「臨床心理士倫理綱領」の遵守，5年ごとの資格更新制度などが定められています。

2 日本カウンセリング学会認定カウンセラー

認定カウンセラーは，日本カウンセリング学会によって認定される資格です。カウンセリングでは，個人，集団，組織の成長発展と問題発生の予防に重点がおかれていると考えられています。それだけに教育，司法，福祉，産業，医療などの分野で重要性が認識されてきました。日本カウンセリング学会では創設以来，カウンセリングを通して人の教育や健康，福祉の向上に貢献することを目指し，カウンセリングの専門家の養成に努めています。認定カウンセラーの資格は，学会が定めた受験資格を満たしたうえで，実施される試験に合格し認定を受けることで取得できます。今後は，認定カウンセラーの資格が社会的にますます評価・認知され，活躍の場が広がることが期待されています。

3 産業カウンセラー

産業カウンセラーは日本産業カウンセラー協会によって認定される資格です。現代はストレスの時代ともいわれ，産業分野においても精神的な治療が必要な人や休職や退職に至るほどメンタルヘルスの不調を来している人，過労自殺など職場のメンタルヘルスは大きな問題となっています。産

業カウンセラーは産業界のことを専門に扱っているため、職場のメンタルヘルス・ケアの重要性が認識される現代において活躍の場が広がっています。産業カウンセラーの資格は、日本産業カウンセラー協会によって規定されている受験資格を満たし、実施される試験に合格し認定を受けることで取得できます。

産業カウンセラーはメンタルヘルス対策への援助、キャリア開発への援助、職場における人間関係開発の援助が主な活動領域となっています。心理学的手法を用いて、働く人たちが抱える問題を、みずからの力で解決できるように援助しています。その仕事は、時代により変化してきましたが、昨今では、リストラの中で苦しむ人たちの支援や休職していた人たちの職場復帰の支援などで活躍しています。

4 教育カウンセラー

教育カウンセラーは、教育カウンセリングの考え方や方法を普及し、青少年の健やかな成長と国民の教育・福祉の向上に寄与することを目的に日本教育カウンセラー協会（JECA）によって認定される資格です。

日常の教育活動に教育カウンセリングの考え方や技術を活用することができる教育者を目指す初級教育カウンセラー、学校や職場でガイダンス・カウンセリングのリーダーとして活躍できる教育者を目指す中級教育カウンセラー、専門性をいかし、研修会等で講師あるいはスーパーバイザーとして他の人の指導にあたることができる教育者を目指す上級教育カウンセラーの3種類を設けています。臨床心理士との主たる違いは、個人を対象とした「治すカウンセリング」よりも、集団を対象にした「育てるカウンセリング」を重視している点です。

教育カウンセラーの資格は、まず初級教育カウンセラーの申請となります。協会によって定められた申請要件を満たしたうえで、実施される試験に合格し認定を受けることで取得できます。中級・上級カウンセラーは、初級教育カウンセラーの資格を取得したあと、資格認定試験を受験して、審査・認定を受けることで取得できます。現場の学校の先生方が、多く取得されている資格です。

5 学校心理士

学校心理士は、学校心理士認定機構によって認定される資格です。現在

学校では，家庭や学校の環境や，個人の特性や障害などによって，不登校，いじめ，暴力行為や学級崩壊，自殺などさまざまな問題が起きています。近年ではLD（学習障害），ADHD（注意欠陥/多動性障害），高機能自閉症などを含めて，障害のある児童・生徒が通常の学級にも多く在籍することが明らかになり，特別な教育ニーズに応じた教育の整備がとくに重要な課題となっているため，学校心理士の活躍が期待されています。学校心理士の資格は，学校心理士認定機構によって定められた申請条件を満たし，実施される試験に合格し認定を受けることで取得できます。

学校心理士は，カウンセリングなどによる子どもへの直接的援助をおこなうだけでなく，子どもを取り巻く保護者や教師，学校に対しても，心理教育的援助サービスをおこなっています。

6 特別支援教育士

特別支援教育士は，特別支援教育士資格認定協会によって認定される資格です。特別支援教育士（Special Educational Needs Specialist）を略して"S.E.N.S"（センス）とよぶこともあります。LD・ADHD等へのアセスメント（WISCやK-ABC等）と指導（読み書きやソーシャル・スキル・トレーニング等）の専門資格です。特別支援教育士の資格は，特別支援教育士資格認定協会によって定められた資格申請条件を満たし，実施される試験に合格し認定を受けることで取得できます。

近年，通常の学級にもLDやADHD等の子どもたちが多数在籍することが明らかになっていますが，1人ひとりへの適切な支援は不十分な状況です。今後は特別支援教育士の活躍により，1人でも多くの子どもたちが，個のニーズを適切にアセスメントされ，ニーズにあった適切な教育や支援を受け，その力を伸ばし，いかしていけることが期待されています。

7 キャリアカウンセラー

キャリアカウンセラーは，日本キャリア開発協会（JCDA）によって認定される資格です。キャリアカウンセラーは，個人の興味，能力等のあらゆる特性をもとに，個人にとって望ましいキャリアの選択・開発を支援するキャリア形成の専門家です。活躍の場は企業内の人事・労務・教育関連部門，人材紹介・派遣会社のコンサルタント，ハローワークのスタッフ等にとどまらず，学校，行政機関など幅広い分野で求められています。キャ

リアカウンセラーの資格は，日本キャリア開発協会が定める受験資格を満たし，実施される試験に合格し認定を受けることで取得できます。キャリアカウンセラー資格認定試験は，厚生労働省のキャリア形成促進助成金（職業能力評価推進給付金）の対象となる「キャリア・コンサルタント能力評価試験」として指定されています。

2 臨床心理士指定大学院

臨床心理士になるには，原則として「日本臨床心理士資格認定協会」が認定する大学院（＝指定大学院）に学び，修了後に臨床心理士の資格試験に合格する必要があります。

指定大学院には1種指定校，2種指定校があり，両者の違いは主に修了後の待遇にあります。1種指定校は大学院修了時に受験資格が得られるのに対し，2種指定校は修了後1年以上の実務経験を経ることで受験資格を得ることができます。1種校に指定される条件には，その大学院内に臨床実習を経験することのできる施設が整っていることが挙げられており，在学中に学内の施設で十分に臨床の経験を積むことができます。

指定大学院には，教員の顔ぶれやこれまでの実績によって，それぞれ得意分野があります。教育，医療，福祉など，将来携わりたい分野を頭に描きながら志望先を選ぶことが大切です。志望校を選ぶ際は，大学院のオープン・キャンパスの利用や，自分の関心のある分野の臨床や研究をしている教員に事前に連絡をとり研究室訪問をするなど，実際に足を運んでみることも大切です。

平成22（2010）年7月1日現在，全国で160大学院が指定を受けています。指定大学院の認定に向けて準備中の大学院もありますので，これらの情報収集も大学院選びには大切です。

3 カウンセリングに関する団体

1 日本カウンセリング学会

日本カウンセリング学会はカウンセリングの全領域にわたる日本で唯一の学会です。現在，カウンセリングの研究・教育・実践の専門家の多くが会員となっています。カウンセリング研究に関しては，研修会や講演会を

開催しており，研究発表の場も設けられています。また，カウンセラーの資質の向上を目指した学会認定カウンセラー制度も設けられているなど，カウンセリングに関わる活動が広くおこなわれています。

http://www.jacs1967.jp/

2 日本産業カウンセラー協会

日本産業カウンセラー協会は，働く人を支援する産業カウンセラーを中心として組織されている社団法人です。設立は1960年と長い歴史をもっており，全国に支部がおかれています。各支部では養成講座を実施するとともに，相談室や電話での相談がおこなわれています。また，労働者の能力開発支援のためのキャリア・カウンセリングの普及にも尽力してきており，産業カウンセラー協会から約7500人のキャリア・コンサルタントが認定されています。

現在では，2万人を超える会員が全国で活躍しており，災害等における援助活動も積極的におこなわれています。

http://www.counselor.or.jp/

3 日本教育カウンセラー協会

日本教育カウンセラー協会は，教育やカウンセリングにおける研究会などの開催，専門家の育成，資格の認定などをおこない，教育カウンセリングの考え方や方法の普及活動をしているNPO法人です。1999年に発足し，2002年には，協会内に「日本教育カウンセリング学会」が誕生しました。教育場面になじみやすい方法を用いた，子どもを育てる観点に立った援助をおこなう専門家を育成しています。

地方研究会（支部）数も39を超え，約1万人の会員が教育・福祉関係の領域で活躍しています。また，全国各地で教育カウンセラー養成講座が実施されています。

http://www.jeca.gr.jp/

4 日本トランスパーソナル学会

日本トランスパーソナル学会は，心理学，哲学，宗教学，教育学などさまざまな学問の領域を超え，トランスパーソナル（個の確立をベースに，超越的な次元に至るまで自己生成していく精神と営み）に関心を抱く人々

が集まる学会です。そのため、実践活動もさまざまで、心理療法やカウンセリング、ミュージックやアート、ヒーリング、エコロジー、スピリチュアルな瞑想や宗教的実践などをおこなっています。

また、研究活動や情報の交換、一般社会への普及活動、海外をも含めた研究成果の発表や紹介などがおこなわれています。

日本トランスパーソナル学会は学者のための学会ではなく、一般の方も自由に参加し、お互いの実践や思いを交換しあえる場を目指した活動をおこなっています。

http://transpersonal.jp/

4 カウンセリングを学べるところ

1 気づきと学びの心理学研究会

本書の編者である諸富祥彦が全コースの講師を務める心理学の研修会です。気づきと学び、自己成長の心理学を体験的に学びます。深い内容を、真剣に、かつ、楽しく、わかりやすく学ぶことができます。

自分のこころを見つめたい、自分の人生を変えるきっかけをつかみたい、と思われている方や人間のこころに深くふれて生きていきたい、人間関係を見つめたい、と思われている方はもちろんのこと、カウンセラー、キャリア・アドバイザー、学校の教師、看護師、企業の人事担当者など、人間関係に関わる仕事に就かれている方、また、これらの仕事を目指して学習中の方にもお勧めです。初心者の方でも専門家の方でも、大切なことを学べる内容になっています。

2日間の体験的な研修会（ワークショップ）を年に5回開催しています。どの講座も年に1度のみの開催で、5月から11月に集中しておこなわれています。この研究会では、本当の自己実現、自己超越のビジョンと、それを実現するために必要な人間性/トランスパーソナル心理学のさまざまな技法をお伝えし、実際に体験していただくとともに、お互いに支えあい、刺激しあう場を提供しています。

http://morotomi.net/

2 カウンセリング教育サポートセンター（CESC）

東京カウンセリング・スクール（TCS）は、その母体である特定非営利

活動法人カウンセリング教育サポートセンター（略称NPO CESC）の主旨のもと，その目的を実現するためにカウンセリング学習の場と生涯学習の機会を提供しています。

　カウンセリング理論のみならず，カウンセリング技能を得ることができるよう，体験的学習システムを導入し，きめ細かなカウンセリング教育に取り組んでいます。

　TCSには，講座とクラスという2つのシステムがあります。講座では，1日から数日で終了し，好きな講座，興味のある講座を1つから受講することができます。クラスでは，1年間で終了し，年間を通して，固定メンバーでじっくりと学びます。

　臨床経験豊富な講師陣による，実践的なカウンセリング学習を提供しています。カウンセリングに興味がある，人とうまくつきあえるようになりたい，自分の可能性を広げたい，資格をとりたい，仕事に役立てたいなどさまざまな目的で，幅広い年齢層の方が学んでいます。

　http://www.npo-cesc.net/admission/index.htm

3 日本カウンセリングカレッジ

　日本カウンセリングカレッジ（特定非営利活動法人）は，心理カウンセラーの養成や，メンタルヘルス活動の普及事業等により，社会一般の人々を対象としてメンタルヘルスの維持や向上を目的とした活動をおこなっています。

　集中的かつ段階的に学べる「初級カウンセラー養成講座」や短期間に集中・継続して学べる専門的な「認定カウンセラー専門講座」，より実践的なスキルや新しいスキルを身につけられるよう特定のテーマについて学べる「オープン講座」など，40年の実績をふまえた独自のカウンセラー養成を目指した講座を受講できます。

　http://www.nccp.jp/

4 埼玉カウンセリングセンター

　埼玉カウンセリングセンターは，もともと学校，病院などで働くカウンセラーがより多くの人たちのこころのケアに携わりたいとして始めました。相談，研修，研究，派遣といった活動が中心におこなわれています。

　研修部門においては，カウンセリングについて専門性の高い内容を体系

的に学ぶことができるよう，講座を企画しています。一般の方や学生の方も受講可能です。各講座の定員は20名で，少人数で集中して学び，演習や体験を使った実践的な講座が企画されています。研修基準および時間数は，日本カウンセリング学会の「認定カウンセラー」資格認定に必要な内容に基づいています。資格を申請する際の研修記録として，活用することができます。

http://www.h6.dion.ne.jp/~scc/

5 栃木県カウンセリングセンター

栃木県カウンセリングセンターは，臨床心理士を中心としたカウンセリングの専門家による心理クリニックです。催眠療法・自律訓練認知療法，行動療法，箱庭療法など，一般的なカウンセリングのほかに個々のクライアントにあった心理療法がおこなわれています。また，幼児や児童の発達障害（自閉症，ADHD，LD等）の診断や対応法の指導，思春期における不登校やいじめ，非行などの問題行動への援助なども実施されています。

さらに，ワークショップや講座も開かれています。講座については1回から数回受講する一般研修講座と，1年間通して受講する専門研修講座に分かれており，カウンセリング入門講座，子育て支援カウンセリング教室，カウンセリング教養講座，カウンセリング研修講座，カウンセリング専門講座等，目的に合わせてカウンセリングを学ぶことができます。

http://web-tochigi.com/tcc/

6 トータル・カウンセリング・スクール

1人ひとりが悩みを通して自分らしさを見出し，自分ならではの豊かな人生を生き生きと歩む秘訣を，心理学と人間観に基づいたプログラム（セミナーなど）で提供することを特徴としています。

カウンセラーとクライアントのカウンセリングの現場を体験し，自分自身への気づき，関わりが学べる公開カウンセリングや，3日間集中して学ぶ集中セミナー，毎週1回もしくは月数回定期的に学べる定期セミナー，毎年，著名な講師を招いておこなわれている特別セミナーや講演会等が開かれています。

http://www.e-tcs.com/

文　献

● 第 1 章

諸富祥彦 (2010a). 『はじめてのカウンセリング入門〈上〉——カウンセリングとは何か』誠信書房

諸富祥彦 (2010b). 『はじめてのカウンセリング入門〈下〉——ほんものの傾聴を学ぶ』誠信書房

ロジャーズ，C. R.（諸富祥彦・末武康弘・保坂亨訳）(2005). 『ロジャーズが語る自己実現の道』ロジャーズ主要著作集 3，岩崎学術出版社

● 第 2 章 1

Elkin, I., Shea, M. T., Watkins, J. T., Imber, S. D., Sotsky, S. M., Collins, J. F., Glass, D. R., Pilkonis, P. A., Leber, W. R., Docherty, J. P., Fiester, S. J., & Parloff, M. B. (1989). National Institute of Mental Health Treatment of Depression Collaborative Research Program: General effectiveness of treatments. *Archives of General Psychiatry*, **46**, 971-982.

Gendlin, E. T. (1961). Experiencing: A verable in the process of therapeutic change. *American Journal of Psychotherapy*, **15**, 233-245.

Gendlin, E. T. (1981). *Focusing* (2nd ed.). Bantam Books. （村山正治・都留春夫・村瀬孝雄訳，1982『フォーカシング』福村出版）

Gendlin, E. T. (1998). *A process model*. University of Chicago.

King, M., Sibbald, B., Ward, E., Bower, P., Lloyd, M., Gabbay, M., & Byford, S. (2000). Randomised controlled trial of non-directive counselling, cognitive-behavior therapy and usual general practitioner care in the management of depression as well as mixed anxiety and depression in primary care. *Health Technology Assessment*, **4**(19), 1-81.

Kirschenbaum, H. (2007). *The life and work of Carl Rogers*. PCCS books.

Mindell, A. (1985). *River's way: The process science of the dreambody: Information and channels in dream and bodywork, psychology and physics, Taoism and alchemy*. Routledge & Kagan Paul. （高岡よし子・伊藤雄二郎訳，1996『プロセス指向心理学』春秋社）

Prouty, G. (1994). *Theoretical evolutions in Person-Centered/experiential psychotherapy: Applications to schizophrenic and retarded psychoses*. Praeger.

Prouty, G. (2001). The practice of pre-therapy. *Journal of Contemporary Psychotherapy*, **31**(1) Spring, 31-40.

Rogers, C. R. (1942). *Counseling and psychotherapy: Newer concept in practice*.

Houghton Mifflin.（末武康弘・保坂亨・諸富祥彦訳，2005『カウンセリングと心理療法——実践のための新しい概念』ロジャーズ主要著作集1，岩崎学術出版社）

Rogers, C. R.（1947）. Some observation on the organizatin of personality. *Amarican Psychologist*, **2**, 358-368.（伊東博編訳，1967「パースナリティの体制についての観察」『パースナリティ理論』ロージァズ全集第8巻，pp. 3-33，岩崎学術出版社）

Rogers, C. R.（1951）. *Client-centered therapy: Its current practice, implications, and theory.* Houghton Mifflin.（保坂亨・諸富祥彦・末武康弘訳，2005『クライアント中心療法』ロジャーズ主要著作集2，岩崎学術出版社）

Rogers, C. R.（1956）. A counseling approach to human problem. *The American Journal of Nursing*, **56**, 994-997.（畠瀬稔編訳，1967「人間の問題に関するカウンセリングによる一考察」『人間関係論』ロージァズ全集第6巻，pp. 3-16，岩崎学術出版社）

Rogers, C. R.（1957）. The necessary and sufficient conditions of therapeutic personality change. *Journal of Consulting Psychology*, **21**, 95-103.（伊東博編訳，1966「パースナリティー変化の必要にして十分な条件」『サイコセラピィの過程』ロージァズ全集第4巻，pp. 117-140，岩崎学術出版社）

Rogers, C. R.（1958）. A process conception of psychotherapy. *American Psychologist*, **13**, 142-149.（伊東博編訳，1966「サイコセラピーの過程概念」『サイコセラピィの過程』ロージァズ全集第4巻，pp. 141-184，岩崎学術出版社）

Rogers, C. R.（1963）. The concept of the fully functioning person. *Psychotherapy: Theory, Research and Practice*, **1**, 17-26.（諸富祥彦・末武康弘・保坂亨訳，2005「十分に機能する人」『ロジャーズが語る自己実現の道』ロジャーズ主要著作集3，pp. 169-180，岩崎学術出版社）

Rogers, C. R.（1977）. *Carl Rogers on personal power.* Delacorte Press.（畠瀬稔・畠瀬直子訳，1980『人間の潜在力——個人尊重のアプローチ』創元社）

● 第2章3

國分康孝（1983）.『カウンセリング教授法』誠信書房

國分康孝・大友秀人（2001）.『授業に生かすカウンセリング——エンカウンターを用いた心の教育』誠信書房

日本教育カウンセラー協会編（2001）.『ピアヘルパーハンドブック——友達をヘルプするカウンセリング』図書文化社

日本教育カウンセラー協会編（2002）.『ピアヘルパーワークブック——やって身につくカウンセリング練習帳』図書文化社

● 第2章4

会沢信彦（2006a）.「Let's コミュニケーションワーク5 傾聴のワーク『ちゃん

と聞いてよ！　私の話』(1)」『月刊学校教育相談』2006年8月号, 80-83.
会沢信彦 (2006b). 「Let's コミュニケーションワーク6 傾聴のワーク『ちゃんと聞いてよ！　私の話』(2)」『月刊学校教育相談』2006年9月号, 52-55.
会沢信彦 (2006c). 「Let's コミュニケーションワーク8 私の"小道具"四点セット」『月刊学校教育相談』2006年11月号, 76-79.

● 第2章 5
増井武士 (1987). 「症状に対する患者の適切な努力——心理臨床の常識への2, 3の問いかけ」『心理臨床学研究』4(2), 18-34.

● 第3章 1, 2
東山紘久 (1992). 『愛・孤独・出会い——エンカウンター・グループと集団技法』福村出版
河村茂雄 (2000). 『気づかなかった自分を発見する』心のライフライン1, 誠信書房
國分康孝・國分久子総編集 (2004). 『構成的グループエンカウンター事典』図書文化
川瀬正裕・松本真理子編 (1997). 『新 自分さがしの心理学——自己理解ワークブック』ナカニシヤ出版
三木善彦・三木潤子 (1998). 『内観ワーク——心の不安を癒して幸せになる 三つのキーワードで本当の自分に出会う』二見書房

● 第3章 4
アメリカ精神医学会 (2003). 『DSM-IV-TR 精神疾患の分類と診断の手引 新訂版』医学書院 (原著2000年)
菊地孝則 (2004). 「摂食障害」『改訂 心の臨床家のための精神医学ハンドブック』pp. 278-286, 創元社
衣笠隆幸 (2004). 「統合失調症」『改訂 心の臨床家のための精神医学ハンドブック』pp. 233-238, 創元社
日本心理臨床学会 (2010). 「対談 伊集院光×妙木浩之」『心理臨床の広場』3(1), 1-8.

● 第4章 5
会沢信彦・安齊順子編 (2010). 『教師のたまごのための教育相談』北樹出版
日本遊戯療法研究会編 (2000). 『遊戯療法の研究』誠信書房

● 第4章 6
ドラッカー, P. F. (上田惇生訳) (2006a). 『経営者の条件』ドラッカー名著集1, ダイヤモンド社

ドラッカー，P. F.（上田惇生訳）(2006b)．『現代の経営』上下，ドラッカー名著集2, 3，ダイヤモンド社
ドラッカー，P. F.（上田惇生訳）(2007)．『断絶の時代』ドラッカー名著集7，ダイヤモンド社

● 第 4 章 *9*

原田正文（2006）．『子育ての変貌と次世代育成支援——兵庫レポートにみる子育て現場と子ども虐待予防』名古屋大学出版会
柏木惠子（2009）．『子どもが育つ条件——家族心理学から考える』岩波書店
新村出編（1998）．『広辞苑（第五版）』岩波書店
西澤哲（1994）．『子どもの虐待——子どもと家族への治療的アプローチ』誠信書房
渡辺久子（2000）．『母子臨床と世代間伝達』金剛出版

● 第 4 章 *10*

平木典子（1998）．『家族との心理臨床——初心者のために』シリーズ「心理臨床セミナー」2，垣内出版
河合隼雄（1980）．『家族関係を考える』講談社

● 第 4 章 *11*

横山哲夫編（2004）．『キャリア開発/キャリア・カウンセリング——実践 個人と組織の共生を目指して』生産性出版

● 第 4 章 *12*

Jung, C. G. (1948). *Über die Psychologie des Unbewussten*. Zurich.（高橋義孝訳，1977『無意識の心理』人文書院）
Stein, M. (1983). *In midlife: A Jungian perspective*. Spring Publications.

● 第 4 章 *13*

カウリー，M.（小笠原豊樹訳）(1999)．『八十路から眺めれば』草思社
ヘップバーン，キャサリーン・フォンダ，ヘンリー主演『黄昏』DVD
堀秀彦（1984）．『銀の座席』朝日新聞社
堀秀彦（1987）．『石の座席』朝日新聞社
河合隼雄（1997）．『「老いる」とはどういうことか』講談社
黒井千次（2006）．『老いるということ』講談社
ルソー，J.-J.（今野一雄訳）(1983)．『孤独な散歩者の夢想』岩波書店

● 第 4 章 *14*

岸原千雅子（2009）．「がん患者の心理的なケア——こころの全体性へのまなざ

し」『HOLISTIC News Letter』**75**, 18-21.
岸原千雅子（2010）.「うつの苦悩と意味——存在のホリスティックな深みへ」『HOLISTIC News Letter』**76**, 4-7.

● 第 5 章 2
岩井俊憲（2013）.『失意の時こそ勇気を——心の雨の日の過ごし方』コスモス・ライブラリー

● 第 5 章 3
バーグ, I. K.（磯貝希久子訳）（1997）.『家族支援ハンドブック——ソリューション・フォーカスト・アプローチ』金剛出版（原著 1994 年）
デービス, T. E.・オズボーン, C. J.（市川千秋・宇田光監訳）（2001）.『学校を変えるカウンセリング——解決焦点化アプローチ』金剛出版（原著 2000 年）
ディヤング, P.・バーグ, I. K.（桐田弘江・玉真慎子・住谷祐子訳）（2008）.『解決のための面接技法——ソリューション・フォーカスト・アプローチの手引き（第 3 版）』金剛出版（原著 1998 年）
黒沢幸子（2008）.『タイムマシン心理療法——未来・解決志向のブリーフセラピー』日本評論社
森俊夫・黒沢幸子（2002）.『森・黒沢のワークショップで学ぶ 解決志向ブリーフセラピー』ほんの森出版

● 第 5 章 4
平木典子（2009）.『改訂版 アサーショントレーニング——さわやかな〈自己表現〉のために』日本・精神技術研究所発行, 金子書房発売

● 第 5 章 5
Dryden, W., & Mytton, J. (1999). *Four approaches to counselling and psychotherapy*. Routledge.（酒井汀訳, 2005『カウンセリング/心理療法の 4 つの源流と比較』北大路書房）
Ellis, A., & Wilde, J. (2002). *Case studies in rational emotive behavior therapy with children and adolescents*. Merrill.（菅沼憲治・江原勝久訳, 2005『エリスとワイルドの思春期カウンセリング——事例で読む論理療法』東京図書）

事項索引

● アルファベット
ABCDE モデル　261
DESC　258
GP　32
Q テクニック　36
TST・20 答法　104
WAI　104

● あ　行
アイ・コンタクト　51
相づち　51, 88
アサーション　254
アサーション権　258
アスペルガー障害　129
アセスメント　150
アダルト・チルドレン　238
アドラー心理学　237
あなたメッセージ　58
育児体験　186
医　師　222
遺伝子治療　216
いま，ここ　48
イラショナル・ビリーフ　261
医療機関　119
因果論的立場　140
陰　陽　135, 221
うつ（病）　31, 32, 119, 222
うなずき　52, 88
エンカウンター・グループ　41
老　い　210
親子関係　162, 207
オリエンテーション　91, 101

● か　行
解決志向　246
介　護　207, 209
外的キャリア　198
ガイド　234
解離性健忘　125
解離性障害　125
解離性同一性障害　125
解離性遁走　125
カウンセラー・トレーニング　23
カウンセラーの 3 条件　→セラピストの 3 条件
カウンセリング　1
　──のアプローチ　15
　──の定義　4
　希望の──　248
カウンセリング教育サポートセンター　275
カウンセリング心理学　22
科学者/実践家モデル　→サイエンティスト/プラクティショナー・モデル
学習障害　129
家　事　180
家　族　191, 207
　──の文化　195
　システムとしての──　193
学　校　161
学校心理士　271
学校心理士認定機構　271
からだ　131
が　ん　216, 225, 228
感　情　104, 114, 261

283

――の伝え返し（リフレクション）　54
――の反射　68
――の明確化　68
気づきと学びのアプローチ　18
気づきと学びの心理学研究会　275
希望　221
――のカウンセリング　248
技法のトレーニング　24
気持ち　48
虐待　187
キャリア　197
キャリア開発　198
キャリア・カウンセラー　272
キャリア・カウンセリング　198
キャリア・ゴール　200
ギャング・エイジ　150
ギャング・グループ　159
ギャング・チャム　159
休養　120, 122
教育カウンセラー　271, 274
教育相談所　226
教育モデル　239
境界性パーソナリティ障害　123
共感的態度　176, 243
共感的理解　37, 39
教師　148, 161
空間の枠　5
クライアント　4, 37
　内なる――　232
　――の質問　58
クライアント中心療法　18, 33, 42, 231
　――の効果　31
繰り返し　52, 66
苦しみ　139
グループ体験　106, 163

傾聴　2, 9, 31, 33, 36, 45
　――の体験学習　76
　――の態度　77
傾聴技法　50, 60
結婚　178
効果　262, 265
高機能自閉症　129
攻撃性　152
行動　261
行動化　154
行動療法　17
合理的な信念　260
こころの健康　113
こころの声　3, 13
こころの病　119
子育て　179, 180, 183
事柄の明確化　68
孤独感　181, 207, 212
言葉　48
子どもと親のサポートセンター　161
コミュニケーション　193, 254
コンサルテーション　151

●さ　行
サイエンティスト/プラクティショナー・モデル（科学者/実践家モデル）　22
埼玉カウンセリングセンター　276
産業カウンセラー　270, 274
死　223
シェアリング　61, 86, 106
時間の枠　5
自己　25, 151
　――の関与　23
自己意識　134
自己一致　38

試行カウンセリング　24, 89
自己開示　106
自己概念　104
自己決定（性）　8, 199, 238
自己構造　36
自己実現　18, 221
自己成長　6, 18, 191, 196, 275
　　——の援助学　141
自己責任　199
自己選択　199
自己探索　8
自己知覚　35
仕　事　165, 197
　　——の判断基準　167
仕事人生　197
自己表現　254
自己理解　105, 172, 176, 200, 257
　　——のためのエクササイズ　108
自己理論　36
支　持　70
思春期　151
自尊感情　257
実存心理学　23
質　問　55, 72
　　クライアントの——　58
　　閉ざされた——　55
　　開かれた——　55
指定大学院　273
死と再生　220
自　分　3, 103, 145
自分らしい生き方　3, 13
自閉性障害　129
社会的孤立　212
就　職　197
守秘義務　92
受　容　64
小1プロブレム　161

職場の適性　201
ジョハリの窓　106
事例検討　25, 27
心気症　125
神経症　124
神経性大食症　126
神経性無食欲症　126
真摯さ　171
心身一如　133
人生相談　7
身体表現性障害　125
信　念　261, 264
心理カウンセリング（心理面接）　4
心理教育的アプローチ　88
心理劇　61
心理面接　→心理カウンセリング
進　路　197
スクールカウンセラー　155
ストレス　181, 217
スーパーバイザー　100
スーパーバイジー　100
スーパービジョン　25, 27, 44, 99
スピリチュアリティ　24
成功の責任追及　251
精神疾患の分類と診断の手引　123
精神遅滞　129
精神分析　15
精神力動論的立場　15
成長課題　150
成長モデル　6
生命現象　133
積極的傾聴　34
摂食障害　126, 248
接触理論　41
折衷主義　151
セラピスト　37
　　——（カウンセラー）の3条件

事項索引　285

37
選択理論　153
臓器移植　216

●た　行

体験型学習会　→ワークショップ
体験過程理論　43
対人関係療法　31
対人関係論　238
知覚の場の体制　35
逐語記録　96, 100
父　親　241
チャム・グループ　159
注意欠陥/多動性障害　129
中1ギャップ　162
中年期　203
　——の危機　204, 209
　——の身体　205
　——の人間関係　207
治療モデル　6, 239
ディスプレー　152
適応障害　223
出来事　261, 264
東京カウンセリング・スクール　275
統合失調症　41, 121
同調圧力　159
道徳観　175
特別支援教育士　272
特別支援教育士資格認定協会　272
閉ざされた質問　55
トータル・カウンセリング・スクール　277
栃木県カウンセリングセンター　277
トランスパーソナル（心理学）　18, 23, 140, 274

●な　行

内観法　112
内的キャリア　198
悩　み　117, 139
日本カウンセリング学会　270, 273
日本カウンセリングカレッジ　276
日本教育カウンセラー協会　271, 274
日本産業カウンセラー協会　270, 274
日本トランスパーソナル学会　274
日本臨床心理士資格認定協会　269, 273
人間関係　143, 149, 201
　男の子の——　149
　女の子の——　143
　職場の——　201
　中年期の——　207
人間性心理学　18, 23, 140
認知行動療法　17, 31, 32, 158
認知行動論　17, 23
認知症　214
認定カウンセラー　270, 274

●は　行

パーソナリティ障害　122
パーソンセンタード・アプローチ　42
パーソンセンタード心理学　23
発達課題　150, 151
発達障害　128, 162
パートナー　222
母　親　143, 144, 183
ピア・グループ　159
非言語的コミュニケーション　51
非指示的アプローチ（非指示的療法）　32, 34

ヒューマニスティック心理学　23
表現アートセラピー　42
開かれた質問　55
不安障害　125
フィードバック　106
夫　婦　178, 207, 223
フェルトセンス　231
フォーカサー　231
フォーカシング　12, 42, 43, 126, 231
不合理な信念　260
不適応　151
不登校　157, 159
不妊治療　216
不本意感　165
プリセラピー　42
プロセス指向心理学　45
プロセスワーク　140
ベーシック・エンカウンター・グループ　24, 41, 42, 45
ベックの抑うつ尺度　32

●ま　行
見つめあい　62
ミラーリング　51
無条件の肯定的配慮　37, 38
明確化　53, 58, 68
　感情の――　68
　事柄の――　68
メタ分析　33
目的論　140, 238
喪の仕事　219
問題志向　246

●や　行
薬物療法　120, 122
病　216

勇気づけ　239, 242
遊戯療法　162
友　人　147, 155, 161
ユング心理学　23, 140
抑うつ神経症　125
予防・開発的教育相談　88

●ら　行
ライフ・スタイル調査　241
ラショナル・ビリーフ　261
離　婚　183
リスナー　234
リソース　171, 246, 250
リフレクション　→感情の伝え返し
リレーションづくり　72
理論学習　24
臨床心理士　269, 273
臨床的傾聴　39
ルールの枠　5
例　外　250
恋　愛　147, 172
恋愛観　175
ロールプレイ　24, 44, 61
ロールプレイ評価票　60, 75
論　駁　262, 265
論理療法　17, 237, 260

●わ　行
枠組み　92
ワークショップ（体験型学習会）　21, 27, 275
私メッセージ　58
私らしさ　189
ワールドワーク　45

人名索引

●あ 行
会沢信彦　77
アドラー（A. Adler）　237, 238, 240
アドラー，クルト（K. Adler）　237
イングラム（H. Ingram）　106
エリス（A. Ellis）　237, 260
エルキン（I. Elkin）　31

●か 行
河合隼雄　20
黒井千次　214
クーン（M. H. Kuhn）　104
國分康孝　60

●さ 行
斎藤学　240
ジェンドリン（E. T. Gendlin）　12, 41, 43, 126, 231, 233

●た 行
ドラッカー（P. F. Drucker）　168, 171, 172

●な 行
ニーチェ（F. W. Nietzsche）　141

●は 行
ブッダ　139

プラウティー（G. Prouty）　41
フロイト（S. Freud）　15, 237
堀秀彦　211

●ま 行
マズロー（A. H. Maslow）　18
マックパーランド（T. S. McPartland）　104
妙木浩之　130
ミンデル（A. Mindell）　45, 140
諸富祥彦　275

●や 行
ユング（C. G. Jung）　23, 203, 204, 221, 237

●ら 行
ルソー（J.-J. Rousseau）　213
ルフト（J. Luft）　106
ロジャーズ（C. R. Rogers）　13, 18, 23, 24, 33-36, 39-43, 45, 68, 140, 231

●わ 行
渡辺久子　189

● 編者紹介

諸富 祥彦（もろとみ よしひこ）

明治大学文学部教授

主著：『はじめてのカウンセリング入門〈上〉——カウンセリングとは何か』『同〈下〉——ほんものの傾聴を学ぶ』（いずれも誠信書房，2010年），『悲しみを忘れないで』（WAVE出版，2011年），『あなたが結婚できない本当の理由』（アスキー・メディアワークス，2011年），『「とりあえず，5年」の生き方』（実務教育出版，2010年），『読むだけで心がスーッと軽くなる44の方法』（三笠書房，2009年），『カール・ロジャーズ入門』（コスモス・ライブラリー，1997年）など多数。

http://morotomi.net/

人生（じんせい）にいかすカウンセリング
——自分（じぶん）を見（み）つめる 人（ひと）とつながる
Counseling for Your Life:
Searching for Self, Being with Others

ARMA
有斐閣アルマ

2011年9月15日　初版第1刷発行
2020年5月30日　初版第3刷発行

編　者	諸　富　祥　彦
発行者	江　草　貞　治
発行所	株式会社 有　斐　閣

郵便番号 101-0051
東京都千代田区神田神保町 2-17
電話　(03)3264-1315〔編集〕
　　　(03)3265-6811〔営業〕
http://www.yuhikaku.co.jp/

印刷・株式会社精興社／製本・牧製本印刷株式会社
© 2011, Yoshihiko Morotomi. Printed in Japan
落丁・乱丁本はお取替えいたします。
★定価はカバーに表示してあります。
ISBN 978-4-641-12447-9

JCOPY　本書の無断複写(コピー)は，著作権法上での例外を除き，禁じられています。複写される場合は，そのつど事前に(一社)出版者著作権管理機構(電話03-5244-5088, FAX03-5244-5089, e-mail:info@jcopy.or.jp)の許諾を得てください。